한번에 합격!

新 HSK
실전모의고사

저자 **쟈오위메이(焦毓梅), 위펑(于鹏), 오양샤오팡(欧阳晓芳)**

해설 **박은영**

문제집

4급

J PLUS
Language Publishing Co.

한어수평고사(HSK)는 전 세계에 중국어를 모국어로 쓰지 않는 사람을 대상으로 중국어의 종합적인 수준을 표준화, 규범화, 과학화된 방법으로 평가하는 가장 권위 있는 시험이다. 1990년에 중국 내에서 정식으로 실시되었고, 1991년에는 해외에서도 실시되어 오늘날까지 만 20년이 되었다. 한어수평고사는 중국어 학습자의 새로운 요구를 만족시켜주기 위해 중국국가한판조직(中国国家汉办组织)에 속한 중외한어교육, 언어학, 심리학, 교육통계학 등의 전문가들이 새로운 국제한어능력표준화시험(신 HSK)을 개발하였다. 이 시험은 해외의 실질적인 중국어 교육 상황에 관한 충분한 조사와 이해를 바탕으로 기존 HSK의 장점을 그대로 살리고 국제 언어 시험 연구의 최신 성과를 참고했으며 《국제한어능력표준》을 근거로 하여 2010년 3월부터 실시되었다.

신 HSK는 기존에 기초, 초중등, 고등 세 단계 총 11개 등급으로 나뉘던 시험을 6등급으로 바꿨다. 또한 필기시험과 구술시험이 따로 분리되어 독립적으로 실시된다. 필기시험은 1급에서 6급까지 있으며, 구술시험은 초등, 중등, 고등시험으로 나뉜다. 신 HSK는 기존 시험의 객관적인 평가를 그대로 유지하며, 그 성적은 유학생의 반 편성, 입학, 졸업, 채용 등에서 중요한 평가기준이 된다.

신 HSK는 국제적인 중국어능력표준화시험으로, 중국어를 모국어로 하지 않는 수험생의 생활, 학습, 업무에서의 중국어 활용능력을 중점적으로 평가한다. 신 HSK는 기존 시험과는 다르게 현재 국제적으로 행해지는 중국어 교육상황이나 교재들을 충분히 반영하고 있다. 이로 인해 문제 유형과 출제 포인트 등이 기존의 시험과는 비교적 큰 차이를 보인다. 시험을 앞둔 수험생들은 대개 시험의 핵심 포인트를 정확하게 짚어주고 실전 연습을 통해 과학적이고 효율적으로 시험에 대비할 수 있도록 도와주는 학습서를 필요로 한다. 이 책은 그런 수험생들을 위해 만들어졌다.

이 책의 특징은 다음과 같다.

① **실전과 같은 문제** 이 책에는 신 HSK 4급의 필수 어휘와 핵심 문법이 담겨 있다. 풍부한 이론과 실전 경험을 바탕으로 중국어교육 일선에서 직접 학생들을 가르치며 단독 혹은 공동으로 중국어 교재나 HSK 수험서를 내신 선생님들에 의해 편집되었다. 또한 고등 HSK 시험 듣기 부분 녹음에 참여했던 전문 방송인이 직접 녹음해서 실제 시험과 같은 모의고사를 쳐볼 수 있다.

② **독창적인 내용** 이 책은 과학적이고 정확하며 다양한 문제로 구성했으며 불필요한 중복은 피했다. 시험 대비와 학습을 결부시켜, 수험생이 정곡을 찌르는 모의고사를 통해서 중국어의 수준을 올릴 수 있게 했다. 책 속에 포함된 책 속의 책 기능을 통해 각각의 내용은 독립적으로 분리되면서도 서로 연관되어 있으므로, 수험생이 필요에 따라 참고서 혹은 문제집으로 사용할 수 있다.

언어라는 것은 배운다고 다 되는 것이 아니라 연습을 통해 터득할 수 있다. 이 책이 시험을 준비하는 과정에서 생기는 수험생들의 어려움을 해결해주고 순조롭게 HSK 4급 시험을 통과하는 데 도움이 되길 바란다.

저자

중국의 경제 규모가 커지면서, 중국어의 중요도도 점점 높아지고, 중국어 수요가 급증하고 있는 지금, 중국어 능력 테스트도 새로운 변화에 부응하기 위해 구 HSK에서 신 HSK로 발전과 변화를 거듭하고 있습니다.

새로운 형식의 신 HSK는 중국어 구사 능력뿐만 아니라, 중국의 사회와 문화에 대한 전반적인 이해가 있어야 문제에 보다 쉽게 접근할 수 있습니다. 이는 중국이 정책적으로 신 HSK를 통해 중국의 문화들을 세계에 알리고, 친 중국파를 많이 만들고자 하는 의도로 파악됩니다. 그러므로 중국어를 사랑하고, 알고자 하는 마음가짐으로 공부하는 것이 중요하다고 할 수 있습니다. 물론 시험이 중요하나, 시험에만 급급해서 문제를 풀지 말고, 여기에 임선된 내용들은 중국의 특색 있는 중국문화 전파 의도가 반영되어 있음을 이해하고, 이런 각도에서 이 문제집을 풀어본다면 분명 일거다득의 소득이 있을 것이라 장담합니다.

본 교재는 100% 신 HSK 형식에 맞추어 문제가 출제되었으며, 정식 시험 응시 전에 충분한 연습을 할 수 있도록 5세트가 수록되었고, 이에 해당하는 정확한 해석, 자세한 해설 및 단어를 수록하고 있습니다. 여러분들께서 신 HSK를 준비하는 데 있어 만반의 준비를 다 할 수 있을 것이라 여겨집니다.

본 교재 번역은 문법을 묻는 문제들은 직역 위주로 번역하고, 그 외의 부분들은 의역을 하였습니다. 정확한 중국어 단어의 뜻, 하나하나의 의미파악을 위해서는 직역이 필요하고, 전반적인 문맥의 의미를 알기 위해서는 의역이 도움이 되기 때문입니다. 그래서 기초일수록 직역 위주로 번역하였고, 고급일수록 의역을 위주로 하였습니다. 즉 4급에서 6급으로 갈수록 의역을 많이 하였습니다. 고유 명사 표기 부분에서 우리에게 많이 알려진 내용들은 한자어 독음으로 표기하였고, 그 이외에는 음역을 하되 발음은 정부방안을 기준으로 하였습니다. 번역뿐만 아니라 해설에서도 십분 심혈을 기울였습니다. 수험생이 쉽게 범할 오류를 지적해 내고, 수험생의 눈에서 이해하기 쉽도록 잘 설명하려 많은 애를 썼습니다. 다른 보기들이 왜 답이 안 되는지도 확인하고 넘어가는 그런 깐깐함이 필요하므로 수험생들은 이 부분의 설명들을 잘 공부하여 많은 수확을 얻기 바랍니다.

중국의 대외한어 분야에 교학 지도 경험이 풍부하시고, 기초 HSK에서 고등 HSK까지 많은 책을 집필하신 저명한 于鹏, 焦毓梅, 郭婷婷 교수님들과 같이 작업을 할 수 있는 기회를 얻게 되어서 영광스럽게 생각하며, 저도 많이 배우는 기회가 되었습니다. 더불어 이런 기회를 만들어 준 제이플러스 출판사 이기선 실장님과 편집부 식구들에게도 감사의 말씀을 전하고 싶습니다. 그리고, 제게 전폭적인 지지를 해 주시는 順利通 HSK 학회장 찐순지 선생님, 한국외국어대학교 통번역대학원 송근호님께도 감사의 말씀을 전합니다.

마지막으로 제 일이라면 만사 제쳐놓고 도와주시는 친정어머니와 시어머님 및 가족들, 그리고 제 삶의 활력소인 남편, 세상에서 엄마가 제일 예쁘다는 아들 정현이와 이 교재 탄생의 기쁨을 같이 하고 싶습니다.

번역 및 해설 박은영

● HSK 4급은 응시자의 중국어 응용능력을 평가하는 시험이다. 이 시험의 수준은 《국제중국어능력기준》 4급과 《유럽공통언어참조프레임(CEF)》 B2급에 해당한다.

● HSK 4급에 합격한 응시자는 여러 영역에 관련된 화제에 대해 중국어로 토론을 할 수 있다. 또한 비교적 유창하게 원어민과 대화하고 교류할 수 있다.

① 응시 대상

HSK 4급은 매주 2–4시간씩 4학기(190–400시간) 정도의 중국어를 학습하고, 1,200개의 상용어휘와 관련 어법지식을 마스터한 학습자를 대상으로 한다.

② 시험 내용

HSK 4급은 총 100문제로 듣기/독해/쓰기 세 영역으로 나뉜다.

시험 내용		문항수(개)		시험 시간(분)
1. 듣기	제1부분	10	45	약 30
	제2부분	15		
	제3부분	20		
듣기 영역에 대한 답안지 작성 시간				약 5
2. 독해	제1부분	10	40	약 40
	제2부분	10		
	제3부분	20		
3. 쓰기	제1부분	10	15	약 25
	제2부분	5		
총계		100		약 100

총 시험 시간은 약 105분이다. (응시자 개인정보 작성 시간 5분 포함)

③ 성적 결과

● HSK 4급 성적표에는 듣기·독해·쓰기 세 영역의 점수와 총점이 기재된다.

● 각 영역별 만점은 100점 만점이며, 총점은 300점 만점이다. ※총점이 180점 이상이면 합격이다.

● HSK 성적은 시험일로부터 2년간 유효하다.

참고! 2010년 10월부터 독해 시간이 5분 늘어나며, 듣기 영역 외 다른 영역은 별도의 답안 작성 시간이 주어지지 않습니다.

1_듣기

▶ 第一部分

第一部分，共10题。每题听一次。每题都是一个人先说一小段话，另一人根据这段话说一个句子，试卷上也提供这个句子，要求考生判断对错。

- -

제1부분은 총 10문항이다. 모든 문제는 한 번씩 들려준다. 모든 문제에서 한 사람이 한 단락의 문장을 읽으면, 다른 사람이 그 문장과 관련된 한 구절의 문장을 읽는다. 시험지에도 이 문장이 제시되어 있으며, 응시자는 들려주는 내용과 맞는지 판단한다.

- -

〈例如〉

录音 1. 我想去办个信用卡，今天下午你有时间吗？ 陪我去一趟银行？

　　★　他打算下午去银行。　　（ ✓ ）

2. 现在我很少看电视，其中一个原因是，广告太多了，不管什么时间，也不管什么节目，只要你打开电视，总能看到那么多的广告，浪费我的时间。

　　★　他喜欢看电视广告。　　（ × ）

答案　1　[■]　[×]
　　　2　[✓]　[■]

▶ 第二部分

第二部分，共15题。每题听一次。每题都是两个人的两句对话，第三个人根据对话问一个问题，试卷上提供4个选项，考生根据听到的内容选出答案。

- -

제2부분은 총 15문항이다. 모든 문제는 한 번씩 들려준다. 모든 문제는 두 사람의 대화로 이루어져 있으며, 두 문장으로 구성되어 있다. 세 번째 사람이 이 대화와 관련된 질문을 한다. 응시자는 시험지에 주어진 4개의 선택 항목 중에서 정답을 고른다.

- -

〈例如〉

录音 11. 女：该加油了，去机场的路上有加油站吗？
　　　　　男：有，你放心吧。

问：男的主要是什么意思？

A　去机场

B　快到了

C　油是满的

D　有加油站 ✓

答案 **11**　[A]　[B]　[C]　[■]

▶ 第三部分

第三部分，共20题。每题听一次。这部分试题都是4到5句对话或一小段话，根据对话或语段问一到两个问题，试卷上每题提供4个选项，考生根据听到的内容选出答案。

제3부분은 총 20문항이다. 모든 문제는 한 번씩 들려준다. 모든 문제는 4-5 문장으로 구성된 대화 또는 단문이며, 이 내용을 들려준 후 관련된 1-2개의 질문을 한다. 응시자는 시험지에 주어진 4개의 선택 항목 중에서 정답을 고른다.

〈例如〉

录音 26.　男：把这个文件复印五份，一会儿拿到会议室发给大家。

女：好的。会议是下午3点吗？

男：改了。三点半，推迟了半个小时。

女：好，602会议室没变吧？

男：对，没变。

问：会议几点开始？

A　两点

B　3点

C　3：30 ✓

D　6点

答案 **26**　[A]　[B]　[■]　[D]

▶ 第一部分

第一部分，共10题。每题提供一到两个句子，句子中有一个空格，考生要从提供的选项中选词填空。

제1부분은 총 10문항이다. 모든 문제는 1–2개의 문장으로 구성되어 있으며, 문장 가운데에는 하나의 빈칸이 있다. 응시자는 선택 항목 중, 빈칸에 들어갈 알맞은 단어를 선택한다.

〈例如〉

第46~50题

　　　A 随着　　B 尝　　C 春节　　D 坚持　　E 收拾　　F 提醒

46. 她每天都(D)走路上下班，所以身体一直很不错。

答案 46　[A]　[B]　[C]　[■]　[E]　[F]

第51~55题

　　　A 反映　　B 陪　　C 温度　　D 堵车　　E 来得及　　F 肯定

51. A：今天真冷啊，好像白天最高(C)才2℃。
　　　B：刚才电视里说明天更冷。

答案 51　[A]　[B]　[■]　[D]　[E]　[F]

▶ 第二部分

第二部分，共10题。每题提供3个句子，考生要把这3个句子按顺序排列起来。

제2부분은 총 10문항이다. 모든 문제는 3개의 문장으로 구성되어 있다. 응시자는 3개의 문장을 순서대로 나열한다.

〈例如〉

56. A：可是今天起晚了
　　　B：平时我骑自行车上下班
　　　C：所以就打车来公司　　　　　　　　　　　B A C

答案 56　B A C

7

第三部分，共20题。这部分试题都是一小段文字，每段文字带一到两个问题，考生要从4个选项中选出答案。

제3부분은 총 20문항이다. 이 부분의 문제는 하나의 단문과 그에 따른 1–2개의 질문이 제시된다. 응시자는 시험지에 주어진 선택 항목 4개 중에서 정답을 고른다.

〈例如〉

66. 她很活泼, 说话很有趣, 总能给我们带来快乐, 我们都很喜欢和她在一起。

    ★ 她是个什么样的人？

    A 幽默 ✓

    B 马虎

    C 骄傲

    D 害羞

答案 **66** [■] [B] [C] [D]

▶ 第一部分

第一部分，共10题。每题提供几个词语，要求考生用这几个词语写一个句子。

제1부분은 총 10문항이다. 모든 문제는 여러 개의 단어가 제시되어 있다. 응시자는 주어진 단어를 사용하여 하나의 문장을 만든다.

〈例如〉

86. 那座桥　　800年的　　历史　　有　　了

答案　**86**　那座桥有800年的历史了。

▶ 第二部分

第二部分，共5题。每题提供一张图片和一个词语，要求考生结合图片用这个词语写一个句子。

제2부분은 총 5문항이다. 모든 문제에는 한 장의 그림과 하나의 단어가 제시된다. 응시자는 그림을 보고 주어진 단어를 사용하여 하나의 문장을 만든다.

〈例如〉

96. 乒乓球

答案　**96**　她很喜欢打乒乓球。

新HSK

차례

해설집

新汉语水平考试

HSK
4级

模拟试题

①

新汉语水平考试
HSK(四级)

一、听力

第一部分

第1-10题：判断对错。

例如：我想去办个信用卡，今天下午你有时间吗？陪我去一趟银行？

　　★ 他打算下午去银行。　　　　　　　　　　　　　　　　（ ✓ ）

现在我很少看电视，其中一个原因是，广告太多了，不管什么时间，也不管什么节目，只要你打开电视，总能看到那么多的广告，浪费我的时间。

　　★ 她喜欢看电视广告。　　　　　　　　　　　　　　　　（ × ）

1 　★ 小张买了一辆新自行车。　　　　　　　　　　　　　　（ 　 ）

2 　★ 小李的英语不太好。　　　　　　　　　　　　　　　　（ 　 ）

3 　★ 我很喜欢喝酒。　　　　　　　　　　　　　　　　　　（ 　 ）

4 　★ 午饭对中国人很重要。　　　　　　　　　　　　　　　（ 　 ）

5 　★ 今天大使馆不工作，所以拿不到签证。　　　　　　　　（ 　 ）

6 　★ 美国人不关心别人对自己怎么看。　　　　　　　　　　（ 　 ）

7 　★ 学习结束了，我心情很好。　　　　　　　　　　　　　（ 　 ）

8 　★ 现在人们之间的关系越来越好。　　　　　　　　　　　（ 　 ）

9 　★ 同学们都不羡慕他们俩。　　　　　　　　　　　　　　（ 　 ）

10 　★ 早饭不能吃得太早。　　　　　　　　　　　　　　　　（ 　 ）

第二部分

第11-25题：请选出正确答案。

例如： 女：该加油了，去机场的路上有加油站吗？

男：有，你放心吧。

问：男的主要是什么意思？

A 去机场 　　　B 快要到了 　　　C 油是满的 　　　D 有加油站 ✓

11　A 小王很可爱

　　B 小王的书很多

　　C 小王的房间很小

　　D 小王的房间很脏

15　A 有一点儿冷

　　B 没有去年冷

　　C 很冷，但比去年暖和

　　D 和去年比，今年更冷

12　A 第一道题不会

　　B 所有题都不会

　　C 只有一道题不会

　　D 最后一道题不会

16　A 我不想和你说话

　　B 我们俩想的差不多

　　C 我完全同意你说的

　　D 我们的看法完全不同

13　A 路上

　　B 家里

　　C 商店里

　　D 办公室

17　A 等人

　　B 看病

　　C 买东西

　　D 看电视

14　A 很伤心

　　B 很生气

　　C 很高兴

　　D 很失望

18　A 这个孩子不一般

　　B 这个孩子很可爱

　　C 这个孩子学习好

　　D 这个孩子我认识

19 A 种花不如养狗

    B 她不同意养狗

    C 种花养草没意思

    D 种花比养狗难

20 A 7：30

    B 7：40

    C 7：50

    D 8：00

21 A 她答错了一个问题

    B 她差一点儿全对了

    C 问题她都答上来了

    D 她少答了一个问题

22 A 他不怕死

    B 他一点儿都不怕

    C 他除了死，什么都不怕

    D 对他来说，没什么可怕的

23 A 做了两个菜

    B 做菜很好吃

    C 做了很多菜

    D 做菜水平一般

24 A 她不喜欢红色衣服

    B 她不喜欢穿新衣服

    C 她越来越讨厌妈妈

    D 妈妈常给她买衣服

25 A 去过一次德国

    B 去过几次德国

    C 现在正在德国

    D 还没去过德国

第三部分

第26-45题：请选出正确答案。

例如：男：把这个文件复印5份，一会儿拿到会议室发给大家。

女：好的，会议是下午3点吗？

男：改了，三点半，推迟了半个小时。

女：好，602会议室没变吧？

男：对，没变。

问：会议几点开始？

A 2点　　　　　B 3点　　　　　C 3：30 ✓　　　　　D 6点

26　A 两门
　　B 三门
　　C 四门
　　D 五门

27　A 学校
　　B 商店
　　C 公园
　　D 朋友家

28　A 让小李从北京回来
　　B 让小李给她打电话
　　C 不让小李去北京了
　　D 叫小李去北京一趟

29　A 饭菜方面
　　B 学习内容
　　C 住的环境
　　D 上课时间

30　A 长得很帅
　　B 汉语很好
　　C 眼睛很大
　　D 个子很高

31　A 他和妻子感情不好
　　B 妻子的妈妈不喜欢他
　　C 他们结婚时间太长了
　　D 妻子和他妈妈关系不好

32	A	男的不愿意提意见	38	A	6岁
	B	男的很想知道谁赢了		B	10岁
	C	男的很满意比赛结果		C	12岁
	D	男的高兴地去参加比赛		D	16岁

33	A	花	39	A	父母常打他
	B	衣服		B	父母工作忙
	C	蛋糕		C	父母不管他
	D	巧克力		D	父母不理解他

34	A	汉字	40	A	我自己
	B	发音		B	我和妻子
	C	语法		C	我、妻子和孙子
	D	听力		D	我、妻子和儿子一家

35	A	颜色	41	A	辛苦
	B	样子		B	无聊
	C	功能		C	幸福
	D	价格		D	轻松

36	A	坐地铁	42	A	法国
	B	坐出租车		B	英国
	C	骑自行车		C	意大利
	D	坐公共汽车		D	西班牙

37	A	茶	43	A	英国
	B	面条		B	法国
	C	果汁		C	西班牙
	D	饺子		D	意大利

44   A   皮鞋   45   A   150元
      B   衬衣   B   250元
      C   裤子   C   350元
      D   毛衣   D   500元

二、阅读

第一部分

第46-50题：选词填空。

| A 实在 | B 舒服 | C 特别 | D 坚持 | E 即使 | F 打算 |

例如：她每天都（ D ）走路上下班，所以身体一直很不错。

46　李军送的生日礼物比较（　　），是一条小狗。

47　考试以后，我（　　）去酒吧喝啤酒。

48　这几天特别忙，没睡好觉，今天晚上总算可以（　　）地睡上一觉了。

49　这件事不太好办，我（　　）有点儿为难。

50　你就别问了，（　　）知道，他也不会告诉你们的。

第51-55题：选词填空。

| A 愉快 | B 约会 | C 温度 | D 祝贺 | E 坚持 | F 至少 |

例如：A：今天真冷啊，好像白天最高（ C ）才2℃。

B：刚才电视里说明天更冷。

51   A：我跑了一个多月，可是体重还是那么多。

B：你要相信自己，只要（   ），肯定会有效果的。

52   A：马丁，你暑假过得怎么样？

B：我一直在中国南方旅行，过得很（   ）。

53   A：广州离北京远吗？

B：很远，坐火车（   ）要一天。

54   A：经理说今天晚上我们得加班。

B：看来（   ）又要改时间了。

55   A：小李，星期五是小王二十八岁的生日，我们怎么给他（   ）一下呢？

B：这可是个大事，明天下午我去找你，咱们商量商量。

第二部分

第56-65题：排列顺序。

例如： A 可是今天起晚了

B 平时我骑自行车上下班

C 所以就打车来公司   B A C

56 A 我开始时很高兴

B 可是听到后来

C 心情越来越紧张 _____

57 A 而且开花时间长

B 它不仅颜色多样

C 山茶花是中国有名的花 _____

58 A 除了专业课的书以外

B 我还喜欢看历史小说

C 我现在在北京大学学历史 _____

59 A 一定要及时提问

B 学习过程中有了问题

C 例如不理解词语的意义或用法等 _____

60 A 今天天气不太好

B 另外我身体也有点儿不舒服

C 咱们就别去逛商店了 _____

61 A 只看别人游泳的动作是不够的

    B 人怎么才能学会游泳呢

    C 一定要自己下水练习   _____

62 A 我找了好几次，都没找到他

    B 晚上九点我终于等到了他

    C 于是我决定在他家门口等他回来   _____

63 A 有些人得了感冒之后

    B 这样做对身体是有害的

    C 常常同时吃好几种感冒药   _____

64 A 今天我终于跟他比了一场

    B 早就听说李刚乒乓球打得不错

    C 发现他果然打得很好   _____

65 A 因此年龄大的人在爬山之前要做好准备工作

    B 但是中老年人爬山时容易出危险

    C 爬山是一种很好的体育运动   _____

第三部分

第66-85题：请选出正确答案。

例如： 她很活泼，说话很有趣，总能给我们带来快乐，我们都很喜欢和她在一起。

★ 她是个什么样的人？

A 幽默 ✓　　　　　B 马虎　　　　　C 骄傲　　　　　D 害羞

66　今天是不是太阳从西边出来了？老王要请客？你是不是听错了？

★ 说话人的意思是：

A 今天的天气很奇怪　　　　　B 现在气候不太正常

C 没想到老王会请客　　　　　D 老王出门时迷了路

67　李平怎么能干出这种事情，唉，这可真是知人知面不知心啊！

★ 说话人的意思是：

A 他很羡慕李平　　　　　B 他很相信李平

C 李平做了好事　　　　　D 没想到李平这样做

68　这条蓝的太长了，那条灰的又太瘦，再肥一点儿就好了，我看只有那条咖啡色的还可以。

★ 说话人觉得灰色的怎么样？

A 太瘦了　　　　　B 太长了

C 太好了　　　　　D 太肥了

69　女朋友说要送我一个特别的礼物，虽然离生日还有一个星期，可我恨不得明天就过生日。

★ 下面哪一项是正确的？

A 我的生日很快就要到了　　　　　B 我不太喜欢过生日

C 明天是我女朋友的生日　　　　　D 女朋友给了我生日礼物

70 世界上啤酒的生产已有4000多年的历史了，中国早在1903年就在青岛建立了第一个啤酒厂，生产出了著名的青岛啤酒。

　　★ 中国生产啤酒的历史有多长？

　　A　30多年　　　　　　　　　　　B　100多年

　　C　900多年　　　　　　　　　　　D　1000多年

71 马丁，没想到你的普通话说得这么地道，不看人只听你说话，我还以为来了个中国人呢！

　　★ 下面哪一项是正确的？

　　A　马丁是中国人所以普通话很好　　B　马丁的普通话是在中国学的

　　C　马丁的普通话和中国人差不多　　D　马丁长得和中国人差不多

72 小李和小张正在说小王，这时小王突然推门进来了，小李说："说曹操，曹操就到了。"

　　★ 这句话中的"曹操"是指：

　　A　小李　　　　　　　　　　　　　B　小张

　　C　小王　　　　　　　　　　　　　D　别人

73 也就你一个人相信小张的话，你不知道，他这个人说得比唱得还好听。

　　★ 说话人认为小张：

　　A　唱得不好　　　　　　　　　　　B　声音好听

　　C　唱歌不错　　　　　　　　　　　D　说和做不一样

74 你听说过没有，很多中国人说"不到长城非好汉"，今天你终于也是好汉了。

　　★ 这句话的意思是：

　　A　你也来中国了　　　　　　　　　B　你爬过长城了

　　C　长城非常高　　　　　　　　　　D　长城很好看

75　你跟我就不用客气了，咱们是老同学，又是老朋友，钱，多了没有，5万块还没问题，明
　　天来我家拿吧。

　　★　根据这句话可以知道：

　　A　同学向我借钱　　　　　　　　　B　朋友还给我钱
　　C　朋友让我请客　　　　　　　　　D　朋友的钱丢了

76　和朋友在咖啡店里一边喝一边聊，咖啡喝完了，原以为这雨该停下来了，没想到越下越起
　　劲儿了。

　　★　说话人的意思是：

　　A　雨已经停了　　　　　　　　　　B　开始下雨了
　　C　雨下得更大了　　　　　　　　　D　雨小了一点儿

77　你能不能再聪明一点儿？难道自己没有一点儿判断力？稍微有点儿头脑的人都不会相信
　　会有这种事。

　　★　说话人的意思是：

　　A　你对事情的判断是正确的　　　　B　只有聪明人才相信这种事
　　C　你应该相信这种事是真的　　　　D　大家都不相信会有这种事

78　在中国，铁路交通十分方便，火车是人们长途旅行时首先选择的交通工具，因此被叫作"铁
　　老大"。

　　★　为什么铁路被叫作"铁老大"？

　　A　铁路线最长　　　　　　　　　　B　坐火车最快
　　C　火车票最便宜　　　　　　　　　D　坐火车最方便

79　我结婚五年了，但我们还没要孩子。不是因为我们不喜欢孩子，也不是身体不好，主要是
　　由于我们工作都忙，没时间照顾孩子。

　　★　他们现在为什么没有孩子？

　　A　没有钱　　　　　　　　　　　　B　不喜欢
　　C　工作忙　　　　　　　　　　　　D　身体差

　　按照教育部规定，小学1-3年级学生每天作业量应在30分钟之内，4-6年级在60分钟内，初中生在90分钟内。可调查发现，小学1-3年级学生作业时间超过标准的比例城市和农村分别为69%和61%；小学4-6年级超标比例城乡分别为63%和52%；初中生超标的比例城乡分别为55%和41%。另外，学生课外做练习题的情况也很普遍，平均有86%的中小学生每天都做课外练习题。

80　　★按照教育部规定，初中生的作业量应该：

　　A　半小时之内完成　　　　　　　　B　一小时之内完成
　　C　一个半小时之内完成　　　　　　D　两个小时内完成

81　　★调查发现，有多少中小学生每天都做课外练习题？

　　A　52%　　　　　　　　　　　　　B　63%
　　C　69%　　　　　　　　　　　　　D　86%

　　期末考试结束了，女儿得了第二名。到家后她却失望地对妈妈说："对不起，妈妈，我考试不及格。"妈妈听了大吃一惊。等知道真实情况后，她轻轻地拍了一下女儿的头，说"再骗妈妈，就是坏孩子"。

82　　★　女儿为什么对妈妈说"对不起"？

　　A　学习不努力　　　　　　　　　　B　考试成绩差
　　C　成绩不及格　　　　　　　　　　D　和妈妈开玩笑

83　　★　妈妈对女儿的态度是：

　　A　爱　　　　　　　　　　　　　　B　同情
　　C　害怕　　　　　　　　　　　　　D　讨厌

一天，张山在山路上开车，正当他一边开车一边看外边的风景时，突然对面开来一辆大车，司机摇下窗户对他大喊一声："猪!"张山听了很生气，于是他也摇下车窗回头说："你才是猪!"刚转过头，只见一群猪已经到了车前，他的车一下子撞了上去。

84　★　对面来车时，张山正在做什么？

　　A　在路上走　　　　　　　B　在开汽车

　　C　在拍照片　　　　　　　D　在等汽车

85　★　大车的司机为什么对张山喊"猪"？

　　A　故意气张山　　　　　　B　和他开玩笑

　　C　让他注意前边　　　　　D　觉得他太笨

三、书写

第一部分

第86-95题：完成句子。

例如：那座桥 　　800年的 　　历史 　　有 　　了

　　　　　　　　那座桥有800年的历史了。
　　　　　　─────────────────────────

86　超市里 　　有 　　商品 　　各种

　　────────────────────────────────。

87　在家 　　一个人 　　怎么 　　只有你

　　────────────────────────────────。

88　这儿离 　　小刘的 　　很近 　　奶奶家

　　────────────────────────────────。

89　都 　　北方人 　　吃饺子 　　喜欢

　　────────────────────────────────。

28 新汉语水平考试｜4级｜模拟试题

90 空调　　生产的　　这家工厂　　不错　　质量

_____。

91 第一次　　这是他　　中国电影　　看

_____。

92 你们学校的　　留学生　　吗　　多　　日本

_____。

93 技术　　她　　骑自行车　　怎么样　　的

_____。

94 去听听　　京剧　　真应该　　你们

_____。

95 我的影响　　对　　了　　这本书　　太大

_____。

第二部分

第96-100题：看图，用词造句。

96　借

97　购物

98　疼

99　伤心

100　有名

新汉语水平考试

HSK
4级

模拟试题

②

新汉语水平考试
HSK(四级)

一、听力

第一部分

第1-10题：判断对错。

例如： 我想去办个信用卡，今天下午你有时间吗？陪我去一趟银行？

　　★ 他打算下午去银行。 　　　　　　　　　　　　　　　　(✓)

　　现在我很少看电视，其中一个原因是，广告太多了，不管什么时间，也不管什么节目，只要你打开电视，总能看到那么多的广告，浪费我的时间。

　　★ 她喜欢看电视广告。 　　　　　　　　　　　　　　　　(✗)

1　★　我的手表找不到了。 　　　　　　　　　　　　　　　(　)

2　★　北方人喜欢吃饺子。 　　　　　　　　　　　　　　　(　)

3　★　王强吃了饭出去了。 　　　　　　　　　　　　　　　(　)

4　★　我买了一双黑袜子。 　　　　　　　　　　　　　　　(　)

5　★　冬天的风沙很大。 　　　　　　　　　　　　　　　　(　)

6　★　睡觉对健康很重要。 　　　　　　　　　　　　　　　(　)

7　★　给人留下的"第一印象"很重要。 　　　　　　　　　　(　)

8　★　女朋友生日时，我病了。 　　　　　　　　　　　　　(　)

9　★　我学的是音乐专业。 　　　　　　　　　　　　　　　(　)

10　★　烟能拉近人与人的距离。 　　　　　　　　　　　　　(　)

第二部分

第11-25题：请选出正确答案。

例如：女：该加油了，去机场的路上有加油站吗？

男：有，你放心吧。

问：男的主要是什么意思？

A 去机场　　　　B 快要到了　　　　C 油是满的　　　　D 有加油站 ✓

11　A 商店
　　B 饭店
　　C 超市
　　D 公司

12　A 男人
　　B 小李
　　C 女人
　　D 张经理

13　A 正在大笑
　　B 正在追帽子
　　C 正在看笑话
　　D 被风刮倒了

14　A 篮球
　　B 网球
　　C 足球
　　D 乒乓球

15　A 高兴
　　B 感谢
　　C 不满
　　D 担心

16　A 250元
　　B 300元
　　C 400元
　　D 450元

17　A 鞋
　　B 裤子
　　C 手机
　　D 手表

18　A 同情
　　B 生气
　　C 表扬
　　D 怀疑

19 A 车还没到站呢
    B 我应该下车了
    C 下车时当心点
    D 我还不想下车

20 A 坐火车
    B 坐汽车
    C 坐飞机
    D 根据情况决定

21 A 让女人不要出去
    B 找到女人很不容易
    C 想让女人帮他找人
    D 很容易就找到女人

22 A 3个
    B 4个
    C 5个
    D 6个

23 A 我不想和你说话
    B 咱们俩想的差不多
    C 我完全同意你说的
    D 我们看法完全不同

24 A 朋友过生日
    B 和朋友告别
    C 朋友结婚时
    D 男女约会时

25 A 你看错了，校长没找我
    B 我没听清校长的问题
    C 校长的问题有点儿难
    D 我答错了校长的问题

模拟试题 1
模拟试题 2
模拟试题 3
模拟试题 4
模拟试题 5

第三部分

第26-45题：请选出正确答案。

例如：男：把这个文件复印5份，一会儿拿到会议室发给大家。

女：好的，会议是下午3点吗？

男：改了，三点半，推迟了半个小时。

女：好，602会议室没变吧？

男：对，没变。

问：会议几点开始？

A 2点　　　　　　B 3点　　　　　　C 3：30 ✓　　　　D 6点

26	A 英语		29	A 春天
	B 日语			B 夏天
	C 法语			C 秋天
	D 西班牙语			D 冬天
27	A 很可惜		30	A 北海
	B 很伤心			B 后海
	C 很后悔			C 故宫
	D 很高兴			D 长城
28	A 得到奖金		31	A 每天看很多报
	B 感谢大家			B 常常打电话
	C 得了大奖			C 换了新工作
	D 因为儿子			D 每天搬东西

32 A 坐飞机
   B 坐轮船
   C 坐汽车
   D 坐火车

33 A 饭店
   B 房间
   C 路上
   D 运动场

34 A 导游
   B 记者
   C 售货员
   D 服务员

35 A 开汽车
   B 坐地铁
   C 坐公交
   D 坐出租

36 A 张三
   B 李四
   C 汽车
   D 自行车

37 A 1年
   B 4年
   C 10年
   D 40年

38 A 2个
   B 3个
   C 4个
   D 5个

39 A 老虎
   B 狮子
   C 大象
   D 猴子

40 A 同事
   B 同学
   C 朋友
   D 儿子

41 A 儿子没写作业
   B 儿子批评老张
   C 儿子改了电脑密码
   D 儿子去公司上班

42 A 学校
   B 咖啡店
   C 妈妈家
   D 同事家

43 A 觉得不自然
   B 觉得不可爱
   C 觉得不浪漫
   D 觉得不放心

模拟试题 1
模拟试题 2
模拟试题 3
模拟试题 4
模拟试题 5

44　A　不喜欢小张　　　　　　　45　A　以为小张在开玩笑

　　B　喜欢小张的妻子　　　　　　　B　以为他们一起骗她

　　C　和小张开玩笑　　　　　　　　C　以为朋友在开玩笑

　　D　想做小张的女朋友　　　　　　D　以为小张有女朋友

二、阅读

第一部分

第46-50题：选词填空。

| A 总是 | B 教育 | C 考虑 | D 坚持 | E 发展 | F 别说 |

例如：她每天都（ D ）走路上下班，所以身体一直很不错。

46 我找这个工作主要是因为感兴趣，对工资，我没有多（   ）。

47 （   ）在这里吃饭，就是只喝上一杯茶，也是一种很好的享受啊！

48 她性格内向，（   ）一个人在家，没有什么朋友。

49 几年前这个公司很小，后来（   ）很快，成了有很多工厂的大公司了。

50 每个父母都想把自己的孩子（   ）成对社会有用的人。

第51-55题：选词填空。

| A 其实 | B 紧张 | C 温度 | D 准备 | E 难得 | F 理想 |

例如：A：今天真冷啊，好像白天最高（ C ）才2℃。

B：刚才电视里说明天更冷。

51　A：小李，从晚饭到现在，你一直在忙，忙什么呢？

B：我在（　　）礼物呢，明天是我朋友的生日，我要做一个蛋糕送她。

52　A：小王觉得自己唱歌唱得很好，（　　）很一般。

B：是呀，我也觉得他的水平不怎么样。

53　A：听天气预报说，今天阴天，有小雨。

B：谁说的，你出去看看，今天可是（　　）的好天气。

54　A：你最（　　）的工作是什么？

B：我是学法律的，我希望能成为一名律师。

55　A：小王又学跳舞，又学弹钢琴，还要学外语，每天一定够（　　）的。

B：那还用说，不过她很聪明，学得都很好。

第二部分

第56-65题：排列顺序。

例如： A 可是今天起晚了

B 平时我骑自行车上下班

C 所以就打车来公司 <u>B A C</u>

模拟试题 ①

模拟试题 ②

模拟试题 ③

模拟试题 ④

模拟试题 ⑤

56 A 而另一本是成语词典

B 我的桌子上总放着两本词典

C 一本是英汉词典 _____

57 A 千万别感冒了

B 听说最近几天要降温

C 你最好多穿点儿衣服 _____

58 A 动物之间确实存在着语言

B 最新的科学研究发现

C 有的还非常复杂 _____

59 A 她人长得虽然很漂亮

B 但工作中却是马马虎虎

C 公司里新来了一个大学生 _____

60 A 下班后我就去他家看他

B 男朋友打电话说他病了

C 结果发现他是在骗我 _____

61　A　后来老师又讲了一遍

　　B　我才完全明白了

　　C　这个问题我开始没有听明白　　　　　　　　_____

62　A　可是我们谁也不想离开

　　B　我们一边吃一边聊天

　　C　不觉两个小时过去了　　　　　　　　_____

63　A　而且颜色也不合适

　　B　妈妈买的这件衣服样子太老

　　C　让我怎么穿得出去呢　　　　　　　　_____

64　A　刘经理，我下午有急事

　　B　四点钟可能到不了您那儿

　　C　大约得晚半个小时左右　　　　　　　　_____

65　A　可是每天还坚持跑步一小时

　　B　所以身体非常健康

　　C　王大爷已经是快七十岁的人了　　　　　　　　_____

第三部分

模拟试题 ①
模拟试题 ②
模拟试题 ③
模拟试题 ④
模拟试题 ⑤

第66-85题：请选出正确答案。

例如： 她很活泼，说话很有趣，总能给我们带来快乐，我们都很喜欢和她在一起。

　　★ 她是个什么样的人？

　　A 幽默 ✓　　　　　B 马虎　　　　　C 骄傲　　　　　D 害羞

66　　这件毛衣300元，如果你真想买，我给你打八折，怎么样？ 这可是最低价了，不能再降了。

　　★ 现在买这件毛衣要花多少钱？

　　A　200元　　　　　　　　　　B　240元
　　C　280元　　　　　　　　　　D　300元

67　　张经理给王主任写的纸条让赵秘书弄丢了，张经理很生气。

　　★ 纸条应该是给谁的？

　　A　王主任　　　　　　　　　　B　说话人
　　C　赵秘书　　　　　　　　　　D　张经理

68　　他的话不无道理，你应该好好考虑考虑。

　　★ 他的话：

　　A　很有道理　　　　　　　　　B　没有道理
　　C　很难理解　　　　　　　　　D　让人怀疑

69　　你还想骗我？ 这件事没人不知道。

　　★ 这句话是什么意思？

　　A　大家都不知道这件事　　　　B　有人已经知道这件事
　　C　还有人想知道这件事　　　　D　每个人都知道这件事

70 这件衣服的样子好是好，价钱也还可以，就是颜色浅了点，穿上太胖，你穿不太合适。

★ 说话人对这件衣服哪方面不满意？

A 价钱　　　　　　　　　　　　B 颜色
C 大小　　　　　　　　　　　　D 质量

71 打什么电话，你又不是不知道，李红是个慢性子，到时候一定来，咱们先进去吧，一边喝咖啡一边等她。

★ 这句话的意思是：

A 李红有事不来了　　　　　　　B 李红没带电话
C 李红可能进去了　　　　　　　D 李红一定会来

72 去找老王吧，除非老王来，不然这个问题谁也解决不了。

★ 这句话的意思是：

A 老王今天为什么没来　　　　　B 除了老王，别人都来了
C 大家都不希望老王来　　　　　D 这件事只有老王能解决

73 虽然现在已经到了二十一世纪，可男女平等还只是停留在口头上。

★ 到了二十一世纪：

A 男女就能平等了　　　　　　　B 男女平等还没有实现
C 就是男女平等的时代　　　　　D 应努力宣传男女平等

74 为了鼓励家长和孩子一起去看电影，电影院规定学龄前儿童免费入场，成人票每人只收六元。

★ 儿童看电影要花多少钱？

A 2元　　　　　　　　　　　　B 3元
C 6元　　　　　　　　　　　　D 不花钱

75　1978年以前，我国只有黑龙江一个省有科学院，以后河南、河北、山东、贵州、北京等省市才先后成立了科学院。

　　★ 下面哪个地方最先有科学院？

A　北京市　　　　　　　　　　　B　河南省
C　贵州省　　　　　　　　　　　D　黑龙江省

76　那个在台上表演的女孩真是美丽"动人"呀，不仅是自己冻得要命，连看的人也跟着她冷。

　　★ 这句话的意思是：

A　女孩表演得不太好　　　　　　B　女孩长得不漂亮
C　女孩穿的衣服太少　　　　　　D　我认识那个女孩

77　人们对食物的喜好是不同的，有的人爱吃甜，而有的人却爱吃辣。这种味道上的喜好其实在人刚出生的时候就已经形成了。

　　★ 说话人的意思是：

A　吃甜过多容易发胖　　　　　　B　很多人喜欢吃辣味
C　对食物的喜好是天生的　　　　D　人们对食物的喜好差不多

78　小王，听说你又不在原来的公司了，跳到一家美国公司去了。你可真行啊，这可是今年的第三次了。

　　★ 这句话的意思是：

A　小王换了好几次工作　　　　　B　小王在美国找到工作
C　小王今年出了三次国　　　　　D　小王准备换新的工作

79　我也想下了班去喝杯咖啡、去唱唱歌、跳跳舞、打打球，可那样的话我手上的这么多活儿谁来干？

　　★ 说话人的意思是：

A　很想喝咖啡　　　　　　　　　B　不喜欢跳舞
C　工作太忙了　　　　　　　　　D　手和头很疼

80-81

    在邮局里，一位老太太走到一个年轻人跟前，客气地说："先生，我看不清楚，请帮我把地址写在在信封上，然后再帮我写上一小段话，好吗？"

    "当然可以"，年轻人按照老人的要求做了，写好后，他微笑着问道："还有什么要帮忙的吗？"

    "谢谢！还有一件小事"，老太太看着信封说，"帮我在下面再加一句：字写得不好，请你原谅。"

80   ★   老人请年轻人帮她：

A 寄信   B 收信

C 写地址   D 买信封

81   ★   老人为什么让年轻人在后边加上一句？

A 年轻人写错了   B 老太太看不清楚

C 是对年轻人的感谢   D 年轻人的字不好看

82-83

    先给大家介绍一下这次旅行的时间安排。我们旅行团计划先在上海市内玩3天，然后安排一个自选项目。这个自选项目就是您可以根据自己的喜好，在上海周围的杭州、南京等城市里选择一个自己喜欢的地方，我们安排您去那里玩一天。

82   ★   这次旅行一共几天？

A 3天   B 4天

C 5天   D 6天

83   ★   这次旅行中的"自选项目"是指：

A 自己选择在哪儿住宿   B 自己选择在哪儿吃饭

C 自己选择交通工具   D 自己选择去哪儿游玩

84-85

　　有一家人姓丁，因为没有水井，所以家里每天都要安排一个人去打水，又累又麻烦。于是他们家找人帮忙，在自己家里打了一口水井。有了井用水就方便了，家里人都说有了井，等于我们家多出了一个人。这话被别人听到，就一传十，十传百地传开了，最后竟传成了"丁家挖井挖出一个活人！"

84　★　下面哪一项不是丁家挖水井的原因？

A　每天打水很麻烦　　　　　　　　B　没有水井很不方便

C　没有人想去打水　　　　　　　　D　必须安排人去打水

85　★　这个故事说明：

A　事情传到后来就变了样　　　　　B　应该让很多人一起打水

C　人们都不愿意太麻烦　　　　　　D　姓丁的一家人很有意思

三、书写

第86-95题：完成句子。

例如：那座桥　　800年的　　历史　　有　　了

　　　　　　　那座桥有800年的历史了。

86　你　　遇到　　这种事　　怎么会

　　＿＿＿＿＿＿＿＿＿＿＿＿＿＿＿＿＿＿＿。

87　满意　　对这次成绩　　很　　我

　　＿＿＿＿＿＿＿＿＿＿＿＿＿＿＿＿＿＿＿。

88　房间里　　休息　　正在　　他

　　＿＿＿＿＿＿＿＿＿＿＿＿＿＿＿＿＿＿＿。

89　要　　生日礼物　　什么　　你想

　　＿＿＿＿＿＿＿＿＿＿＿＿＿＿＿＿＿＿＿。

90   能见到   你们   在这儿   没想到

_____。

91   王强   书   书架上的   真多啊

_____。

92   中国电视剧   没   他   看过   从来

_____。

93   两次电话   我给   打了   他

_____。

94   卖的   那家鞋店   鞋   又贵又不好

_____。

95   就住在   小王家   北京大学的   旁边

_____。

第二部分

第96-100题：看图，用词造句。

96　自行车

99　质量

97　丢

100　祝贺

98　安静

新汉语水平考试

HSK

4级

模拟试题

③

新汉语水平考试
HSK(四级)

一、听力

第一部分

第1-10题：判断对错。

例如： 我想去办个信用卡，今天下午你有时间吗？陪我去一趟银行？

★ 他打算下午去银行。 （ ✓ ）

现在我很少看电视，其中一个原因是，广告太多了，不管什么时间，也不管什么节目，只要你打开电视，总能看到那么多的广告，浪费我的时间。

★ 她喜欢看电视广告。 （ × ）

1　★ 小王长得很漂亮。 （ 　 ）

2　★ 多说是我口语提高快的原因。 （ 　 ）

3　★ 我对自己的工作很满意。 （ 　 ）

4　★ 中国人做事常受周围环境的影响。 （ 　 ）

5　★ 子女应该多理解老人。 （ 　 ）

6　★ 我的同屋喜欢开汽车。 （ 　 ）

7　★ 听故事可以丰富儿童的知识。 （ 　 ）

8　★ 这个电视剧没意思。 （ 　 ）

9　★ 家长只给成绩不好的孩子补课。 （ 　 ）

10　★ 现在年轻人喜欢旅行结婚。 （ 　 ）

第二部分

第11-25题：请选出正确答案。

例如： 女：该加油了，去机场的路上有加油站吗？

男：有，你放心吧。

问：男的主要是什么意思？

A 去机场　　　B 快要到了　　　C 油是满的　　　D 有加油站 ✓

11　A 没有时间
　　B 心情不好
　　C 身体不好
　　D 天气太热

15　A 火车开往西安
　　B 火车三点开车
　　C 提醒女人注意时间
　　D 火车站离这儿很远

12　A 生病了
　　B 睡觉少
　　C 学习忙
　　D 工作累

16　A 操场
　　B 医院
　　C 公园
　　D 公司

13　A 不让你去
　　B 你可以去
　　C 你和谁去
　　D 你为什么去

17　A 老师和学生
　　B 爸爸和孩子
　　C 丈夫和妻子
　　D 医生和病人

14　A 7：30
　　B 8：00
　　C 8：05
　　D 8：15

18　A 10
　　B 12
　　C 16
　　D 22

19	A	明天		23	A	做作业
	B	今天			B	买东西
	C	后天			C	洗衣服
	D	不能确定			D	看电影

20	A	不用客气		24	A	不用买车
	B	你要找谁			B	都可以
	C	你去哪儿			C	买新车
	D	我听不懂			D	买旧车

21	A	饭店		25	A	身体太胖
	B	旅馆			B	脸色不好
	C	图书馆			C	心脏不好
	D	飞机场			D	抽烟太多

22	A	姐姐
	B	妹妹
	C	小刚
	D	爸爸

第三部分

第26-45题：请选出正确答案。

例如： 男：把这个文件复印5份，一会儿拿到会议室发给大家。

女：好的，会议是下午3点吗？

男：改了，三点半，推迟了半个小时。

女：好，602会议室没变吧？

男：对，没变。

问：会议几点开始？

A 2点　　　　　B 3点　　　　　C 3：30 ✓　　　　D 6点

26　A 同情
　　B 怀疑
　　C 生气
　　D 高兴

27　A 找工作
　　B 结婚
　　C 去学习
　　D 去旅行

28　A 书店
　　B 商店
　　C 电影院
　　D 中国银行

29　A 看书
　　B 喝酒
　　C 聊天
　　D 买东西

30　A 早上睡懒觉
　　B 夜里没睡觉
　　C 工作到很晚
　　D 路上堵车了

31　A 喝凉水
　　B 吃蛋糕
　　C 天生的
　　D 吃肉多

32　A　男的很喜欢小张

　　B　小张平时很浪费

　　C　小张常常不吃饭

　　D　小张的衣服很贵

33　A　长沙

　　B　北京

　　C　武汉

　　D　重庆

34　A　吃了营养药

　　B　每天睡懒觉

　　C　生活有规律

　　D　每天多睡觉

35　A　饭店

　　B　书店

　　C　银行

　　D　地铁站

36　A　2个

　　B　3个

　　C　4个

　　D　5个

37　A　西餐

　　B　日本菜

　　C　韩国菜

　　D　中国菜

38　A　学会拒绝

　　B　学会休息

　　C　学会旅游

　　D　学会放弃

39　A　很生气

　　B　能理解

　　C　很高兴

　　D　也说"不"

40　A　喜欢喝酒

　　B　喜欢玩游戏

　　C　常去危险的地方

　　D　喝酒以后开车

41　A　没关系

　　B　很后悔

　　C　很伤心

　　D　很难受

42　A　酸的

　　B　甜的

　　C　咸的

　　D　辣的

43　A　酸的

　　B　甜的

　　C　咸的

　　D　辣的

44　A　茶

　　B　可乐

　　C　咖啡

　　D　都可以

45　A　走路

　　B　坐地铁

　　C　坐公共汽车

　　D　坐出租汽车

二、阅读

第一部分

第46-50题：选词填空。

A 得意	B 吸引	C 故意	D 坚持	E 难道	F 干干净净

例如：她每天都（ D ）走路上下班，所以身体一直很不错。

46 看来孩子真是饿了，几口就把一碗饭吃了个（   ）。

47 这件事不是我（   ）这样做，请您千万不要误会。

48 看他那一脸（   ）的样子，就像又涨了工资一样。

49 演员精彩的表演深深地（   ）了观众。

50 说明书上已经写得清清楚楚，你（   ）看不懂？

第51-55题：选词填空。

| A 讨论 | B 联系 | C 温度 | D 规定 | E 演出 | F 打折 |

例如：A：今天真冷啊，好像白天最高（ C ）才2℃。

B：刚才电视里说明天更冷。

51　A：下周我要去一个中国朋友家，你说我应该带点儿什么礼物呢？

B：没有特别的（　　　），水果、点心什么的都可以。

52　A：最近我家附近有家商店正在（　　　），东西特别便宜。

B：是吗？有时间带我去那儿看看。

53　A：刚才每个人都发表了意见，下面大家（　　　）一下吧。

B：我觉得小王说的有道理，我同意他的意见。

54　A：你觉得什么样的工作最理想？

B：我觉得能把工作和自己的爱好（　　　）起来才是最理想的。

55　A：今天晚上学校有（　　　），你去不去？

B：我已经答应小王和他一起打乒乓球了。

第二部分

第56-65题：排列顺序。

例如： A 可是今天起晚了

B 平时我骑自行车上下班

C 所以就打车来公司   B A C

56　A　她每天都要回家看看

B　虽然工作很忙

C　但为了照顾妈妈　　　　　　　　　_____

57　A　只要顾客一进饭店大门

B　用英语和法语向顾客问好

C　就有一只鸟马上飞过来　　　　　　_____

58　A　他才有点儿害怕了

B　看到妈妈这么生气

C　于是把今天的事全都告诉了妈妈　　_____

59　A　由于中国经济快速发展

B　国际地位逐渐提高

C　所以想学汉语的人越来越多　　　　_____

60　A　我可不太习惯

B　我还是更喜欢咖啡的味道

C　对中国人喜欢的绿茶　　　　　　　_____

模拟试题 1

模拟试题 2

模拟试题 3

模拟试题 4

模拟试题 5

61

61   A   她都听得非常认真

       B   积极回答老师提出的问题

       C   每次上英语课的时候   _____

62   A   这件事使我很生气

       B   直到他昨天主动道歉我才原谅他

       C   连着3个月没给他回信   _____

63   A   你的心情我可以理解

       B   但事情已经过去了

       C   你也不要后悔了   _____

64   A   有一个人突然走了过来

       B   我和朋友正在聊天儿的时候

       C   问我们看没看见一个穿红裙子的女孩   _____

65   A   在我生病的时候

       B   可他竟然一次也没到医院来看我

       C   很希望丈夫能在身边照顾我   _____

第三部分

第66-85题：请选出正确答案。

例如：她很活泼，说话很有趣，总能给我们带来快乐，我们都很喜欢和她在一起。

★ 她是个什么样的人？

A 幽默 ✓   B 马虎   C 骄傲   D 害羞

66 小赵是新来的，他干起活儿来，像只小老虎似的。

★ 这句话说明小赵：

A 有活力   B 很厉害
C 个子高   D 力量小

67 这件事情明明是王强的不是，怎么能怪小刘呢？

★ 说话人的意思是：

A 这件事不能怪王强   B 这件事是王强的错
C 这件事是小刘错了   D 小刘和王强都有错

68 我开了这么多年的汽车，从来没有撞过人，今天不知是怎么了。

★ 这句话的意思是：

A 他是个老司机   B 他今天撞了人
C 他今天迷路了   D 他开车很不错

69 你要问我他们俩关系怎么样，可以这么说，他们俩好得像一个人一样。

★ 他们俩关系怎么样？

A 一般   B 很熟悉
C 不太好   D 不认识

70   你说的这些原因，听起来像是很有道理，但实际情况并不像你说的这样。

★ 你说的：

A   很详细   B   太长了
C   不正确   D   太简单了

71   老张，你这个人怎么办事总是这么思前想后、怕这怕那的，牙疼得觉也睡不着，饭也吃不
      下去，还不去看看。如果我是你呀，早就去医院找大夫了。

★ 关于老张，下面哪一项是错误的？

A   睡不着觉   B   不能吃饭
C   去了医院   D   办事犹豫

72   人老了，孩子们也都大了，都有了自己的家，他们每天忙自己的事情，谁还想着天天来看
      我啊！

★ 说话人感到：

A   兴奋   B   孤单
C   很忙   D   很累

73   今天晚上演员可能是生病了，唱歌的时候咳嗽了两次，所以很不好意思地向大家道歉，大
      家却一直鼓掌鼓励他。

★ 演员为什么要道歉？

A   咳嗽了   B   没来演出
C   演出迟到   D   唱得不好

74   谁都有错误，孩子有了错误，改了就好了，过去的就让它过去吧，不要在孩子面前总提它
      了。

★ 如果孩子有了错误：

A   不要总打他   B   不能批评他
C   要经常提醒他   D   应该原谅他

75 您这种情况，不是什么病，而是对现在没有工作后的新生活不习惯。您不要总在家里坐着，要多出去走走，活动活动。有时间也可以看看报纸、杂志什么的。

★ 根据这段话，可以知道这个人：

A 生了病   B 总在家里

C 经常出去   D 喜欢看报

76 以前只有老人或者因为生病没了头发的人才会戴假发，可现在年轻人中戴各种样子、各种颜色假发的人也越来越多，已经成为一种流行了。

★ 现在年轻人戴假发可能是因为：

A 生病了   B 头发少

C 没有头发   D 非常流行

77 人们一般认为用电脑办公可以节约用纸，其实，由于电脑里的东西打印、复印非常方便，所以现在比用手写字的时候，用纸要多得多。

★ 这段话主要是说现在比以前办公：

A 用纸更节约   B 用纸更浪费

C 打印更方便   D 手写更方便

78 时代不同了，年轻夫妻选择当"丁克"的越来越多了，两个人生活不要孩子可以更轻松，而且即使是在亚洲，女人不生孩子，也不会受到太多的批评。

★ 下面说法不正确的是：

A 不要孩子生活更轻松   B 不要孩子的人越来越多了

C 亚洲女人不喜欢生孩子   D 不要孩子不会受到很多批评

79 小李这个人啊，办什么事都是这么马虎，让他打印"说明书"，他打成了"证明书"。你瞧，打完了也不检查检查就跑得没影了，这样下去怎么行。

★ 根据这段话，可以知道小李：

A 很粗心   B 打字快

C 跑得快   D 要开证明

80 在我们家里，一切大事都听我的，只有那些小事才听我妻子的。但我从来不管我家里的事，一切事情都由我妻子负责。因为她说家里的事情没有大事，都是小事。

★ 这段话的意思是：

A 家里的事情是小事   B 妻子一切事情都听我的

C 家里的事情都很麻烦   D 家里的事都由妻子决定

81-82

以前，中国唱京剧的女演员很少，唱得好的就更少了，所以一般会让男演员来演女人，这就是"男旦"。男演员要想学"男旦"，不仅样子、声音要适合，还必须比女演员多几倍的努力，才可能成功。好的"男旦"在表演时甚至比真的女人还要美丽，他们不仅能表演出女人的动作、声音，还能表演出女人的年龄、心情。现在女演员多了，"男旦"才慢慢少了。

81 ★ 什么是"男旦"？

A 京剧女演员   B 京剧男演员

C 在京剧中演女人的男人   D 在京剧中演男人的女人

82 ★ 为什么现在"男旦"少了？

A 男演员少了   B 女演员多了

C "男旦"不受欢迎   D "男旦"表演得不好

　　有的人认为我学习好是因为我头大、大脑重。我觉得这种说法不对。如果说大脑重就聪明，那么大象的脑比人脑重，它们为什么没有人聪明呢？我觉得是我身体很好，所以学习才不错。

　　有人对一些科学家的脑进行研究，他们发现科学家的脑并不比一般人的脑子重，后来又发现一个脑子重的人却是傻子。因此可以说，聪明人的脑子不一定很大、很重。

83　★　作者认为他学习好是因为：

A　头比别人大　　　　　　　　　B　喜欢小动物
C　身体很好　　　　　　　　　　D　脑袋比较重

84　★　下面哪一项在文中没有提到？

A　大象的脑是最重的　　　　　　B　大脑重不一定聪明
C　大象的脑比人脑重　　　　　　D　科学家的脑不比一般人重

85　★　这段短文的意思是：

A　科学家的大脑有多重　　　　　B　我的头很大，所以学习好
C　傻子的大脑一般很重　　　　　D　聪明人的大脑不一定很重

三、书写

第一部分

第86-95题：完成句子。

例如：那座桥　　800年的　　历史　　有　　了

　　　　_____那座桥有800年的历史了。_____

86　茶　　这种　　好喝　　不太

_____。

87　找着　　我　　找了半天　　才

_____。

88　在沙发上　　妈妈　　看电视　　坐

_____。

89　不高兴　　孩子们　　玩得　　高兴

_____。

90 中国菜   会做   小王   好几种

_____。

91 那么多东西   哪能   他   拿

_____。

92 很想   我   王老师写信   给

_____。

93 他   不错   考试的成绩   非常

_____。

94 不愿意   我   那些事   管

_____。

95 一定   骑自行车去   要   他

_____。

第二部分

第96-100题：看图，用词造句。

96　整理

97　照片

98　运动

99　原谅

100　参观

新汉语水平考试

HSK

4级

模拟试题

新汉语水平考试
HSK(四级)

注意

一、HSK(四级)分三部分:

　　1. 听力(45题, 约30分钟)

　　2. 阅读(40题, 40分钟)

　　3. 书写(15题, 25分钟)

二、答案先写在试卷上, 最后10分钟再写在答题卡上。

三、全部考试约105分钟(含考生填写个人信息时间5分钟)。

一、听力

第一部分

第1-10题：判断对错。

例如：我想去办个信用卡，今天下午你有时间吗？陪我去一趟银行？

    ★ 他打算下午去银行。　　　　　　　　　　　　　　　　（ ✓ ）

    现在我很少看电视，其中一个原因是，广告太多了，不管什么时间，也不管什么节目，只要你打开电视，总能看到那么多的广告，浪费我的时间。

    ★ 她喜欢看电视广告。　　　　　　　　　　　　　　　　（ ✗ ）

1　★ 北京最好的季节是秋天。　　　　　　　　　　　　　　　（　　）

2　★ 他常去超市买东西。　　　　　　　　　　　　　　　　　（　　）

3　★ 现在的年轻人起得很早。　　　　　　　　　　　　　　　（　　）

4　★ 我回到了故乡。　　　　　　　　　　　　　　　　　　　（　　）

5　★ 南方人听不懂普通话。　　　　　　　　　　　　　　　　（　　）

6　★ 我们输了第一场比赛。　　　　　　　　　　　　　　　　（　　）

7　★ 我对来面试的大学生印象不错。　　　　　　　　　　　　（　　）

8　★ 因为老师病了，下午不上课。　　　　　　　　　　　　　（　　）

9　★ 收入高的工作就是最理想的工作。　　　　　　　　　　　（　　）

10　★ 父母和孩子应该互相理解。　　　　　　　　　　　　　　（　　）

第二部分

第11-25题：请选出正确答案。

例如： 女：该加油了，去机场的路上有加油站吗？

男：有，你放心吧。

问：男的主要是什么意思？

A 去机场　　　　B 快要到了　　　　C 油是满的　　　　D 有加油站 ✓

11　A 商店
　　B 饭店
　　C 书店
　　D 银行

15　A 能参加演出
　　B 一定参加演出
　　C 不想参加演出
　　D 没时间参加演出

12　A 9：10
　　B 9：20
　　C 9：28
　　D 9：38

16　A 他很忙
　　B 他没听清
　　C 他不知道
　　D 他不想回答

13　A 我没有帮助你
　　B 你不要这么客气
　　C 是我朋友帮了你
　　D 你说的我听不懂

17　A 不确定
　　B 一定去
　　C 不能去
　　D 不想去

14　A 很便宜
　　B 有点大
　　C 不太好
　　D 太贵了

18　A 不好买
　　B 票很贵
　　C 座位好
　　D 没买到

19	A 我不同意	23	A 不想看
	B 你说得对		B 没有时间
	C 你听谁说的		C 已经看过
	D 我不认识他		D 买不到票

19 A 我不同意
　 B 你说得对
　 C 你听谁说的
　 D 我不认识他

23 A 不想看
　 B 没有时间
　 C 已经看过
　 D 买不到票

20 A 我一个人就够了
　 B 你最好让他去干
　 C 我不愿和他一起干
　 D 我已经和他说好了

24 A 高兴
　 B 吃惊
　 C 烦恼
　 D 得意

21 A 你说得对
　 B 你说什么
　 C 你别管我
　 D 你要去哪儿

25 A 她没看电视剧
　 B 她想去睡觉
　 C 她不喜欢这个电视剧
　 D 她不知道电视剧的内容

22 A 跳舞
　 B 唱歌
　 C 游泳
　 D 弹钢琴

模拟试题 1
模拟试题 2
模拟试题 3
模拟试题 4
模拟试题 5

第三部分

第26-45题：请选出正确答案。

例如： 男：把这个文件复印5份，一会儿拿到会议室发给大家。

女：好的，会议是下午3点吗？

男：改了，三点半，推迟了半个小时。

女：好，602会议室没变吧？

男：对，没变。

问：会议几点开始？

A 2点　　　　　B 3点　　　　　C 3：30 ✓　　　　D 6点

26　A 蓝色
　　B 白色
　　C 黑色
　　D 黄色

27　A 没睡好觉
　　B 营养不良
　　C 搬家很累
　　D 身体不好

28　A 看书
　　B 散步
　　C 上网
　　D 看比赛

29　A 要和子女住一起
　　B 不和子女不住一起
　　C 还没想过这个问题
　　D 住不住在一起都可以

30　A 成绩不及格
　　B 可能得补考
　　C 成绩非常好
　　D 遇到了老师

31　A 新空调很便宜
　　B 新空调太贵了
　　C 修理费太贵了
　　D 修理费很便宜

32　A　他没有本子

　　B　他没来上课

　　C　他没带本子

　　D　他没有记全

33　A　坐船

　　B　坐汽车

　　C　坐火车

　　D　坐飞机

34　A　怎么办签证

　　B　怎么买机票

　　C　怎么找旅馆

　　D　怎么找导游

35　A　让人在门口等她

　　B　不想总被人打扰

　　C　让别人等一会儿

　　D　写上自己的电话号

36　A　老师

　　B　厨师

　　C　律师

　　D　售货员

37　A　她家有两个女儿

　　B　全家一共4口人

　　C　二女儿是大学生

　　D　丈夫今年55岁

38　A　英语

　　B　汉语

　　C　法语

　　D　德语

39　A　英语

　　B　汉语

　　C　法语

　　D　德语

40　A　是不是现代

　　B　是不是有特点

　　C　是不是有高楼

　　D　是不是不一样

41　A　城市要成熟

　　B　城市要有特点

　　C　城市有什么特点

　　D　城市要有现代特点

42　A　昨天晚上

　　B　今天早上

　　C　找回来的时候

　　D　不知道

43　A　自己去修

　　B　让女朋友去修

　　C　自己去买一个

　　D　让女朋友去买

44 A 感冒了   45 A 1次
   B 发烧了   B 3次
   C 不想去   C 5次
   D 身体不舒服   D 6次

二、阅读

第一部分

第46-50题：选词填空。

| A 意见 | B 互相 | C 观众 | D 坚持 | E 改 | F 祝贺 |

例如：她每天都（ D ）走路上下班，所以身体一直很不错。

46 谁没有错误，有了错误不要紧，（   ）过来不就行了。

47 听说你考上了北京大学，真不简单，（   ）你。

48 人们常说：尺有所短，寸有所长，所以大家应该（   ）学习。

49 我们都认为今天去比较合适，你的（   ）呢？

50 他是一位有名的电影演员，拍了不少（   ）喜欢的电影。

第51-55题：选词填空。

A 邀请	B 按时	C 温度	D 值得	E 引起	F 马虎

例如：A：今天真冷啊，好像白天最高（ C ）才2℃。

B：刚才电视里说明天更冷。

51　A：我儿子每次考试都很（　　），今天让我打了一顿。

　　B：小孩子嘛，你打他干什么？

52　A：工厂昨天着火了，你知道吗？

　　B：听说是由工人抽烟（　　）的。

53　A：中国朋友（　　）我周末去他家玩儿。

　　B：是吗？ 我也想跟你一起去。

54　A：你如果不能（　　）来，最好提前通知我们一下儿。

　　B：我没什么事，肯定能去。

55　A：小王总是帮助别人。

　　B：是啊，他这种精神（　　）我们学习。

第二部分

模拟试题 ①

模拟试题 ②

模拟试题 ③

模拟试题 ④

模拟试题 ⑤

第56-65题：排列顺序。

例如： A 可是今天起晚了

　　　 B 平时我骑自行车上下班

　　　 C 所以就打车来公司　　　　　　　　　　　　　　 <u>B A C</u>

56　A 这是我第一次去他的家

　　 B 我朋友病了，今天没来上课

　　 C 下课后我到他家去看他　　　　　　　　　　　　 _____

57　A 我上星期去中国南方旅行

　　 B 那里山美水美，四季如春

　　 C 特别是桂林，风景美极了　　　　　　　　　　　 _____

58　A 喜欢喝茶的人也越来越多

　　 B 即使在美国、日本等国家

　　 C 不仅在茶的故乡——中国　　　　　　　　　　　 _____

59　A 全国的大中城市中

　　 B 缺水的城市竟有400多个

　　 C 其中严重缺水城市有114个　　　　　　　　　　 _____

60　A 他的一生中有四、五十年在从事教育工作

　　 B 还是一位著名的教育家

　　 C 孔子不但是一位思想家　　　　　　　　　　　　 _____

61 A 比如买东西吧，有大商场，有超市，有小商店

    B 现在在北京生活越来越方便了

    C 还有各种各样的自由市场   _____

62 A 带什么礼物合适

    B 那么你首先要了解怎么称呼朋友的家人

    C 如果你打算去中国朋友家里做客   _____

63 A 等大家都走了以后

    B 经理才对我说了那件事

    C 听了以后，我的心情很复杂   _____

64 A 我们写了这本复习书

    B 为了帮助大家顺利通过考试

    C 希望能对同学们准备HSK考试有帮助   _____

65 A 随着社会经济的发展

    B 养小动物的家庭也越来越多

    C 人们的生活水平逐渐提高   _____

第三部分

第66-85题：请选出正确答案。

例如： 她很活泼，说话很有趣，总能给我们带来快乐，我们都很喜欢和她在一起。

★ 她是个什么样的人？

A 幽默 ✓   B 马虎   C 骄傲   D 害羞

66 你来得正是时候，再晚来一分钟，我就要走了。

★ 这句话的意思是说：

A 你来得太晚   B 你来得正好
C 你不应该来   D 你今天迟到了

67 这说你几次了你还不改，别爱吃什么就一下子吃这么多，看，把肚子吃坏了吧。

★ 根据这段话可以知道，这个人：

A 总是出错误   B 吃得太多了
C 肚子受了伤   D 看见了好吃的

68 这是我家的果园，里边有的是葡萄，你想吃多少自己摘，千万别客气。

★ 说话人的意思是：

A 不要摘葡萄   B 葡萄是别人的
C 这里葡萄很多   D 别吃太多葡萄

69 昨天我去找经理请假，原来以为他一定会同意，没想到结果碰了一个钉子。

★ 说话人的意思是：

A 他受伤了，所以请假   B 经理批评了他一顿
C 经理不同意他休息   D 他身体不好不能工作

模拟试题 ①

模拟试题 ②

模拟试题 ③

模拟试题 ④

模拟试题 ⑤

83

70 我不喜欢总是跟那些我不认识的人见面吃饭，要去你自己去吧，我可不去。

★ 说话人的态度是：

A 高兴   B 感谢
C 生气   D 怀疑

71 你不要眼里只有自己，看不到别人的长处，不要总认为别人都不如自己。

★ 根据这段话可以知道，这个人：

A 很骄傲   B 很幽默
C 很马虎   D 很幸福

72 虽然报纸上没有详细介绍，但几乎没有人不知道最近发生的警察打死大学生的事情。

★ 对警察打死大学生的事：

A 谁都不知道   B 没有人知道
C 人们都知道   D 大部分人不知道

73 小张工作特别认真，技术也特别好，大家都喜欢他，就是一说话就脸红，像个女孩子一样。

★ 小张是个什么样的人？

A 有趣   B 怕热
C 害羞   D 喜欢女孩子

74 第一次去别人家做客总要带点儿礼物才好，要不自己都觉得自己没有礼貌。礼物不一定要贵，合适就好。

★ 第一次去别人家，不带礼物自己会觉得：

A 不礼貌   B 没关系
C 是好朋友   D 不能进门

75　大家都希望有一个环境好、收入高、工作轻松、自己又喜欢的工作，可你要是真去找这样的工作，恐怕只有天上才有了。

　　★ "天上才有"是什么意思？

　　A　不可能有　　　　　　　　　　B　得天天去找
　　C　高的地方才有　　　　　　　　D　最好的公司才有

76　小张要结婚了，可她和男朋友认识还不到一个月，朋友们都希望她再好好想想，小张却说不用想，真让人担心啊！

　　★ 听说小张结婚，朋友们为什么担心？

　　A　她的男朋友不好　　　　　　　B　她男朋友比她小一个月
　　C　她还不到结婚的年龄　　　　　D　她和男朋友认识时间短

77　有时候关系好的邻居真的和一家人一样，中国有句老话说"远亲不如近邻"，就是说住得近的邻居比住得远的亲戚还要重要。

　　★ "远亲不如近邻"的意思是：

　　A　邻居可以成为亲戚　　　　　　B　亲戚最好住在一起
　　C　邻居比远方的亲戚重要　　　　D　亲戚成了我的邻居

78　《交通法》禁止一边开车，一边打电话，因为这会影响交通安全，开车的时候不注意，有情况的时候就来不及了。

　　★ 这句话主要是说：

　　A　开车时不要打电话　　　　　　B　打电话会影响交通
　　C　开车的时候要小心　　　　　　D　交通法禁止打电话

79　调查发现，现在的中小学生每星期看电视的时间超过20个小时。我认为如果少看点儿电视，不但对他们的眼睛有好处，他们的学习成绩也会比现在好得多。

　　★ 说话人认为中小学生：

　　A　应注意眼睛健康　　　　　　　B　看电视时间太长
　　C　学习成绩很重要　　　　　　　D　每星期应该多运动

80-81

　　最近几天马丁总是睡得很早，可是上课的时候的时候还是很困。同学们都很奇怪，不知道发生了什么事。原来，他在北京的时间不多了，他怕以后没有再来旅游的机会，所以想在离开北京以前多参观几个地方。

80　★　马丁上课的时候：

　　A　听不懂　　　　　　　　　　　B　去旅游
　　C　想睡觉　　　　　　　　　　　D　问问题

81　★　马丁最近：

　　A　不想回国　　　　　　　　　　B　经常打游戏
　　C　到处去参观　　　　　　　　　D　每天睡得很晚

82-83

　　秋天是北京最好的旅游季节，气温不高也不低。要是登上山，从山顶往下看，到处是各种颜色的花草树木，红的、黄的、绿得都有，好看极了。可惜秋天太短，冬天很快就来了。在寒冷的冬天里，人们都希望春天早一点儿到来。不过春天风沙太大，有时候吹得人连眼睛都睁不开。

82　★　根据短文，他最喜欢的季节是：

　　A　春天　　　　　　　　　　　　B　夏天
　　C　秋天　　　　　　　　　　　　D　冬天

83　★　下面哪个季节风沙很大？

　　A　春天　　　　　　　　　　　　B　夏天
　　C　秋天　　　　　　　　　　　　D　冬天

根据调查发现：随着地球气候的变暖，不少鸟类正在逐渐变小，不过，鸟类数量还没有减少。有些鸟类的体重减少得不多，比如林莺的体重大约只下降了1.3%，也有部分鸟类体重降低了很多，比如白翅斑雀体重降低了大约4%，肯塔基莺与猩红比蓝雀体重分别减少了3.3%和2.3%。现在，人们还不知道气候变暖为什么会引起鸟类身体的变化。

84 ★ 下列哪种鸟体重降低得比较少：

A 林莺

B 肯塔基莺

C 猩红比蓝雀

D 白翅斑雀

85 ★ 根据短文，鸟类体重降低是因为：

A 食物减少

B 气候变暖

C 鸟类身体变小

D 鸟类数量减少

三、书写

第一部分

第86-95题：完成句子。

例如：那座桥　　800年的　　历史　　有　　了

　　　　　　那座桥有800年的历史了。

86　等他　十分钟　吧　再

　　_____。

87　桌子上的　昨天的　是　报纸

　　_____。

88　没有　世界上　两个人　完全相同的

　　_____。

89　特别　他们俩　像　长得

　　_____。

90 请大家　　一会儿　　等　　在这儿

_____。

91 自己的　　每个人　　特点　　都有

_____。

92 引起了　　抽烟　　大火　　一场

_____。

93 在新的一年里　　祝　　一切　　你　　顺利

_____。

94 遇到　　事情　　这么麻烦的　　你怎么会

_____。

95 旅行　　学校要　　组织留学生　　到北京

_____。

模拟试题 1
模拟试题 2
模拟试题 3
模拟试题 4
模拟试题 5

第二部分

第96-100题：看图，用词造句。

96　新鲜

99　脱

97　笑话

100　猜

98　撞

新汉语水平考试

HSK 4级

模拟考题

⑤

新汉语水平考试
HSK(四级)

注意

一、 HSK(四级)分三部分:

   1. 听力 (45题,约30分钟)

   2. 阅读 (40题,40分钟)

   3. 书写 (15题,25分钟)

二、 答案先写在试卷上,最后10分钟再写在答题卡上。

三、 全部考试约105分钟(含考生填写个人信息时间5分钟)。

一、听力

第一部分

第1-10题：判断对错。

例如：我想去办个信用卡，今天下午你有时间吗？陪我去一趟银行？

★ 他打算下午去银行。 （ ✓ ）

现在我很少看电视，其中一个原因是，广告太多了，不管什么时间，也不管什么节目，只要你打开电视，总能看到那么多的广告，浪费我的时间。

★ 她喜欢看电视广告。 （ × ）

1 ★ 我想知道这是什么车。 （ ）

2 ★ 公司同意了老王的申请。 （ ）

3 ★ 我负责准备会议材料。 （ ）

4 ★ 朋友要买白色毛衣。 （ ）

5 ★ 南方春天常下雨。 （ ）

6 ★ 老师认为考试的分数不太重要。 （ ）

7 ★ 晚上我不想去看电影。 （ ）

8 ★ 中国不同地方人说话都差不多。 （ ）

9 ★ 去中国人家的时候最好带饮料。 （ ）

10 ★ 年轻的父母不给孩子买"垃圾食品"。 （ ）

93

第二部分

第11-25题：请选出正确答案。

例如：女：该加油了，去机场的路上有加油站吗？

男：有，你放心吧。

问：男的主要是什么意思？

    A 去机场   B 快要到了   C 油是满的   D 有加油站 ✓

11   A 接人
     B 吃饭
     C 告别
     D 旅游

12   A 8：55
     B 9：05
     C 9：10
     D 9：15

13   A 再等一会儿小李
     B 小李今天一定来
     C 小李为什么迟到
     D 小李今天不来了

14   A 同情
     B 怀疑
     C 着急
     D 伤心

15   A 东边
     B 西边
     C 南边
     D 北边

16   A 饭馆里
     B 地铁站
     C 教室里
     D 文具店

17   A 他知道小黄病了
     B 他认为小黄没病
     C 他问小黄得了什么病
     D 他在医院看见小黄了

18   A 儿子大学毕业了
     B 儿子考上大学了
     C 不知儿子去哪里
     D 儿子从北京回来了

19	A	我不太明白		23	A	睡觉
	B	我还要考虑			B	看电视
	C	我决定不了			C	看电影
	D	我还没想好			D	和朋友聊天

20	A	不能相信		24	A	在家里可以
	B	完全没用			B	在吸烟室可以
	C	没有根据			C	在哪儿都可以
	D	很有道理			D	在哪儿都不行

21	A	看比赛		25	A	地点
	B	逛商店			B	大小
	C	看杂志			C	主人
	D	读报纸			D	价格

22	A	图书馆
	B	食堂
	C	小卖部
	D	邮局

第三部分

第26-45题： 请选出正确答案。

例如： 男：把这个文件复印5份，一会儿拿到会议室发给大家。

女：好的，会议是下午3点吗？

男：改了，三点半，推迟了半个小时。

女：好，602会议室没变吧？

男：对，没变。

问：会议几点开始？

A 2点　　　　　B 3点　　　　　C 3：30 ✓　　　　　D 6点

26　A 画画儿
　　B 听音乐
　　C 唱歌
　　D 跳舞

27　A 以前是同学
　　B 现在是同事
　　C 常一起买花
　　D 常一起锻炼

28　A 两个小时
　　B 三个小时
　　C 四个小时
　　D 五个小时

29　A 容易变胖
　　B 可以多吃饭菜
　　C 对身体不好
　　D 可以节省时间

30　A 食品
　　B 衣服
　　C 电脑
　　D 手机

31　A 交通
　　B 环境
　　C 住房
　　D 收入

32 A 她不是大学生
    B 她大学没毕业
    C 公司不要女的
    D 她没有工作经验

33 A 跑步
    B 骑车
    C 游泳
    D 旅行

34 A 东西多
    B 距离近
    C 环境好
    D 价钱便宜

35 A 找到了很好的工作
    B 没通过研究生考试
    C 研究生已经毕业了
    D 交不起研究生学费

36 A 饼干
    B 水果
    C 饮料
    D 啤酒

37 A 找不到宾馆
    B 住宿费太贵了
    C 宾馆的酒太贵了
    D 宾馆没有冰箱

38 A 学生
    B 老师
    C 校长
    D 家长

39 A 学费太贵
    B 孩子没时间
    C 孩子不想去
    D 家里有困难

40 A 听音乐
    B 喝咖啡
    C 聊天儿
    D 出去走走

41 A 不要长时间工作
    B 精神紧张时该怎样做
    C 发脾气会影响同事关系
    D 有时间应该多去旅行

42 A 牙的情况不同
    B 医院情况不同
    C 医生技术不同
    D 受天气的影响

43 A 经常刷牙
    B 选择医生
    C 选择医院
    D 吃营养药

44　　A　更有钱

　　　　B　更孤单

　　　　C　生活环境更好

　　　　D　文化水平更高

45　　A　城市的穷人

　　　　B　农村的穷人

　　　　C　老人的健康

　　　　D　老人的精神生活

二、阅读

第一部分

第46-50题：选词填空。

| A 适合 | B 吵 | C 后来 | D 坚持 | E 陪 | F 从来 |

例如：她每天都（ D ）走路上下班，所以身体一直很不错。

46　我没时间（　　　）你去买东西，你自己一个人去好了。

47　我性格内向，不太（　　　）做这种工作。

48　你做的鱼味道太好了，我（　　　）没吃过这么好吃的鱼。

49　外边太乱了，（　　　）得我睡不着觉。

50　她一个月以前来过我们这儿，（　　　）再没来过。

第51-55题：选词填空。

| A 主动 | B 集合 | C 温度 | D 到底 | E 估计 | F 准时 |

例如：A：今天真冷啊，好像白天最高（ C ）才2℃。

B：刚才电视里说明天更冷。

51　A：他们怎么还不来，是不是忘了时间？

　　B：我去找他们，看看（　　）发生了什么事。

52　A：我（　　）这场比赛我们队肯定输了。

　　B：跟你想的正好相反，我们队赢了。

53　A：我们明天几点在校门口（　　）？

　　B：10点怎么样？太早我起不来。

54　A：小姐，今天的171次航班能不能（　　）到达？

　　B：对不起，现在还不太清楚。

55　A：小张，在交女朋友方面可得（　　）点，难道你看不出小李对你有意思？

　　B：不会吧，我怎么没看出来。

第二部分

模拟试题 ①

第56-65题：排列顺序。

例如： A 可是今天起晚了

　　　 B 平时我骑自行车上下班

　　　 C 所以就打车来公司　　　　　　　　　　　　　　 B A C

模拟试题 ②

56　A 在一年四季中

　　 B 气温不高也不低

　　 C 秋天是这里最好的季节　　　　　　　　　　　　 ＿＿＿＿＿＿

模拟试题 ③

57　A 对不起，她刚出去

　　 B 如果你愿意的话

　　 C 我可以帮你转告他　　　　　　　　　　　　　　 ＿＿＿＿＿＿

58　A 所以，我一看到雪景

　　 B 我的家乡冬天常下雪

　　 C 就觉得好像回到家乡了　　　　　　　　　　　　 ＿＿＿＿＿＿

模拟试题 ④

59　A 今天我终于登上了长城

　　 B 中国人常说：不到长城非好汉

　　 C 也是一条好汉了　　　　　　　　　　　　　　　 ＿＿＿＿＿＿

模拟试题 ⑤

60　A 送给中国人的礼物

　　 B 既可以选择茶、酒、点心、水果

　　 C 也可以选择鲜花、巧克力　　　　　　　　　　　 ＿＿＿＿＿＿

61 A 等回来后再去看她

B 请你告诉小李一下

C 就说我走以前没有时间去看她了 _____

62 A 南方却到处都开着鲜花

B 中国南北气候差得很大

C 北方下大雪的时候 _____

63 A 其中人物画出现最早

B 按照内容可以把中国画分为人物、花鸟、山水三大类

C 但后来影响最大的是山水画 _____

64 A 不过，老百姓的生活确实方便多了

B 竞争得也很厉害

C 北京的服务业这些年发展很快 _____

65 A 所以这几天大家都在讨论旅游的事

B 学校要组织大家去外地旅游

C 为了让留学生的学习生活更加丰富 _____

第三部分

第66-85题：请选出正确答案。

例如： 她很活泼，说话很有趣，总能给我们带来快乐，我们都很喜欢和她在一起。

★ 她是个什么样的人？

A 幽默 ✓   B 马虎   C 骄傲   D 害羞

66 这次学校的演出不是我不愿意去，是老师不让我去。

★ 这句话的意思是：

A 不让老师去   B 我不得不去
C 我很愿意去   D 我没时间去

67 要是听了我讲的这个故事，保证让你笑掉大牙。

★ 这句话的意思是：

A 这个故事很可笑   B 这个故事很感人
C 这个故事很可怕   D 这个故事很简单

68 大家今天一定要认真准备，谁也不能请假，明天没准儿市长也会来呢。

★ 明天市长：

A 肯定来   B 肯定不来
C 有事不能来   D 很有可能来

69 当初要不是老王帮忙，我现在还不知道会怎么样呢？

★ 说话人对老王是什么态度？

A 感谢   B 讨厌
C 失望   D 怀疑

模拟试题 ①
模拟试题 ②
模拟试题 ③
模拟试题 ④
模拟试题 ❺

103

70　我最喜欢的演员要来北京演出，票不好买，不过我还是买到了，我盼望着演出的日子早点儿到来。

　　★ 从这句话可以知道：

　　A　我要去买票　　　　　　　　B　我看了演出
　　C　我喜欢那个演员　　　　　　D　我打算去看电影

71　今天公司要来几个重要的客人，他们每个人喜欢的饮料都不一样，张经理是热茶、王先生是黑咖啡、李小姐的咖啡不要牛奶，千万别弄错了。

　　★ 下面哪一项正确？

　　A　李小姐喜欢黑咖啡　　　　　B　王先生不喜欢牛奶
　　C　张经理最喜欢热茶　　　　　D　客人们都喜欢咖啡

72　一些饭馆不允许顾客自己带酒和饮料，大家不得不买饭馆的高价酒水，经常要多花三到五倍的钱。

　　★ 一些饭馆拒绝顾客做什么？

　　A　自己带酒水　　　　　　　　B　自己喝饮料
　　C　买高价酒水　　　　　　　　D　买饭馆的酒

73　最近老张总是感觉心里不舒服，妻子害怕他有什么病，昨天专门请了个假，陪他去医院检查身体了。

　　★ 昨天老张去做什么了？

　　A　回家休息　　　　　　　　　B　检查身体
　　C　和妻子吃饭　　　　　　　　D　陪妻子去医院

74 我上个星期终于搬进新买的房子里，以前一直租房住，半年、一年就得搬一次家，现在总算有了自己的家了，欢迎大家来玩儿。

★ 我现在和以前最大的不一样是：

A 租了新房子　　　　　　　　　B 搬进了大房子
C 有了自己的房子　　　　　　　D 租了长期的房子

75 小高有个特别的爱好，就是爱看热闹，哪儿有热闹，哪儿就有他。例如，谁家结婚了，谁家死人了，邻居吵架了，他都要跑过去看。

★ 小高的爱好是：

A 看书　　　　　　　　　　　　B 看热闹
C 看结婚　　　　　　　　　　　D 看人吵架

76 读博士本来是让人羡慕的事情，可是现在博士毕了业也很难找到理想的工作，不是工资低，就是和自己的专业没有关系。

★ 现在的博士：

A 考试太难　　　　　　　　　　B 毕业太难
C 专业不好　　　　　　　　　　D 找工作难

77 对于我的问题，他并没有直接给出答案，而是笑着给我指出了解决问题的方向。听了他的话，我的心里一下子亮了许多。

★ 这句话的意思是：

A 我感到没有希望　　　　　　　B 我心里非常感动
C 我突然笑了起来　　　　　　　D 他的话对我很有帮助

78 现在电视里到处是保健品广告，今天说这种产品好，明天说那种更有效，后天说又有一种特别好，其实都是"王婆卖瓜，自卖自夸"。

★ "王婆卖瓜，自卖自夸"是什么意思？

A 卖瓜的说自己的西瓜好　　　　B 买瓜的说自己的西瓜好
C 卖东西的说自己的东西好　　　D 买东西的说自己的东西好

79　我每天下午5点钟下班，然后去幼儿园接孩子。可今天下班前突然有急事，走不了。等到忙完了，已经6点多了。当我急急忙忙来到孩子的幼儿园时，只有女儿一个人在那儿，别的孩子都已经被父母接走了，她等得着急，正坐在那儿哭呢。

　　★ 女儿为什么哭？

　　A　身体不舒服　　　　　　　　B　没有人接她
　　C　不喜欢幼儿园　　　　　　　D　和别人吵架了

80-81

　　　　最近报调查发现：中国现在最受人尊敬的职业按照顺序排列是：科学家、大学教授、中小学教师、医生、记者。看起来在老百姓心中"知识"很重要。可是，人们实际选择职业的时候，"最受尊敬的职业"不一定是"最理想的职业"。一般人还是认为收入高是最重要的，所以大学毕业生在选择职业时，多数人不愿意当老师或大夫，他们更愿意到收入比较高的公司去工作。

80　★ 最受尊敬的职业是什么？

　　A　记者　　　　　　　　　　　B　医生
　　C　科学家　　　　　　　　　　D　大学教授

81　★ 为什么一些大学生毕业后不愿意做最受人尊敬的工作？

　　A　收入比较低　　　　　　　　B　工作比较累
　　C　工作很难找　　　　　　　　D　不是他们的理想

82-83

由于鲍鱼味道鲜美，所以受到人们的欢迎。不过，鲍鱼的成熟时间长，小鲍鱼要四年才能长成可以吃的大鱼，所以价格特别贵。另外，由于海洋污染越来越严重，大家也担心鱼肉会被污染。所以，有人打算用干净的海水养鲍鱼，这样不仅可以吃到没有污染的鲍鱼，还可以使鲍鱼在两年内长大。

82 ★ 鲍鱼为什么价格特别贵？

A 味道鲜美   B 受到欢迎

C 生长期长   D 海水污染

83 ★ 下面哪一项不是人工养的鲍鱼的特点？

A 没有污染   B 味道更好

C 成熟时间短   D 两年可以长大

84-85

德国的大部分小学只上午半天上课，孩子在中午吃饭前就回家了。也就是说，母亲一天里大部分时间都必须留在家里照看孩子，想要出去工作成了"不可能的任务"。因此很多职业妇女不得不放弃工作的机会，专门在家带孩子。

84 ★ 德国的小学生一般在什么时候回家？

A 上午   B 中午

C 下午   D 晚上

85 ★ 为什么很多母亲放弃工作的机会？

A 不喜欢工作   B 太喜欢孩子

C 为了带孩子   D 工作收入低

模拟试题 ❶

模拟试题 ❷

模拟试题 ❸

模拟试题 ❹

模拟试题 ❺

三、书写

第86-95题：完成句子。

例如：那座桥　　800年的　　历史　　有　　了

_____那座桥有800年的历史了。_____

86　最好　　自己　　做的　　礼物

_____。

87　真快　　时间　　得　　过

_____。

88　能　　你　　吗　　这个词　　解释

_____。

89　喜欢　　不　　看京剧　　我

_____。

90   太突然   这场雨   来得   了

_____。

91   的内容   这本书   有意思   很

_____。

92   写过   他   很多小说   也

_____。

93   一顿   小王   批评   了   被经理

_____。

94   对这里   生活   的   习惯了

_____。

95   陪你   买   我没时间   礼物

_____。

第二部分

第96-100题：看图，用词造句。

96 认真

97 暖和

98 梦

99 精彩

100 地图

한번에 합격!

新 HSK 실전모의고사

저자 **쟈오위메이(焦毓梅), 위펑(于鹏), 오양샤오팡(欧阳晓芳)**

해설 **박은영**

 해설집

 **4**급

J PLUS
Language Publishing Co.

차례

新汉语水平考试

HSK
4级

모의고사 해설

HSK (四级) 1회 모범답안

一、听力

第一部分	1. ×	2. √	3. ×	4. ×	5. √	6. √	7. ×	8. ×	9. ×	10. √
第二部分	11. B	12. A	13. A	14. C	15. D	16. D	17. A	18. A	19. B	20. C
	21. C	22. C	23. B	24. A	25. D					
第三部分	26. B	27. D	28. A	29. D	30. B	31. D	32. C	33. A	34. A	35. D
	36. D	37. B	38. D	39. D	40. B	41. B	42. A	43. C	44. A	45. D

二、阅读

第一部分	46. C	47. F	48. B	49. A	50. E	51. E	52. A	53. F	54. B	55. D
第二部分	56. A B C		57. C B A		58. C A B		59. B C A		60. A B C	
	61. B A C		62. A C B		63. A C B		64. B A C		65. C B A	
第三部分	66. C	67. D	68. A	69. A	70. B	71. C	72. C	73. D	74. B	75. A
	76. C	77. D	78. D	79. C	80. C	81. D	82. D	83. A	84. B	85. C

三、书写

第一部分	86.	超市里有各种商品。
	87.	怎么只有你一个人在家?
	88.	这儿离小刘的奶奶家很近。
	89.	北方人都喜欢吃饺子。
	90.	这家工厂生产的空调质量不错。
	91.	这是他第一次看中国电影。
	92.	你们学校的日本留学生多吗?
	93.	她骑自行车的技术怎么样?
	94.	你们真应该到国外走走。
	95.	这本书对我的影响太大了!
第二部分 参考答案	96.	我刚从朋友那儿借了点儿钱。
	97.	小张最喜欢去大商店购物了。
	98.	今天下午我肚子疼,所以去医院了。
	99.	小狗死了,孩子哭得很伤心。
	100.	台上表演的演员非常有名。

1. 듣기(听力)

제1부분

제1부분은 총 10문항이다. 모든 문제는 한 번씩 들려준다. 모든 문제에서 한 사람이 한 단락의 문장을 읽으면, 다른 사람이 그 문장과 관련된 한 구절의 문장을 읽는다. 시험지에도 이 문장이 제시되어 있으며, 응시자는 들려주는 내용과 맞는지 판단한다.

1

> 小张买了一辆自行车，但是不是新的，因为旧的比较便宜，也不容易丢。

> 샤오장은 자전거 한 대를 샀지만 새 자전거는 아니었다. 왜냐하면 오래된 자전거는 비교적 저렴할 뿐만 아니라 쉽게 잃어버리지 않을 수 있기 때문이다.

샤오장은 새 자전거를 한 대 샀다.

정답 ✕

해설 전환의 의미를 나타내는 관련사 "但是" 뒤에 화자가 전하고자 하는 의도가 있으므로 주의 깊게 들어야 한다. 새것은 아니라고 하였고, 낡은 것이 저렴하고 잘 잃어버리지 않기 때문에 중고 자전거를 샀다는 것을 알 수 있다. 그러므로 답은 ✕이다.

단어 新的 xīn de 새것
旧的 jiù de 오래된 것
丢 diū 잃어버리다

2

> 小李虽然在英国学习了两年，可英语水平并不怎么样。

> 샤오리는 비록 영국에서 2년간 공부했지만 영어 실력은 그다지 좋지 않다.

샤오리의 영어 실력은 그다지 뛰어나지는 않다.

정답 ✓

해설 지문의 "不怎么样"은 '별로 좋지 않다. 그저 그렇다'의 뜻으로 문제의 "不太好"와 같은 의미이다. 그러므로 답은 ✓이다.

단어 虽然~可 suīrán~kě 비록 ~이나, 그러나
水平 shuǐpíng 수준, 실력
不怎么样 bù zěnmeyàng 별로다

3

> 儿子今天结婚，我这当爸爸的心里也高兴，虽然我平时不喝酒，但是今天的酒我不但要喝，而且还得多喝两口。

> 아들이 오늘 결혼했고, 나는 아버지로서 매우 기뻤다. 나는 비록 평소에 술을 마시지는 않지만 오늘의 결혼 축하주는 꼭 마셔야 할 뿐만 아니라, 더 많이 마실 것이다.

나는 술을 매우 좋아한다.

정답 ✕

해설 전환의 관계를 나타내는 "虽然+사실, 但是+포인트" 형식이 사용되었다. 지문에는 '평소 술을 잘 안 마신다'고 나왔으므로, '술을 좋아한다'고 한 문제는 ✕이다.

단어 当爸爸的 dāng bàba de 아버지로서
平时 píngshí 평소
不但~而且 búdàn~érqiě ~일 뿐만 아니라, ~이기도 하다

4

> 早起和午睡是很多中国人的生活习惯，特别是午睡，对有些人来说，就像吃饭一样重要。很多人在午饭以后，下午上班之前，一定要休息一个小时左右。

아침에 일찍 일어나고 낮잠을 즐기는 것은 많은 중국인들의 생활 습관이다. 특히 낮잠은 몇몇 사람들에게는 식사를 하는 것처럼 중요하다. 많은 사람들은 점심 식사 후 오후 출근 전에 반드시 한 시간 정도 휴식을 취해야 한다.

점심식사는 중국인에게 매우 중요하다.

정답 ✗

해설 "午睡"는 '낮잠'이란 뜻으로 점심 "午饭"을 먹고 오후 출근하기 전에 자는 잠을 뜻한다. 문제에는 '점심이 중요하다'고 표현했는데, 지문에는 '낮잠의 중요성을 말하고 있으므로 답은 ✗이다. 이 지문은 중국의 생활 습관을 어느 정도 이해하고 있다면 쉽게 이해가 되는 지문 내용이다. 중국은 일반적으로 집에 와서 점심을 해결한다. 학교 학생들도 역시 그렇다. 점심을 집에 와서 해결하고 오후에 직장이나 학교에 가기 전에 잠깐 누워서 눈을 붙이는 습관이 있다. 요즘은 중국도 생활리듬이 빨라져 직장이나, 근처에서 해결하는 사람도 있지만, 낮잠은 중국인의 오랜 습관이다.

단어 早起 zǎoqǐ 일찍 일어나다
午睡 wǔshuì 낮잠자다
生活习惯 shēnghuó xíguàn 생활 습관
特别是 tèbié shì 특히나
像~一样 xiàng~yíyàng ~처럼
休息 xiūxi 휴식하다

5
今天不是星期天，可是他们国家的节日，所以大使馆不上班，您的签证还得等两天。

오늘은 일요일이지만 그들 국가의 명절이므로 대사관 업무를 보지 않아 당신의 비자 발급은 이틀 더 기다려야 합니다.

오늘 대사관이 휴무여서 비자를 발급 받을 수 없었다.

정답 ✓

해설 지문의 "不上班"은 문제의 "不工作"와 같은 의미이고, 지문의 '이틀 더 기다려야 한다'는 문제의 '오늘은 비자를 받을 수 없다'와 일치하는 내용이다. 그러므로 답은 ✓이다.

단어 节日 jiérì 명절, 기념일
大使馆 dàshǐguǎn 대사관
不上班 bú shàngbān 휴무이다
签证 qiānzhèng 비자

6
中国人和美国人的性格特点很不相同。美国人自己怎么想就怎么做，不追求与别人一样，因此一个美国人一个样。而中国人非常重视别人对自己怎么看。

중국인과 미국인의 성격적 특징은 서로 크게 다르다. 미국인은 자기가 생각하는 대로 행동하며 다른 사람과 같아야 한다고 추구하지 않아 사람마다 제각각이다. 반면 중국인은 다른 사람이 자신에 대해 어떻게 생각하는지를 매우 중요하게 여긴다.

미국인들은 다른 사람이 자신에 대해 어떻게 생각하는지에 별 관심이 없다.

정답 ✓

해설 지문의 "不追求与别人一样"의 의미는 문제의 "不关心别人对自己怎么看"과 같은 내용이므로 답은 ✓이다.

단어 性格 xìnggé 성격
特点 tèdiǎn 특징
追求 zhuīqiú 추구하다, 중시하다
一个样 yí ge yàng 한가지 모습이다
重视 zhòngshì 중시하다

7
在中国的留学生活结束了，我又高兴又难过。高兴的是在这里学到了汉语，交了很多朋友，去了很多有名的地方。难过的是我真舍不得离开一起学习生活了4年的老师和同学们。

중국에서의 유학생활이 끝나고, 나는 기쁘기도 하면서 또 마음이 아프기도 했다. 기뻤던 점은 이 곳에서 중국어를 배우고 많은 친구들을 사귀면서 여러 유명한 곳을 다녔던 점이다. 마음이 아팠던 점은 4년 동안 함께 공부하고 생활했던 선생님과 친구들을 떠나기가 정말로 아쉽다는 것이다.

공부가 끝나서 기분이 매우 좋다.

정답 ✗

해설 지문의 "又高兴又难过"에 사용된 관련사 "又~又~"는 병렬의 관계로 '두 가지를 다 갖추고 있다'는 의미이다. 그러므로 '기쁘기도 하고 마음이 아프기도 했다'이다. 그러나 문제는 '기쁘다'만 표현하였으므로 답은 ✗이다.

단어 结束 jiéshù 끝나다

难过 nánguò 마음이 아프다
交朋友 jiāo péngyou 친구를 사귀다
舍不得 shěbudé 아쉬워하다
离开 líkāi 떠나다

8

> 　　现在中国人的生活越来越好了。可是什么事情都是既有好的方面，也有不好的方面。例如随着生活脚步的加快，人与人之间的关系却越来越远，这是应引起人们重视的问题。
>
> 　　현재 중국인들의 생활 수준이 갈수록 향상되었다. 그러나 모든 일에는 좋은 면과 나쁜 면이 있기 마련이다. 예를 들면, 생활 리듬이 빨라지면서 사람과 사람 사이의 관계가 점차 멀어지게 되었는데 이는 반드시 모두가 중요하게 생각해야 할 문제이다.

현재 사람들 사이의 관계는 갈수록 좋아지고 있다.

정답 ✗

해설 지문에는 "关系却越来越远" '점점 멀어진다'고 언급하였는데, 문제에는 '관계가 좋아진다/가까워진다'라고 표현하였으므로 답은 ✗이다. 그리고 지문 맨 앞에 언급한 것은 "生活"이지, 문제 속의 "关系"가 아니다. 혼동하여 듣지 않도록 주의한다.

단어 越来越 yuèláiyuè 점점
　　既有~也有~ jìyǒu~yěyǒu~ ~도 있고, ~도 있다
　　例如 lìrú 예를 들면
　　随着 suízhe ~함에 따라
　　脚步 jiǎobù 발걸음
　　加快 jiākuài 빨라지다
　　引起 yǐnqǐ 야기하다, 초래하다

9

> 　　Yamada和李飞飞是好朋友，他们互相帮助。Yamada教飞飞日语，飞飞教Yamada汉语。他们学习很认真，两个人的水平都提高很快。同学们没有不羡慕他们的。
>
> 　　야마다와 리페이페이는 좋은 친구 사이이며 서로를 돕는다. 야마다는 페이페이에게 일본어를 가르쳐

주고, 페이페이는 야마다에게 중국어를 가르쳐준다. 그들은 매우 열심히 공부했고 실력도 매우 빠르게 향상되었다. 반 친구들 중에 이들을 부러워하지 않는 사람이 없었다.

반 친구들은 모두 그들 둘을 부러워하지 않는다.

정답 ✗

해설 지문에 언급된 "没有不羡慕他们的"는 이중부정으로 강한 긍정을 나타낸다. 즉 '누구나 다 부러워한다'는 의미이다. 그러나 문제에는 부정의 의미 "不羡慕"로 출제되었으므로 답은 ✗이다. 이중부정은 듣기에서 잘 혼동하는 부분 중의 하나이므로 평소 연습을 많이 해야 한다.

단어 互相帮助 hùxiāng bāngzhù 서로 돕다
　　教 jiāo 가르치다
　　认真 rènzhēn 열심히
　　提高 tígāo 향상되다
　　没有不 méiyǒu bù 아닌 것이 없다, 다 그렇다
　　羡慕 xiànmù 부러워하다

10

> 　　一些人早上起得早，起来就吃早饭，其实这样做是不科学的。医学家认为，人们的早饭最好在早上7点以后吃，如果早饭吃得太早，对身体不太好。
>
> 　　어떤 사람들은 아침에 일찍 일어나자마자 아침식사를 한다. 사실 이것은 과학적이지 않다. 의사는 사람들이 아침 7시 후에 아침 식사를 하는 것이 제일 좋다고 여긴다. 만약 아침을 너무 일찍 먹으면 건강에 별로 좋지 않기 때문이다.

아침을 너무 일찍 먹으면 안 된다.

정답 ✓

해설 지문 마지막에 언급된 "如果早饭吃得太早, 对身体不太好。"는 가정형태로 표현하기는 했지만, 그만큼 너무 일찍 먹는 아침밥이 안 좋다는 것을 설명하기 위한 것이므로 문제의 답은 ✓이다.

단어 其实 qíshí 사실
　　不科学 bù kēxué 비과학적이다
　　认为 rènwéi 여기다
　　早 zǎo 이르다

제2부분

제2부분은 총 15문항이다. 모든 문제는 한 번씩 들려준다. 모든 문제는 두 사람의 대화로 이루어져 있으며, 두 문장으로 구성되어 있다. 세 번째 사람이 이 대화와 관련된 질문을 한다. 응시자는 시험지에 주어진 4개의 선택 항목 중에서 정답을 고른다.

11

男：小王可爱学习了。
女：是啊，他的房间里除了床和桌子以外全是书。

问：根据对话可以知道：

남 : 샤오왕은 정말 공부하는 걸 좋아해.
여 : 맞아. 샤오왕 방에는 침대와 테이블 외에는 온통 책들뿐이야.

문 : 대화에서 우리가 알 수 있는 것은 무엇인가요?

A 샤오왕은 귀엽다
B 샤오왕은 책이 많다
C 샤오왕 방은 작다
D 샤오왕 방은 지저분하다

정답 B

해설 지문에 언급된 "全是书"는 보기 B의 "书很多"와 같은 의미이다.

단어 爱学习 ài xuéxí 공부하기 좋아하다
除了~以外 chúle~yǐwài ~말고

12

女：昨天的数学考试怎么样？
男：头一道题我就不会做。

问：男的哪道题不会做？

여 : 어제 수학 시험 어땠어?
남 : 첫 번째 문제를 못 풀겠더라.

문 : 남자가 못 푼 문제는 무엇인가요?

A 첫 번째 문제를 풀 줄 모른다
B 모든 문제를 다 풀 줄 모른다
C 한 문제만 풀 줄 모른다
D 마지막 한 문제를 풀 줄 모른다

정답 A

해설 지문의 "头一道题"는 보기 A의 "第一道题"와 같은 의미이다. 보기 C는 많은 문제 속에서 '한 문제를 못 풀었다'는 개수의 의미가 되고, 지문은 서수의 개념인 '첫 번째를 못 풀었다'고 하였으므로, 보기 A가 답이다.

단어 考试 kǎoshì 시험
头一道 tóu yí dào 첫 번째 문제

13

男：在办公室和你家都没找到你，没想到在路上遇到你了。
女：找我有什么事？

问：男的在哪儿找到女的？

남 : 사무실이랑 집에서도 너를 못 찾았는데 이렇게 길에서 우연히 만날 줄은 몰랐네.
여 : 나를 무슨 일로 찾았는데?

문 : 남자가 여자를 찾은 곳은 어디인가요?

A 길에서
B 집에서
C 상점에서
D 사무실

정답 A

해설 대화에 언급된 "没想到" 뒤 내용은 뜻밖에 벌어진 사실이다. 그러므로 길에서 만났다는 것을 알 수 있다. 답은 보기 A이고, 대화 지문에 보기 B, D에서는 '못 찾았다'고 언급되었다.

단어 路上 lùshàng 길에서
遇到 yùdào 만나다

14

女：你的脸怎么这么红？
男：我从来没有像今天这么高兴过。

> 问：男的今天的心情怎么样？

> 여 : 얼굴이 왜 이렇게 붉어졌어?
> 남 : 내가 오늘처럼 기뻤던 적이 한 번도 없어서 그래.

> 문 : 오늘 남자의 기분은 어떠한가요?

A 마음이 아프다
B 화가 나다
C 기뻐하다
D 실망하다

정답 C

해설 반어용법이 사용되었다. 지문에 언급된 "从来没有+동+过"은 부정의 의미로 표현되기는 했지만, 속뜻은 최상급의 의미로 '매우 ~하다'는 뜻이다. 우리말의 '이렇게 기쁠 수가 없다'가 슬프다는 뜻인지 아주 기쁘다는 뜻인지를 생각해 보면 답이 C임을 금방 이해할 수 있다.

단어 脸 liǎn 얼굴
怎么这么 zěnme zhème 왜 이렇게
从来没有~过 cónglái méiyǒu~guo ~해본 적이 없다

15

> 男 : 今年冬天怎么这么冷！
> 女 : 是啊，去年就够冷的，今年比去年还冷。

> 问 : 今年冬天怎么样？

> 남 : 올해 겨울은 왜 이렇게 추운 거야!
> 여 : 그러게, 지난해도 꽤 추웠는데 올해는 작년보다 더 추워.

> 문 : 올 겨울은 어떠한가요?

A 약간 춥다
B 작년만큼 춥지 않다
C 춥지만, 작년보다 따뜻하다
D 작년과 비교해서 올해가 더 춥다

정답 D

해설 여자가 말한 내용은 '작년에도 많이 추웠는데 올해가 더 춥다'이므로 보기 A, B, C는 제거하고, 보기 D가 답임을 알 수 있다. 이 문제는 또 주의해야 할 부분은 단어 "比"이다. 지문에는 개사로 사용되었고, 보기 D에는 동사로 사용되었다. 지문의 "今年比去年还冷"은 '올해가 작년보다 춥다', 즉 "今

年冷"을 뜻하는 것이고, 보기 D의 "和去年比，今年更冷"은 '작년과 비교해서, 올해가 춥다', "今年冷"이다. 단어 "比"에 개사, 동사 용법이 있으니 혼동하지 않도록 한다.

단어 够 gòu 꽤
冷 lěng 춥다

16

> 女 : 我觉得这样挺好的，你说呢？
> 男 : 我和你想的完全相反。

> 问 : 男人的意思是：

> 여 : 내 생각에는 이렇게 하는 것이 좋을 것 같아. 너는 어떻게 생각하니?
> 남 : 나는 너와 생각이 완전히 달라.

> 문 : 남자가 뜻하는 바는 무엇인가요?

A 나는 너와 말하고 싶지 않다
B 우리 둘이 생각한 것이 비슷하다
C 나는 100% 너의 말에 찬성한다
D 우리들의 생각은 완전히 다르다

정답 D

해설 지문의 "完全相反"은 보기 D의 "完全不同"과 뜻이 일치한다. 비슷한 말로 재해석된 것이다.

단어 觉得 juéde 여기다
挺~的 tǐng~de 매우 ~하다
完全相反 wánquán xiāngfǎn 완전히 반대다

17

> 男 : 别等了，他说不定有什么重要的事，不能来了。
> 女 : 他说好会来的，再等5分钟看看。

> 问 : 女人在干什么？

> 남 : 기다리지 마, 그 사람 아마도 무슨 중요한 일이 생겨서 못 오는 걸 거야.
> 여 : 온다고 약속했는데, 5분만 더 기다려보자.

> 문 : 여자는 지금 무엇을 하고 있나요?

A 사람을 기다리다
B 진료 받다
C 물건을 사다
D TV를 보다

모의고사 ①
모의고사 ②
모의고사 ③
모의고사 ④
모의고사 ⑤

9

정답 A

해설 지문의 "再等5分钟看看"은 '5분 더 기다려 보자'로 사람을 기다리고 있는 것이다. 그러므로 보기 A가 답이며, 지문에 사용된 "看看"은 '사물을 보다'의 의미 말고도, '어떤 일을 더 해 보자' 라는 권유의 의미로도 사용된다. 그러므로 보기 B, D는 제거한다.

단어 说不定 shuōbúdìng ~일지도 모른다
说好 shuōhǎo 약속하다

18

| 女：这个小孩可不简单。 |
男：可不是!
问：男人的意思是：
여 : 이 꼬마 정말 보통이 아닌데.
남 : 누가 아니래!
문 : 남자가 뜻하는 바는 무엇인가요?

A 이 아이는 뛰어나다
B 이 아이는 귀엽다
C 이 아이는 공부를 잘한다
D 이 아이를 난 안다

정답 A

해설 지문에 언급된 "不简单"은 '훌륭하다. 능력이 출중하다'의 의미로 보기 A의 "不一般"과 같은 의미이다.

단어 不简单 bù jiǎndān 대단하다
可不是 kě bú shì 누가 아니래(동의)

19

| 男：妈妈，我想养只小狗，您看怎么样？ |
女：种花养草倒是可以，可这养狗嘛…
问：妈妈的意思是：
남 : 엄마, 저 강아지 키우고 싶은데 키워도 돼요?
여 : 꽃을 심거나 식물을 기르는 건 오히려 괜찮은데, 그런데 강아지는 …
문 : 엄마가 뜻하는 바는 무엇인가요?

A 꽃을 심는 것은 강아지 기르는 것만 못하다
B 그녀는 강아지를 기르는 것에 동의하지 않는다
C 꽃을 심고 기르는 것은 재미 없다
D 꽃을 심는 것이 강아지 기르는 것보다 어렵다

정답 B

해설 엄마가 말한 부분에 사용된 전환의 관계 "~倒~, 可~"에서 강아지 키우는 것을 반대한다는 것을 유추할 수 있다. 전환의 관계에서 앞에 언급된 '꽃'과 '식물'이 "可以"라면, 뒤에 언급된 '강아지'는 "不可以"라는 것을 충분히 알 수 있다. 이는 보기 B의 "不同意"와 같은 뜻이다. 그러므로 답은 보기 B이다.

단어 养狗 yǎng gǒu 강아지를 기르다
种花养草 zhònghuā yǎngcǎo 꽃을 심다
倒 dào 도리어, 오히려

20

| 女：你怎么现在才来，你看都八点十分了，晚了整整二十分钟。 |
男：对不起，路上堵车很厉害。
问：男的应该几点到？
여 : 너 왜 이제야 오는 거야. 벌써 8시 10분이나 됐잖아. 20분씩이나 늦었어.
남 : 미안해. 길에서 차가 너무 막혀서 그랬어.
문 : 남자가 도착했어야 하는 시간은 몇 시인가요?

A 7:30
B 7:40
C 7:50
D 8:00

정답 C

해설 '시간을 봤더니 8시 10분이고, 20분 지각하였다'라고 하였으므로, 7시 50분에 도착했어야 했다. 선택항을 보고 시간에 관한 문제가 출제되었음을 인지하고, 계산할 준비를 하고 있어야 한다. 시간을 더하거나 빼는 문제들은 듣기 제2부분에 자주 출제되므로 주의한다.

단어 怎么 zěnme 왜
都~了 dōu~le 이미 ~이다
整整 zhěngzhěng 꼬박
堵车 dǔchē 차가 막히다

21

| 男：数学考试怎么样？ |
女：别的还可以，只有一个问题我差点儿没答上来。
问：女人的意思是：

남 : 수학시험 어땠어?

여 : 다른 건 괜찮았는데 딱 한 문제 못 풀 뻔했어.

문 : 여자가 뜻하는 바는 무엇인가요?

A 그녀는 한 문제를 틀렸다

B 그녀는 모두 맞출 뻔 하였다

C 그녀는 문제를 모두 풀었다

D 그녀는 한 문제를 풀지 못했다

정답 C

해설 "差点儿"은 '하마터면 ~일 뻔하다'의 뜻으로 지문의 뜻이 '못 풀 뻔했는데, 풀었다'는 뜻이다. 그러므로 '모든 문제를 다 풀었다'는 보기 C와 의미가 같고, "差点儿"을 듣지 못했다면 답을 보기 D로 착각할 수 있다.

단어 差点儿 chàdiǎnr 하마터면
答上来 dá shànglái 답을 하다

22

女 : 你难道一点儿都不怕?

男 : 死我都不怕, 我还怕什么?

问 : 下面哪一项不是男人的意思?

여 : 정말 조금도 두렵지 않니?

남 : 난 죽는 것도 두렵지 않아. 무서울 게 뭐 있어?

문 : 다음 중 남자가 뜻하는 바가 아닌 것은 무엇인가요?

A 그는 죽음을 겁내지 않는다

B 그는 조금도 두려워하지 않는다

C 그는 죽는 것을 제외하고, 겁나는 것이 없다

D 그에게는 두려울 것이 없다

정답 C

해설 남자가 한 말 "还怕什么"는 의문사를 사용한 반어 용법으로 '겁나는 것이 없다'는 뜻이다. 그러므로 보기 C '죽는 것 말고는 겁나는 것이 없다'라고 하였는데, 이는 '죽는 것은 겁난다'란 뜻이므로, 이 부분이 틀린 부분이다. 나머지 보기들은 '겁나는 것이 없다'는 뜻으로, 모두 같은 의미라고 볼 수 있다.

단어 难道 nándào 설마하니(반어)
怕 pà 무서워하다
死 sǐ 죽다, 죽음

23

男 : 你男朋友会做饭吗?

女 : 我尝过他做的菜, 确实有两下子。

问 : 女人的男朋友:

남 : 네 남자친구는 요리 할 줄 아니?

여 : 남자친구가 한 요리 먹어본 적이 있는데 정말 잘 하더라.

문 : 여자의 남자친구는 어떠한가요?

A 두 가지 음식을 만들었다

B 만든 음식이 맛있다

C 많은 음식을 만들었다

D 음식 만드는 실력이 평범하다

정답 B

해설 여자가 한 말 "有两下子"는 '능력이 있다'는 뜻의 관용어로, 이 지문에서는 '요리를 잘한다'는 뜻이다. 수사 "两"이 사용되기는 하였지만, 이것은 '두 개'와는 전혀 관련이 없다. 그러므로 보기 B가 답이다.

단어 做饭 zuòfàn 밥을 하다, 요리하다
尝 cháng 맛보다
确实 quèshí 정말
有两下子 yǒu liǎngxiàzi 능력있다

24

女 : 我越讨厌这种颜色的衣服, 妈妈越给我买。

男 : 可我看你穿红色的衣服很漂亮。

问 : 女人的意思是:

여 : 내가 이 색깔 옷을 싫어할수록 엄마는 더 사주려고 하셔.

남 : 그런데 내가 볼 때는 네가 빨간색 옷 입으면 정말 예쁜 것 같아.

문 : 여자가 뜻하는 바는 무엇인가요?

A 그녀는 빨간색 옷을 싫어한다

B 그녀는 새 옷 입는 것을 싫어한다

C 그녀는 점점 엄마를 미워한다

D 엄마는 자주 그녀에게 옷을 사준다

정답 A

해설 이 문제는 남자, 여자를 구별해서 잘 들어야 하는 문제이다. 여자는 '빨간 색 옷이 싫다'고 하고, 남자는 여자한테 '잘 어울린다'고 하고 있으므로 답은 보기 A이다. 빨간색 옷이 싫다고 하였지, 엄마가 싫다고 한 것은 아니므로 주의한다.

단어 越~越~ yuè~yuè~ ~할수록 ~하다
讨厌 tǎoyàn 싫다

25

男：德国的风景真的很美。
女：是吗？有机会我也要去德国看看。

问：根据对话，可以知道女人：

남 : 독일의 풍경은 정말 아름다워.
여 : 그래? 기회가 생기면 나도 독일 가 봐야겠네.

문 : 여자에 대해 알 수 있는 것은 무엇인가요?

A 독일에 한 번 가본 적이 있다
B 독일에 여러 번 가본 적이 있다
C 지금 현재 독일에 있다
D 독일에 가본 적이 없다

정답 D

해설 '독일이 아름답다'는 남자의 말에 여자도 가봤으면 하고 희망을 나타내는 부분에서 여자가 독일에 가본 적이 없음을 유추해 낼 수 있다. 그러므로 답은 보기 D이다. 독일을 가봤거나, 독일에 있는 사람이라면 '독일에 가봐야겠다'라는 말을 하지 않을 것이다.

단어 德国 Déguó 독일
风景 fēngjǐng 경치

제3부분

제3부분은 총 20문항이다. 모든 문제는 한 번씩 들려준다. 모든 문제는 4-5 문장으로 구성된 대화 또는 단문이며, 이 내용을 들려준 후 관련된 1-2개의 질문을 한다. 응시자는 시험지에 주어진 4개의 선택 항목 중에서 정답을 고른다.

26

女：你们每个星期有几门课？
男：三门，口语、阅读和听力。
女：还有阅读？阅读课难吗？
男：不太难，我觉得很有意思。

问：男的每星期有几门课？

여 : 너희들 1주일에 수업이 몇 과목이야?
남 : 세 과목이야. 회화, 독해, 듣기.
여 : 독해 수업도 있어? 독해 수업 어렵니?
남 : 그렇게 어렵진 않아. 난 재미있는 것 같아.

문 : 남자는 매주 몇 과목 수업이 있나요?

A 두 과목
B 세 과목
C 네 과목
D 다섯 과목

정답 B

해설 남자가 '세 과목이고 회화, 독해, 듣기'라고 분명히 언급하였다. 그러므로 답은 B이다.

단어 门 mén 과목의 양사
课 kè 과목
难 nán 어렵다
有意思 yǒuyìsi 재미있다

27

男：明天你有时间吗？
女：明天星期六，没什么事。
男：那我们一起去我认识的一个中国朋友家吧。
女：太好了！我还没去过中国人的家呢。

问：明天他们去哪儿？

남 : 내일 시간 있어?

여 : 내일이 토요일이지? 별 일 없어.

남 : 그러면 우리 내가 아는 중국인 친구 집에 같이 가자.

여 : 좋아! 나 아직 중국인 집에 가본 적 없어.

문 : 내일 이들이 가는 곳은 어디인가요?

A 학교

B 상점

C 공원

D 친구 집

정답 D

해설 '중국인 친구 집에 간다'고 하였으므로 답은 보기 D이며, 나머지 보기들은 언급되지 않았다.

단어 认识 rènshi 알다

没去过 méi qùguo 가본 적 없다

28

女：让小李马上到我办公室来一下。

男：经理，小李不在，他出差去北京了。

女：可这件事只有他了解，就得找他。

男：好，我马上给他打电话，叫他回来。

问：女人的意思是：

여 : 샤오리보고 빨리 내 사무실로 오라고 해.

남 : 사장님, 샤오리 지금 자리에 없는데요. 베이징에 출장 갔습니다.

여 : 그래도 이 일은 샤오리 말고는 아는 사람이 없으니까 찾아와야 돼.

남 : 알겠습니다. 제가 당장 전화 걸어서 돌아오라고 하겠습니다.

문 : 여자가 뜻하는 바는 무엇인가요?

A 샤오리에게 베이징에서 돌아오라고 한다

B 샤오리에게 그녀에게 전화하라고 한다

C 샤오리를 베이징에 못 가게 한다

D 샤오리에게 베이징에 한 번 다녀오라고 한다

정답 A

해설 여자는 업무상 샤오리를 찾고 있는데, 남자가 '샤오리는 이미 베이징에 출장 갔다'고 대답을 했으니, 보기 C, D는 우선 제거한다. 여자가 베이징에 있는 샤오리보고 어서 돌아오게 하라고 "叫他回来"라고 하였으므로, 답은 보기 A이다. 여자는 남자에게, 샤오리가 돌아오도록 전화를 하라는 것이다.

단어 让 ràng ~하게 시키다

马上 mǎshàng 바로, 곧

出差 chūchāi 출장하다

只有 zhǐyǒu ~만

了解 liǎojiě 이해하다

叫 jiào ~하게 시키다

回来 huílái 되돌아오다

29

男：你来这儿半年多了吧？

女：已经半年了。

男：习惯这儿的生活了吗？

女：吃饭、买东西什么的都习惯了，就是早上8点上课太早了。

问：女的对哪方面不习惯？

남 : 여기 온 지 반년이 넘었지?

여 : 벌써 반년이 됐지.

남 : 여기 생활에 적응은 했어?

여 : 밥 먹는 거나 물건 사는 거는 다 적응했는데, 아침 8시 수업은 너무 일러.

문 : 여자가 적응하지 못 한 부분은 무엇인가요?

A 음식방면

B 공부내용

C 거주환경

D 수업시간

정답 D

해설 여자가 한 말 "~, 就是~"는 '그런데, 단지' 등의 뜻으로, 악한 전환 관계를 나타내고 있다. 그러므로 '다른 것은 다 적응되었는데, 아침 일찍 일어나는 것이 약간 어렵다'는 의미이므로 답은 보기 D이다. 보기 A는 적응된 내용이다. 나머지 보기 B, C는 언급된 내용이 아니다.

단어 习惯 xíguàn 습관되다

生活 shēnghuó 생활

就是 jiùshì 그러나, 단지

30

女：我们班新来了一个同学，个子有一米八，眼睛大大的，可帅了。

男：帅吗？我觉得不怎么样。

女：他还很聪明，很多问题老师说一次他就

记住了。

男：我听过他说汉语，说得是不错。

问：男的觉得新同学怎么样？

여 : 우리 반에 새로 온 친구는 키가 180센티미터고 눈도 크고 정말 잘생겼어.

남 : 잘생겼다고? 내가 볼 때는 별로던데.

여 : 그리고 굉장히 똑똑해. 많은 문제들도 선생님이 한 번 말씀하시면 다 기억하던데.

남 : 그 친구가 하는 중국어 들어봤는데 꽤 잘하더라.

문 : 남자는 새로 온 친구가 어떻다고 여기나요?

A 잘 생겼다
B 중국어를 잘 한다
C 눈이 크다
D 키가 크다

정답 B

해설 여자와 남자가 한 말을 구별해서 잘 들어야 하는 문제이다. 여자는 '새로 온 친구가 잘 생기고, 눈도 크고, 키가 크다'고 하였다. 그러므로 보기 A, C, D는 여자가 한 말이므로 제거한다. 남자는 새로 온 친구가 잘 생겼다고는 여기지 않으며, 중국어 잘 한다고 "不错"라고 표현하였으므로 보기 B가 정답이다.

단어 帅 shuài 멋있다
不怎么样 bù zěnmeyàng 별로다
记住 jìzhù 기억하다

31

男：你知道吗，小刘离婚了。

女：真的吗？他结婚很长时间了，听说夫妻俩感情还不错呀。

男：是啊，其实都是因为他妈妈和爱人的关系不好。

女：现在好多人离婚都是因为这个。

问：小刘为什么离婚？

남 : 샤오류 이혼했대. 알고 있어?

여 : 진짜? 결혼한 지 꽤 됐잖아. 부부 둘 사이도 굉장히 좋다고 들었는데.

남 : 맞아. 그런데 사실은 샤오류 어머니랑 아내가 관계가 별로였다나 봐.

여 : 요즘 정말 많은 사람들이 이런 일로 이혼하더라.

문 : 샤오류가 이혼한 이유는 무엇인가요?

A 그는 부인과 사이가 안 좋다
B 부인의 엄마가 그를 좋아하지 않는다
C 그들은 결혼한 지 오래되었다
D 부인과 그의 엄마와 사이가 안 좋다

정답 D

해설 "其实"는 '사실은'의 뜻으로 전환의 관계이다. 화자의 의도는 이 뒤에 나타나므로, 듣기나 독해에서는 신경 써야 하는 단어 중의 하나이다. "因为" 다음에 원인을 설명하고 있으니 답은 보기 D이다. '부부 둘 사이는 좋다'고 하였으므로 보기 A는 제거하고, 보기 C는 언급되지 않았다.

단어 离婚 líhūn 이혼하다
夫妻感情 fūqī gǎnqíng 부부 사이
其实 qíshí 사실은
因为 yīnwèi 때문에
关系 guānxi 관계

32

女：瞧你那样子，一定是有什么好事儿。

男：你还不知道吧，我们学校赢了。

女：我早知道了，2:1，对不对？

男：听了比赛结果，我的高兴劲儿就别提了。

问：根据对话可以知道：

여 : 보아하니, 분명히 무슨 좋은 일이 있는 게 틀림없어.

남 : 아직 모르는구나. 우리 학교가 이겼어.

여 : 진작에 알고 있었어. 2:1 맞지?

남 : 시합 결과 듣고 내가 얼마나 기뻤는지 말도 마.

문 : 대화에서 우리가 알 수 있는 것은 무엇인가요?

A 남자는 의견을 제시하고 싶어하지 않는다
B 남자는 누가 이겼는지 알고 싶어 한다
C 남자는 시합결과에 만족한다
D 남자는 기쁘게 시합에 참가한다

정답 C

해설 남자는 우리 학교가 이겼다는 것을 알고 있으므로 보기 B는 제거하고, 이겨서 기쁜 것이므로 보기 C가 답이다. 보기 A

新汉语水平考试 | 4级 | 모의고사 **해설**

D는 언급된 내용이 아니다.

听你的 tīng nǐ de 네 말대로 할게

단어 瞧 qiáo 보다
     一定 yídìng 반드시
     赢 yíng 이기다
     比赛结果 bǐsài jiéguǒ 시합 결과
     高兴劲儿 gāoxìngjìnr 기쁨
     别提了 bié tí le 말도 마

33

男：我女朋友要过生日了，你说送什么生日
　　礼物比较好？
女：巧克力、蛋糕或者衣服都可以。
男：她不喜欢甜的，而且我也不知道她衣服
　　的号码。
女：那送花吧，每个女孩子都喜欢花。
男：好，就听你的。

问：男的给女朋友送什么礼物？

남 : 내 여자친구가 곧 생일인데, 어떤 생일 선물을
　　주면 좋을까?
여 : 초콜릿이나 케이크 아니면 옷도 다 괜찮지.
남 : 여자친구가 단 음식을 안 좋아하는데다가 옷은
　　사이즈를 모르는데.
여 : 그러면 꽃을 줘봐. 여자들은 다 꽃을 좋아하니
　　까.
남 : 그래. 네 말대로 해야겠다.

문 : 남자가 여자친구에게 무엇을 선물할까요?

A 꽃
B 옷
C 케이크
D 초콜릿

정답 A

해설 보기 네 개 다 지문에 언급된 내용이지만, 답을 제외한 나머
지들은 남자의 여자친구가 좋아하지 않거나, 옷 사이즈를 몰
라서 망설이고 있다. 마지막에 여자가 꽃을 선물하라고 건의
했고, 이에 남자는 "听你的"라고 대답을 하였다. 이것은 '상
대방의 뜻에 따르겠다'는 의미로 보기 A가 답이다.

단어 过生日 guò shēngrì 생일을 지내다
     送 sòng 선물하다
     甜的 tián de 단것
     而且 érqiě 게다가
     号码 hàomǎ 사이즈

34

女：学汉语你觉得什么最难？
男：当然是写汉字了，我觉得听和说还可
　　以。
女：我觉得汉字像"画儿"，很有意思，只是
　　语法太难了。
男：对我来说，一见到那么多的"画儿"，就
　　没信心学下去了。

问：学汉语时，男的觉得什么最难？

어 : 중국어 배울 때 뭐가 제일 어려운 것 같니?
남 : 당연히 한자 쓰는 게 제일 어렵지. 듣거나 말하
　　기는 그런대로 괜찮은 것 같아.
어 : 내 생각에는 한자가 마치 '그림'같아서 굉장히
　　재미있는 것 같아. 단지 어법이 너무 어려울 뿐
　　이야.
남 : 나는 그렇게 많은 '그림'을 보기만 하면 공부를
　　계속할 자신감이 사라져버려.

문 : 중국어를 배울 때, 남자가 제일 어렵다고 여기
　　는 것은 무엇인가요?

A 한자
B 발음
C 문법
D 듣기

정답 A

해설 남자는 '한자가 그림 같아서 제일 어렵다'고 느끼고, 여자는
'어법이 어렵다'고 여기고 있다. 그러므로 답은 보기 A이다.

단어 难 nán 어렵다
     当然 dāngrán 당연히
     还可以 hái kěyǐ 괜찮다
     像 xiàng ~과 같다
     只是 zhǐshì 단지
     语法 yǔfǎ 어법
     对~来说 duì~láishuō ~에게는
     一~就~ yī~jiù~ ~이기만 하면 ~하다
     信心 xìnxīn 믿음
     学下去 xué xiàqù 계속 배우다

35

女：这种手机最低500元。
男：还有没有再便宜点儿的？颜色、样子、功能什么的都没关系，能用就行了。
女：那您看看这种，如果先交6个月的电话费，手机免费。
男：好，就要这种吧。
问：男的买手机时最关心什么？
여：이 휴대전화 기종은 제일 싼 가격이 500위안입니다.
남：더 싼 건 없나요? 색깔, 디자인, 기능은 다 상관없어요. 통화만 되면 괜찮은데요.
여：그러면 이 기종을 한번 보세요. 6개월 치 요금을 미리 내시면 휴대전화는 무료입니다.
남：좋아요. 이 휴대전화로 하죠.
문：남자가 휴대전화를 사는데 제일 관심 가지는 것은 무엇인가요?

A 색
B 디자인
C 기능
D 가격

 정답 D

해설 보기 A, B, C가 차례로 다 언급이 되는데, 뒤에 "没关系"라고 분명히 언급하였다. 그러므로 답은 보기 D '가격'이 되겠다. 지문 전반적인 내용에서 남자가 찾고 있는 것이 가격이 저렴한 휴대전화라는 것을 알 수 있다.

단어 低 dī 저렴하다, 낮다
再 zài 더
颜色 yánsè 색
样子 yàngzi 스타일
功能 gōngnéng 기능
什么的 shénme de 등등
没关系 méi guānxi 관계없다, 상관없다
能用 néngyòng 사용할 수 있다
就行了 jiù xíng le 그럼 된다
交 jiāo 지불하다, 내다
免费 miǎnfèi 무료

36-37 第36到37题是根据下面一段话：

星期日我和同学坐公共汽车去老师家，路上有点儿挤，不太顺利，老师的家很干净。在老师家我们喝了茶和果汁，中午我们一起包饺子吃。
나는 일요일에 친구와 함께 버스를 타고 선생님 댁에 갔는데 길이 조금 막혀서 편하게 가지는 못했다. 선생님 댁은 매우 깨끗했다. 선생님 댁에서 우리는 차와 주스를 마셨고 오후에는 함께 만두를 빚어 먹었다.

단어 坐公共汽车 zuò gōnggòng qìchē 버스를 타다
挤 jǐ 붐비다
顺利 shùnlì 순조롭다
干净 gānjìng 깨끗하다
果汁 guǒzhī 주스
包饺子 bāo jiǎozi 만두를 빚다

36

说话人是怎么去老师家的？
화자는 어떻게 선생님 댁에 갔나요？

A 지하철을 타다
B 택시를 타다
C 자전거를 타다
D 버스를 타다

 정답 D

해설 지문에 "坐公共汽车"라고 분명히 언급되었고, 나머지 보기들은 언급되지 않았다.

37

下面哪一项录音中没有提到？
다음 중 지문에 언급되지 않은 것은 무엇인가요？

A 차
B 국수
C 주스
D 교자만두

정답 B

해설 보기 A, C, D는 지문에 그대로 언급이 되었으며, 보기 B '국수'는 언급되지 않았다.

38-39 第38到39题是根据下面一段话:

> 我今年十六岁了，可是我父母还总把我当成小孩子，他们总是说："你必须这样"和"你不能这样"。烦死我了，我觉得我做事为什么要听他们的？他们一点儿也不理解我。

나는 올해 열여섯 살이 되었지만 부모님은 여전히 나를 어린 아이 취급하시며 항상 "꼭 이렇게 해야 한다", "이렇게 하면 안 된다"라고 말씀하신다. 정말 짜증난다. 내가 행동하는데 왜 꼭 부모님의 말씀을 들어야 하는 걸까? 부모님께서는 나를 조금도 이해해주시지 않는다.

단어 总 zǒng 늘
把~当成 bǎ~dāngchéng ~를 ~로 삼다
必须 bìxū 반드시
烦死我了 fánsǐ wǒ le 짜증나 죽겠다
理解 lǐjiě 이해하다

38

> 说话人今年多大了?

화자는 올해 몇 살인가요?

A 6세
B 10세
C 12세
D 16세

정답 D

해설 지문에 '열여섯 살'이라고 언급되었으므로 답은 보기 D이고, 나머지 보기들은 지문에 전혀 언급되지 않았다.

39

> 说话人的烦恼是什么?

화자가 고민하는 것은 무엇인가요?

A 부모님이 그를 자주 때린다
B 부모님 일이 바쁘다
C 부모님은 그에게 신경 쓰지 않는다
D 부모님은 그를 이해하지 못한다

정답 D

해설 부모님이 '이렇게 해라, 저렇게 해라'하며 신경을 쓰는 것이므로 보기 C는 틀린 것이고, 보기 A, B는 언급되지 않았다. 그러나 보기 D는 지문 맨 마지막에 언급된 내용이다.

40-41 第40到41题是根据下面一段话:

> 儿子一家原来和我们住在一块儿，那时还不觉得怎么样，可是从去年起，儿子和爱人出国，今年把小孙子也接走了，就剩下我们老两口，每天没事可干呀。

아들네 가족은 원래 우리와 함께 살았었다. 그때는 잘 몰랐지만 작년부터 아들 내외가 해외로 나가고, 올해는 손자마저 데리고 가면서 이제는 우리 노부부만 남아 매일 할 일이 없게 되었다.

단어 原来 yuánlái 예전에, 이전에
从~起 cóng~qǐ ~로부터
接走 jiēzǒu 데리고 가다
剩下 shèngxià 남다
老两口 lǎoliǎngkǒu 노부부

40

> 现在住在家里的人是:

지금 집에 살고 있는 사람은 누구인가요?

A 나 혼자
B 나와 부인
C 나, 부인 그리고 손자
D 나, 부인 그리고 아들네 가족

정답 B

해설 문제 "现在"를 잘 들어야 한다. 지문의 "原来"는 "以前"과 비슷한 말이다. 예전에는 아들네 식구랑 살았었는데, 지금은 다 외국에 나가고, 노부부 둘 "老两口"만 산다고 언급되었다. 그러므로 보기 A, C, D는 제거하고, '부부 둘'을 뜻하는 보기 B가 답이다.

41

> 说话人现在的感觉是:

화자가 지금 느끼는 느낌은 무엇인가요?

A 힘들다
B 심심하다
C 행복하다
D 편하다

정답 B

해설 지문의 맨 마지막에 언급된 "每天没事可干"에서 '심심함, 무료함'을 알 수 있다.

42-43 第42到43题是根据下面一段话:

> 　　法国一家杂志经过调查，得出了在世界上吃、喝、玩、乐四方面最受欢迎的国家。其中最好吃的菜是法国菜、最好喝的酒是法国酒，最好玩的国家是西班牙，最使人快乐的国家是意大利。

프랑스의 한 잡지사는 조사를 통해 세계에서 먹고 마시고 놀고 즐기는 네 가지 부분에서 가장 인기 있는 국가가 어느 국가인지 알게 되었다. 그 중 가장 맛있는 요리는 프랑스 요리, 가장 좋은 술은 프랑스 술, 가장 놀기 좋은 나라는 스페인, 가장 사람을 즐겁게 하는 나라는 이탈리아였다.

단어
法国 Fǎguó 프랑스
杂志 zázhì 잡지
经过调查 jīngguò diàochá 조사를 거쳐서
乐 lè 즐겁다
受欢迎 shòu huānyíng 인기있다
其中 qízhōng 그중
西班牙 Xībānyá 스페인
使 shǐ ~하게 시키다
意大利 Yìdàlì 이탈리아

42

哪个国家的杂志做了这个调查?

이 조사는 어느 나라 잡지가 하였나요?

A 프랑스
B 영국
C 이탈리아
D 스페인

정답 A

해설 지문 맨 처음에 언급이 된 내용으로 듣기 3부분 서술형 문제를 풀 때는 처음과 끝을 잘 들어야 한다. '프랑스 잡지'라고 언급이 되었으므로 답은 보기 A이고, 보기 B는 언급되지 않았다. '음식, 술은 프랑스', '놀이는 스페인', '즐거움은 이탈리아'이다. 녹음을 들을 때 보기 선택항을 보면서 기록을 하는 습관을 길러야 한다. 그래야 조금 더 쉽게 접근할 수 있다.

43

根据调查，最好玩的国家是:

조사에 따르면 제일 놀기 좋은 나라는 어느 나라인가요?

A 영국
B 프랑스
C 스페인
D 이탈리아

정답 C

해설 '스페인'이라고 지문에 언급되어 있다.

44-45 第44到45题是根据下面一段对话:

> 　　你们看看这是我的新皮鞋，是我在学校旁边的商店买的，鞋的质量又好，样子又漂亮，就是价钱有点贵，你们猜这双鞋多少钱? 一百五，不对，二百五，也不对，两只鞋每只二百五，一共五百。

제 가죽 신발을 좀 보세요. 학교 옆의 상점에서 산 신발이랍니다. 품질도 좋고 디자인도 예쁜데 단지 가격이 조금 비싼 편입니다. 이 신발 한 켤레가 얼마나 할 것 같습니까? 150위안, 아닙니다. 250위안도 아닙니다. 신발 한 짝이 250위안이니까 한 켤레에 모두 500위안입니다.

단어
皮鞋 píxié 가죽 신발
旁边 pángbiān 옆
质量 zhìliàng 품질
样子 yàngzi 모양
就是 jiùshì 그러나, 단지
贵 guì 비싸다
猜 cāi 추측하다, 짐작하다
每 měi ~마다, 매

44

这个人买的是:

이 사람이 산 것은 무엇인가요?

A 가죽 신발
B 와이셔츠
C 바지
D 스웨터

정답 A

해설 지문의 처음에 '가죽 신발'이라고 언급이 되었으므로 보기 A가 답이며, 나머지 보기들은 언급되지 않았다.

45

他花了多少钱?
그는 얼마를 사용하였나요?

A 150위안
B 250위안
C 350위안
D 500위안

모의고사 1
모의고사 2
모의고사 3
모의고사 4
모의고사 5

정답 D

해설 지문의 맨 마지막에 모두 '500위안을 사용하였다'고 하였으므로 보기 D가 답이고, 150위안은 아니라고 하였고, '250위안은 가죽 신발 한 짝 가격'이다. 화자는 한 켤레를 샀으니 '500위안'이 답이다.

2. 독해(阅读)

제1부분

제1부분은 총 10문항이다. 모든 문제는 1–2개의 문장으로 구성되어 있으며, 문장 가운데에는 하나의 빈칸이 있다. 응시자는 선택 항목 중, 빈칸에 들어갈 알맞은 단어를 선택한다.

46-50

A 实在 정말로	B 舒服 편하다
C 特别 특별하다	D 坚持 꾸준히
E 即使 설령 ~한다 하더라도	F 打算 ~할 생각이다

46 리쥔이 선물한 생일 선물은 비교적 <u>특별했는데</u>, 강아지 한 마리였다.

정답 C

해설 이 문제의 주어는 "生日礼物"이고, 빈칸이 술어이다. "比较"는 주어와 술어 사이에 놓인 부사이다. '강아지'란 생일선물을 표현하기에 알맞은 단어는 형용사 보기 C이다.

단어 送 sòng 선물하다
礼物 lǐwù 선물
比较 bǐjiào 비교적

47 시험이 끝나면, 나는 술집에 가서 맥주를 마실 <u>생각이다</u>.

정답 F

해설 주어 "我"와 술어 "去" 사이에 빈칸이 있는데, 이 사이에는 상황어가 들어갈 수 있다. 상황어란 부사, 조동사, 개사구 등을 가리키는 말이다. '시험이 끝난 후에 맥주를 마시겠다'는 것이므로 이 자리에는 조동사 '~할 생각이다', '~할 계획이다'의 뜻인 보기 F가 답이다.

단어 考试 kǎoshì 시험
喝啤酒 hē píjiǔ 맥주를 마시다

48 최근 며칠 동안 너무 바빠서 잠도 제대로 못 잤는데, 오늘 저녁에는 마침내 <u>편안하게</u> 잠을 잘 수 있게 되었다.

정답 B

해설 빈칸 뒤에 위치한 "地"는 빈칸에 들어갈 단어가 술어동사 "睡"를 수식하고 있음을 표시하는 구조조사이다. 그러므로 잠을 잘 못 잤다는 "没睡好觉" 앞의 내용으로 미루어, '마침내 ~ (어떻게) 잘 수 있게 되었는지'를 생각해 보면 빈칸에는 '편안하게'란 의미가 가장 알맞은 것을 알 수 있다. 그러므로 답은 보기 B이다.

단어 忙 máng 바쁘다
总算 zǒngsuàn 드디어, 결국에는
睡觉 shuìjiào 잠을 자다

49 이 일은 처리하기가 쉽지 않아서 나는 <u>정말</u> 좀 난처하다.

정답 A

해설 주어 "我"와 부사 "有点儿" 사이 빈칸에 위치할 수 있는 것은 어기 부사 종류이다. 그러므로 보기 A가 가장 적합하다.

단어 好办 hǎobàn 처리하기 수월하다
为难 wéinán 난처하다

50 질문하지 마. <u>설령</u> 안고 해도 그 사람은 너희들에게 말해주지 않을 거야.

정답 E

해설 관련사 "即使"는 뒤 절에 "也"와 호응구조를 이루어, '설령 ~한다고 하더라도 변함없이, 예외 없이 ~하다'의 뜻으로 사용된다. '그 사람은 말해 주지 않을 것이다. 안고 하더라도 안 알려 줄 것이다'라는 의미가 되어야 하므로 답은 보기 E이다. 호응관계에 있는 관련사 짝꿍을 잘 알아 두면 문제를 조금 더 쉽게 풀어갈 수 있다.

단어 别 bié 하지 마라(금지)

不会 bú huì ~하지 않을 것이다
告诉 gàosu 알려주다

51-55

A	愉快 즐겁다	B	约会 약속
C	温度 온도	D	祝贺 축하하다
E	坚持 꾸준히 하다	F	至少 최소한

51 A : 한 달 넘게 조깅했는데도 몸무게가 여전히 너무 많이 나가.
B : 네 자신을 믿어야 해. 꾸준히 하기만 하면 분명 효과가 있을 거야.

정답 E

해설 B가 뜻하는 바는 '네 자신을 믿고, ~하기만 하면 효과가 난다'고 A를 격려하는 말이므로, 보기 중에서 제일 알맞은 단어는 보기 E이다. 운동은 꾸준히 해야 하는 것으로 "坚持锻炼"은 자주 사용되는 조합이며, 알아두면 유용하다.

단어 跑 pǎo 뛰다
体重 tǐzhòng 체중
相信 xiāngxìn 믿다
只要 zhǐyào ~이기만 하면
肯定 kěndìng 반드시
效果 xiàoguǒ 효과

52 A : 마딩, 여름 방학 어떻게 보냈어?
B : 난 줄곧 중국 남쪽 지역 여행하면서 보냈어. 정말 즐겁게 보냈어.

정답 A

해설 A가 "怎么样?"하고 물어 본 것에 알맞은 대답은 보기 A가 가장 적합하고, '즐겁게 여행을 하였다'는 것이 논리적으로도 무리가 없다.

단어 暑假 shǔjià 여름방학
过 guò (시간을) 지내다, 보내다
旅行 lǚxíng 여행하다

53 A : 광저우가 베이징에서 멀어?
B : 많이 멀지. 기차 타고 가면 최소한 하루는 걸려.

정답 F

해설 주어 "坐火车", 술어 "要" 사이에 상황어가 위치할 수 있다. 보기 F "至少"는 부사로 상황어 자리에 위치할 수 있고, "至少"란 이 부사는 일반적으로 수사와 같이 사용되어 '최소한 ~이 걸린다/필요하다'란 의미로 사용된다. 그러므로 보기 F가 가장 적합하다.

단어 离 lí ~로부터 ~까지
远 yuǎn 멀다

54 A : 사장님이 오늘 저녁 우리들 야근해야 된다고 하셨어.
B : 보아하니 약속 시간 또 바뀌야겠네.

정답 B

해설 시간을 정해서 만나는 것은 약속이란 행위를 통해서 할 수 있는 것이며, 내용상 야근을 해야 하기 때문에 시간을 바꾼다는 것은, '약속을 또 바꾸어야 한다'는 것을 뜻하므로 보기 B가 가장 적합하다.

단어 得 děi 해야만 하다
加班 jiābān 초과근무하다, 야근하다
看来 kànlái 보아하니
改时间 gǎi shíjiān 시간을 바꾸다

55 A : 샤오리, 금요일이 샤오왕 28살 생일인데 어떻게 축하해주지?
B : 생일은 정말 중요한 일이지. 내가 내일 오후에 너 찾아 갈 테니까 우리 같이 상의해보자.

정답 D

해설 빈칸 뒤에 보어 "一下"가 있으므로, 빈칸에 술어동사가 위치해야 한다는 것을 짐작할 수 있다. '생일 축하하다'가 일반적인 상식이기도 하므로, 보기 D가 가장 적합하다.

단어 怎么 zěnme 어떻게(방법)
给 gěi ~에게
咱们 zánmen 우리
商量 shāngliang 상의하다

제2부분

제2부분은 총 10문항이다. 모든 문제는 3개의 문장으로 구성되어 있다. 응시자는 3개의 문장을 순서대로 나열한다.

56 A 나는 처음에는 기뻤다
B 그러나 나중까지 들은 다음에는
C 마음이 점점 긴장되었다

> A 我开始时很高兴，B 可是听到后来，C 心情越来越紧张。

정답 A B C

해설 주어 "我"가 있는 A를 맨 앞에 배열하고, "高兴"에서 "紧张"으로 전환되어야 하므로, 전환을 나타내는 접속사 "可是"가 있는 B를 두 번째에 배열시키고, C를 맨 나중에 위치시킨다. 그러므로 순서는 ABC이다.

단어 开始 kāishǐ 시작하다
后来 hòulái 나중에
心情 xīnqíng 마음, 기분
越来越 yuèláiyuè 점점
紧张 jǐnzhāng 긴장하다

57 A 게다가 꽃이 피어 있는 시간도 길다
B 그것은 색이 다양할 뿐만 아니라
C 동백꽃은 중국의 유명한 꽃이다

> C 山茶花是中国有名的花，B 它不仅颜色多样，A 而且开花时间长。

정답 C B A

해설 보기 B의 "它"는 '동백꽃' "山茶花"를 가리키는 지시사이므로, 주어 "山茶花"가 있는 C를 맨 처음 배열하고, '~일 뿐만 아니라, 게다가 ~이기도 하다'의 심화의 뜻을 나타내는 관련사 "不仅~, 而且~"를 순서대로 배열한다. 그러므로 순서는 CBA이다.

단어 山茶花 shāncháhuā 동백꽃
有名 yǒumíng 유명하다
不仅~而且~ bùjǐn~érqiě~ ~일 뿐만 아니라, ~이기도 하다
开花 kāihuā 꽃이 피다

颜色 yánsè 색

58 A 전공 서적을 제외하고도
B 나는 역사 소설도 좋아한다
C 나는 지금 북경대학에서 역사를 전공한다

> C 我现在在北京大学学历史，A 除了专业课的书以外，B 我还喜欢看历史小说。

정답 C A B

해설 "除了~以外，还~"는 '~말고도, 또 ~도' 앞. 뒤의 내용을 다 포함하는 뜻의 구문형식대로 A B 순서로 연결하고, A의 "专业课"는 C의 "历史"를 가리키는 뜻이므로 C가 맨 처음에 와야 한다. 그러므로 순서는 CAB이다.

단어 学历史 xué lìshǐ 역사를 배우다
除了~以外，还~ chúle~yǐwài, hái~ ~를 제외하고, ~도
专业课 zhuānyè kè 전공 과목
小说 xiǎoshuō 소설

59 A 반드시 바로 질문해야 한다
B 공부하면서 모르는 것이 있으면
C 예를 들어 이해가 안 되는 단어 뜻 혹은 용법

> B 学习过程中有了问题，C 例如不理解词语的意义或用法等，A 一定要及时提问。

정답 B C A

해설 C 전체는 B의 "问题"에 대한 예이므로, 바로 뒤에 위치시켜 BC순서로 배열한다. 가정의 의미를 나타내는 B(C), 그의 대처방법인 A. 그러므로 올바른 순서는 BCA이다.

단어 过程 guòchéng 과정
问题 wèntí 문제
例如 lìrú 예를 들면
理解 lǐjiě 이해, 이해하다
词语 cíyǔ 단어

用法 yòngfǎ 용법
一定 yídìng 반드시
及时 jíshí 즉시, 바로
提问 tíwèn 질문을 하다

60
A 오늘 날이 별로 좋지 않다
B 게다가 난 몸도 약간 불편하다
C 우리 쇼핑 가지 말자

A 今天天气不太好，B 另外我身体也有点儿不舒服，C 咱们就别去逛商店了。

정답 A B C

해설 A, B가 C의 '쇼핑 가지 말자'고 하게 되는 원인이 되는 것이고, B의 "另外"는 '또 다른/게다가'의 뜻으로 나열에서 뒤에 위치한다. 그러므로 A가 먼저 오고, B가 뒤에 온다. 올바른 순서는 ABC이다.

단어 另外 lìngwài 그밖에
不舒服 bù shūfu 불편하다
逛商店 guàng shāngdiàn 쇼핑을 하다

61
A 다른 사람의 수영하는 동작만 봐서는 부족하다
B 사람은 어떻게 수영을 배우는가?
C 반드시 본인이 직접 물에 들어가서 연습해야 한다

B 人怎么才能学会游泳呢？A 只看别人游泳的动作是不够的，C 一定要自己下水练习。

정답 B A C

해설 AC는 질문 B의 답이다. 그러므로 질문 B가 제일 먼저 위치한다. '다른 사람의 동작만 보면 부족하기 때문에'라는 원인 A의 설명. 그래서 '반드시 본인이 물에 들어가 연습해야 한다'는 결과 및 방법 C를 제시하고 있으므로 AC의 순서가 되어야 한다. 올바른 순서는 BAC이다.

단어 怎么 zěnme 어떻게(방법)
才能 cáinéng 비로소 할 수 있다
游泳 yóuyǒng 수영
只 zhǐ 단지, ~만
不够 búgòu 부족하다
下水 xiàshuǐ 물에 들어가다
练习 liànxí 연습하다

62
A 내가 그를 몇 번을 찾았는데도 찾지 못했다
B 저녁 9시에 드디어 그를 만났다

C 그래서 나는 그의 집 입구에서 그가 돌아오기를 기다리기로 했다

A 我找了好几次，都没找到他，C 于是我决定在他家门口等他回来，B 晚上九点我终于等到了他。

정답 A C B

해설 '그를 찾지 못해서 집 앞에서 기다리기로 했다'는 인과 관계를 나타내는 C "于是"를 판단 근거로 하여 우선 AC 순서로 연결하고, '그를 만났다'는 최종 결과 B를 맨 뒤에 배열한다. 올바른 순서는 ACB이다.

단어 找 zhǎo 찾다
于是 yúshì 그래서
决定 juédìng 결정하다
终于 zhōngyú 마침내
等到了 děngdàole 기다려서 만나다

63
A 어떤 사람들은 감기 걸린 후
B 이렇게 하는 것은 건강에 해롭다
C 종종 여러 가지 감기약을 동시에 복용한다

A 有些人得了感冒之后，C 常常同时吃好几种感冒药，B 这样做对身体是有害的。

정답 A C B

해설 '사람들이 감기 걸렸다'는 상황설정 보기 A가 맨 앞에 위치해야 하고, 그 후에 '감기약을 먹는다'는 보기 C가 위치해야 한다. 그리고 보기 B의 "这样做"는 보기 C를 가리키는 말이므로 맨 뒤에 배열한다. 올바른 순서는 ACB이다.

단어 得感冒 dé gǎnmào 감기 걸리다
有害 yǒuhài 유해하다

64
A 오늘 나는 드디어 그와 시합을 한 차례 겨루었다
B 리강이 탁구를 잘 친다고 진작에 들어서 알고 있었다
C 그가 예상대로 잘 친다는 것을 알았다

B 早就听说李刚乒乓球打得不错，A 今天我终于跟他比了一场，C 发现他果然打得很好。

정답 B A C

해설 이 문제는 시간적으로, 사건발생과 결과 순서대로 배열을 하면 쉽게 풀린다. 보기 B "早就听说"는 '과거에, 일찍이 어떤 소식을 들었다'는 의미로 맨 앞에 배열한다. 그리고 '시합을 겨루었다'는 보기 A를 배열하고, '시합을 겨룬 결과, 그가 정

말로 탁구를 잘 친다는 사실을 알았다'는 보기 C를 배치한
다. 그러므로 올바른 순서는 BAC이다.

단어 早就 zǎojiù 진작에
听说 tīngshuō 듣자니, 듣는 바로는
乒乓球 pīngpāngqiú 탁구
不错 búcuò 괜찮다
终于 zhōngyú 드디어, 마침내
比 bǐ 겨루다, 시합하다
发现 fāxiàn 발견하다, 느끼다
果然 guǒrán 과연, 예상대로

65 A 그러므로 나이 많은 사람들은 산에 오르기 전에 준비
를 잘 해야 한다
B 그러나 중, 노년층이 등산할 때는 자주 위험이 생긴다
C 등산은 좋은 스포츠이다.

> C 爬山是一种很好的体育运动，B 但是中老
> 年人爬山时容易出危险，A 因此年龄大的人在爬
> 山之前要做好准备工作。

정답 C B A

해설 주어 "爬山"이 있는 보기 C를 먼저 배치하고, 보기 C "很
好"와 보기 B "危险"은 전환의 관계이므로 "但是"가 있는
보기 B를 뒤에 연결하는 것이 알맞다. 보기 CB가 하나의 원
인이 되고, 이에 대한 결과는 보기 A에 있는 "因此"로 연결
시킨다. 그러므로 올바른 순서는 CBA이다.

단어 爬山 páshān 등산하다
体育运动 tǐyù yùndòng 스포츠
容易 róngyì 쉽다
出危险 chū wēixiǎn 사고가 나다
因此 yīncǐ 그러므로
年龄 niánlíng 연령
之前 zhīqián ~전에
准备工作 zhǔnbèi gōngzuò 준비작업

제3부분

제3부분은 총 20문항이다. 이 부분의 문제는 하나의 단문과 그에 따른 1-2개의 질문이 제시된다. 응시자는
시험지에 주어진 선택 항목 4개 중에서 정답을 고른다.

66 오늘 해가 서쪽에서 떴나? 라오왕이 밥을 다 사고? 잘못
들은 것 아니야?

★ 화자가 뜻하는 바는 무엇인가요?

A 오늘 날씨가 이상하다
B 현재 기후가 좀 이상하다
C 라오왕이 밥을 살 줄 몰랐다
D 라오왕이 외출했을 때 길을 잃었다

정답 C

해설 "太阳从西边出来"는 '해가 서쪽에서 뜬다'는 뜻으로 우리
말에서도 그대로 쓰고 있는 표현이다. 이 표현이 뜻하는 것
은 '생각지도 못한 뜻밖의 일이 발생했다'는 것이다. 라오왕
이 밥은 산다는 것이 매우 의외의 일이라는 것을 뜻한다. 그

러므로 날씨를 언급한 보기 A, B와는 전혀 관계가 없으므로
우선 제거한다. 보기 C에 언급한 "没想到"는 생각지 못한
사실을 표현할 때 쓰는 것으로, '그럴 줄 몰랐는데, ~하다'
이다. 그러므로 보기 C가 답으로 제일 적합하다.

단어 太阳 tàiyáng 태양
请客 qǐngkè 한턱내다, 밥을 사다
听错 tīngcuò 잘못 듣다

67 리핑이 어떻게 이런 일을 할 수 있었지? 와, 정말 사람은
겉만 보고는 알 수 없다니까.

★ 화자가 뜻하는 바는 무엇인가요?

A 그는 리핑이 부럽다
B 그는 리핑을 믿는다

C 리핑이 좋은 일을 했다
D 리핑이 그럴 줄 몰랐다

정답 D

해설 "怎么能"은 반어적인 용법으로 '어떻게 그럴 수 있나?'인데, 이것의 속뜻은 '그렇게 하면 안 된다'이다. 여기에서 리핑이 도리상 말도 안 되는 행동을 하였음을 알 수 있다. 그러므로 보기 C는 제거한다. 또 "知人知面不知心"은 우리말의 '열 길 물 속은 알아도 한길 사람 속은 모른다'란 뜻인데, 이는 보기 D에 사용된 "没想到这样做"와 같은 표현이 된다. 그러므로 보기 D가 답으로 적당하고, 보기 A, B는 언급된 내용이 아니다.

단어 怎么能 zěnme néng 어떻게 그럴 수가(그럴 수 없다, 반어용법)
干 gàn 하다
面 miàn 얼굴

68 이 파란색은 너무 길고, 저 회색은 너무 끼고 조금 더 넉넉했으면 좋았겠는데, 저 커피색만이 그나마 나은 것 같다.

★ 화자는 회색 물건(바지)을 어떻게 생각하나요?

A 달라 붙는다
B 길다
C 좋다
D (바지)통이 크다

정답 A

해설 이 문제의 "蓝的", "灰的", "咖啡色的"의 "的"는 물건을 나타내는 것이고, 양사 "条"에서 '바지' 혹은 '스카프' 종류임을 짐작할 수 있다. 그리고 "瘦", "肥"라는 단어는 '사람이 말랐다', '뚱뚱하다'의 뜻 말고도, 옷의 폭이 '넓다', '좁다'를 표현할 때도 사용된다. 그러므로 여기서는 바지임을 유추할 수 있다. 그러므로 '회색바지가 통이 좁아서 달라 붙는다'고 표현하는 것임을 알 수 있으므로 답은 보기 A이다.

단어 瘦 shòu (옷)폭이 좁다
肥 féi (옷)폭이 넓다
咖啡色 kāfēisè 커피색

69 여자친구가 내게 특별한 선물을 보내준다고 했는데, 내 생일이 되려면 아직 1주일이나 남았지만 내일이 생일이었으면 정말 좋겠다.

★ 다음 중 알맞은 것은 무엇인가요?

A 곧 내 생일이다
B 나는 생일 보내는 것을 그다지 좋아하지 않는다

C 내일이 내 여자친구의 생일이다
D 여자 친구가 내게 생일 선물을 주었다

정답 A

해설 "离"는 시간이나 장소의 개념에 사용할 수 있는 단어로 '시간이 얼마 남았다', '거리가 어느 정도 멀다' 정도를 표현하는 것이다. "离生日还有一个星期"에서 '생일이 일주일 남았다'는 것을 알 수 있으므로 보기 A가 맞는 내용임을 알 수 있다. 여자친구 생일이 언제인지는 언급되지 않았고, "恨不得"는 간절히 바라는 일에 쓰는 표현으로 선물을 준다고 하니 내일이 바로 내 생일이었으면 하는 바램을 나타내고 있다. 그러므로 보기 B와 D가 틀린 내용임을 알 수 있다.

단어 送 sòng 선물하다
离 lí ~로부터 ~까지
恨不得 hènbude 간절히 바라다
过生日 guò shēngrì 생일을 보내다

70 세계의 맥주 생산은 이미 4000년이 넘는 역사를 지니고 있다. 중국은 최초로 1903년 칭다오에 첫 번째 맥주 공장을 세웠고, 유명한 칭다오 맥주를 생산해냈다.

★ 중국의 맥주 생산 역사는 얼마나 오래되었나요?

A 30여 년
B 100여 년
C 900여 년
D 1000여 년

정답 B

해설 '중국이 1903년에 "第一个" 최초의 맥주 공장을 세웠다'고 하니, 이로써 역사가 100여 년이 되었음을 알 수 있다.

단어 啤酒 píjiǔ 맥주
生产 shēngchǎn 생산하다
历史 lìshǐ 역사
青岛 Qīngdǎo 칭다오
建立 jiànlì 세우다
第一个 dì yí ge 최초, 제일 먼저
厂 chǎng 공장
著名 zhùmíng 저명하다, 유명하다

71 마딩, 네 중국어가 이렇게 훌륭할 지는 몰랐어. 얼굴 안 보고 네가 하는 말만 들었더니, 중국 사람이 들어온 줄 알았네.

★ 다음 중 알맞은 것은 무엇인가요?

A 마딩은 중국 사람이라서 중국어를 잘 한다
B 마딩은 중국어를 중국에서 배웠다

C 마딩의 중국어는 중국 사람과 비슷하다

D 마딩의 생김새는 중국 사람과 비슷하다

정답 C

해설 "地道"는 '정통이다, 잘한다'는 뜻으로 마딩이 중국어를 잘한다는 보기 C가 맞는 내용이며, "以为" 다음 내용은 사실이 아니므로 마딩이 중국 사람이라는 보기 A는 틀린 것이다.

단어 没想到 méi xiǎngdào 뜻밖이다, ~일 줄 생각지 못하다

普通话 pǔtōnghuà 중국어(표준어)

地道 dìdao 정확하다

以为 yǐwéi ~인 줄 알았는데(아니다)

72 샤오리와 샤오장이 샤오왕에 대해서 이야기하고 있을 때, 샤오왕이 갑자기 문을 밀고 들어오자 샤오리는 "호랑이도 제 말하면 온다더니"라고 말했다.

★ 이 말 중에서 '호랑이'가 가리키는 것은 무엇인가요?

A 샤오리

B 샤오장

C 샤오왕

D 다른 사람

정답 C

해설 "说曹操，曹操就到了"는 '조조도 제 말하면 온다'의 뜻인데, 우리말의 '호랑이도 제 말하면 온다'와 같다. 그러므로 보기 C가 정답이다.

단어 突然 tūrán 갑자기

推门 tuīmén 문을 밀다

曹操 Cáo Cāo 조조(인물)

73 샤오장이 하는 말을 믿는 사람은 너 하나밖에 없어. 샤오장은 말뿐이라는 것 모르는구나.

★ 화자는 샤오장을 어떻게 생각하나요?

A 노래를 잘 못한다

B 목소리가 듣기 좋다

C 노래를 잘 한다

D 말과 행동이 다르다

정답 D

해설 "说得比唱得还好听"은 행동과 말이 다를 때 쓰는 표현으로, "光说不做", "只说不干" 등과 같은 의미라고 볼 수 있다. 그러므로 답은 보기 D이다.

단어 就 jiù 단지, 겨우

相信 xiāngxìn 믿다

好听 hǎotīng 듣기 좋다

74 많은 중국인들이 "만리장성에 가보지 않으면 대장부가 아니다"라고 하는 말 들어봤지? 오늘 너도 드디어 사내 대장부가 된 거야.

★ 이 말이 뜻하는 바는 무엇인가요?

A 당신도 중국에 왔다

B 당신은 만리장성에 가 봤다

C 만리장성은 높다

D 만리장성은 아름답다

정답 B

해설 "不到长城非好汉"은 이중 부정을 사용해 강한 긍정을 나타낸 '대장부는 만리장성에 꼭 가 본다'의 뜻이다. 그러므로 후반부에 언급한 '대장부가 되었다'는 의미는 '만리장성에 가 보았다'는 뜻임을 알 수 있으므로 답은 보기 B이다.

단어 不到 bú dào 가지 않다

长城 Chángchéng 만리장성

非 fēi 아니다

好汉 hǎohàn 사나이, 대장부

终于 zhōngyú 드디어

75 나한테 예의 차릴 필요 없어. 우리는 오랜 동창이자 또 절친한 친구잖아. 돈이 많이는 없고, 5만 위안 정도는 괜찮아. 내일 우리 집에 와서 가져가.

★ 이 말을 근거로 알 수 있는 사실은 무엇인가요?

A 동창이 나에게 돈을 빌린다

B 친구가 나에게 돈을 갚았다

C 친구가 나 보고 식사 대접을 하라고 한다

D 친구의 돈을 잃어버렸다

정답 A

해설 "5万块还没问题"에서 친구가 돈을 빌리려 하고 이에 흔쾌히 승낙하는 것을 알 수 있으므로 보기 A가 답이다. 보기 B "还"은 '되갚다'의 의미이므로, [huán]이라고 읽어야 한다. "借", "还" 반대말도 잘 익히도록 한다.

단어 不用 búyòng ~할 필요없다

客气 kèqi 예의를 차리다

拿 ná 가져가다(오다)

76 친구와 커피숍에서 커피를 마시며 이야기를 나누다가 커피를 다 마셨는데 곧 그칠 것이라고 생각했던 비가 갈수

록 거세질 줄은 몰랐다.

★ 화자가 뜻하는 바는 무엇인가요?

A 비가 이미 멈추었다
B 비가 내리기 시작했다
C 비가 세차게 내린다
D 비가 약해졌다

정답 C

해설 "没想到" 다음에 이어지는 내용은 생각지 못한 뜻밖의 사실이다. "起劲儿"은 '거세지다, 힘이 더 나다'의 뜻이므로 보기 C가 답임을 알 수 있다.

단어 一边~一边~ yìbiān~yìbiān~ ~하면서 ~하다
以为 yǐwéi ~인 줄 알았는데(아니다)
停 tíng 그치다, 멈추다
越~越~ yuè~yuè~ ~할수록 ~하다
起劲儿 qǐjìnr 기운이 나다, 기세가 세지다

77 조금만 더 똑똑해질 수 없어? 설마 조금의 판단력도 없는 건 아니겠지? 조금이라도 생각이 있는 사람이라면 이런 일이 생기리라고는 믿지도 않을 거야.

★ 화자가 뜻하는 바는 무엇인가요?

A 당신의 일에 대한 판단은 맞다
B 똑똑한 사람만 이 일을 믿는다
C 이런 일이 사실이라는 것을 믿어야 한다
D 모두들 이런 일이 있을 것이라고는 믿지 않는다

정답 D

해설 이 지문의 마지막 부분을 읽어보면, "有点儿头脑"는 "聪明"의 의미로, 믿지 않을 것이라고 하고 있으니 이로써 보기 D가 답임을 알 수 있다.

단어 聪明 cōngming 똑똑하다
难道 nándào 설마 ~이겠는가?(반어)
判断力 pànduànlì 판단력
稍微 shāowēi 약간
头脑 tóunǎo 머리

78 중국에서 철도교통은 매우 편리하다. 기차는 사람들이 장거리 여행을 떠날 때 가장 먼저 선택하는 교통수단이기 때문에 '큰형님'으로 불리기도 한다.

★ 철도가 '큰형님'이라 불리는 이유는 무엇인가요?

A 철도가 길어서
B 기차가 제일 빨라서
C 기차표가 제일 저렴해서

D 기차가 제일 편리해서

정답 D

해설 '원인+因此+결과'의 형식으로 쓰인다. 원인이 "铁路交通十分方便"이고, 결과가 '큰형님이라고 불리다'이므로 답은 보기 D이다.

단어 铁路交通 tiělù jiāotōng 철도 교통
长途旅行 chángtú lǚxíng 장거리 여행
首先 shǒuxiān 우선, 먼저
选择 xuǎnzé 선택하다
因此 yīncǐ 그러므로
被叫作 bèi jiàozuò ~라고 불리다

79 나는 결혼한 지 5년이나 지났지만 우리는 아직 아이가 없다. 우리가 아이를 싫어해서 그런 것도 아니고, 건강이 좋지 못해서도 아니다. 주된 이유는 우리의 일이 너무 바빠서 아이를 돌볼 시간이 없기 때문이다.

★ 그들이 현재 아이가 없는 이유는 무엇인가요?

A 돈이 없어서
B 좋아하지 않아서
C 일이 바빠서
D 건강이 나빠서

정답 C

해설 지문은 "不是因为 보기 B, 也不是 보기 D, 主要是由于 보기 C" 구조로 사용된 것이므로, 답은 보기 C이다.

단어 结婚 jiéhūn 결혼하다
要孩子 yào háizi 아이를 낳다
因为 yīnwèi ~때문에
主要是 zhǔyào shì 주로
由于 yóuyú ~때문에
照顾 zhàogù 돌보다

80-81

교육부 규정에 따르면, 초등학교 1-3학년 학생들의 일일 과제량은 반드시 30분 이내, 4-6학년의 경우 60분 이내, 중학생은 90분 이내에 끝마칠 수 있도록 해야 한다. 그러나 조사 결과, 초등학교 1-3학년 학생의 과제 시간 기준 초과율이 도시와 농촌에서 각각 69%와 61%인 것으로 나타났다. 초등학교 4-6학년의 경우 기준 초과 비율은 도시와 농촌이 각각 63%와 52%이며 중학생 기준 초과 비율은 도시와 농촌 각각 55%와 41%인 것으로 나타났다. 그 밖에도,

학생들의 방과 후 연습문제 풀이가 매우 보편적으로 이루어지고 있다. 평균 86%의 초·중학교 학생들이 매일 연습문제를 많이 풀고 있다.

단어 按照 ànzhào 따라서
规定 guīdìng 규정
调查发现 diàochá fāxiàn 조사로 알게 되다
超过 chāoguò 초과하다
标准 biāozhǔn 표준, 기준
比例 bǐlì 비율
分别 fēnbié 각각
普遍 pǔbiàn 보편적이다, 흔하다
平均 píngjūn 평균

80 ★ 교육부 규정에 따르면, 중학교 학생의 과제량은 반드시 어느 정도여야 하나요?

A 30분 이내에 끝낼 수 있는 분량
B 1시간 이내에 끝낼 수 있는 분량
C 1시간 반 이내에 끝낼 수 있는 분량
D 2시간 이내에 끝낼 수 있는 분량

정답 C

해설 "小学"가 초등학생, "初中生"은 중학생을 가리킨다. 그러므로 답은 '90분', '1시간 반'으로 답은 C이다. 보기 A는 '초등학교 저학년생', 보기 B는 '초등학교 고학년생'들의 기준이다.

81 ★ 조사 결과, 얼마나 많은 초·중학교 학생들이 매일 방과 후 연습문제 풀이를 하고 있나요?

A 52%
B 63%
C 69%
D 86%

정답 D

해설 지문의 중간 부분은 교육부가 정한 '시간 초과율'을 설명한 내용이며, '연습문제 풀이 비율'은 지문의 마지막 부분에 언급된 '86%'가 정답이다.

82-83

기말고사가 끝나고 딸이 2등을 했다. 딸은 집에 돌아온 후에 오히려 실망하면서 엄마에게 말했다. "죄송해요, 엄마. 시험에 떨어졌어요." 엄마는 이 말을 듣고 크게 놀랐다. 실

제 상황을 알고 난 후에 엄마는 딸의 머리를 가볍게 두드리며 말했다. "또 엄마한테 거짓말하면 나쁜 아이야."

단어 期末考试 qīmò kǎoshì 기말고사
结束 jiéshù 끝나다
却 què 도리어
失望 shīwàng 실망하다
不及格 bù jígé 불합격하다
大吃一惊 dà chī yì jīng 많이 놀라다
真实情况 zhēnshí qíngkuàng 사실
拍 pāi 토닥이다
骗 piàn 속이다

82 ★ 딸이 엄마에게 "죄송해요"라고 한 이유는 무엇인가요?

A 공부를 열심히 하지 않았다
B 시험 성적이 나쁘다
C 시험에 떨어졌다
D 엄마한테 농담하다

정답 D

해설 마지막 부분에 언급된 "再骗妈妈, 就是坏孩子"에서 딸아이가 엄마에게 농담을 하였음을 알 수 있다. 단순히 앞 부분에 언급된 '딸아이가 2등을 했는데, 시험에 떨어졌다'는 표현만 본다면 지문을 이해하기 어려웠을 것이다.

83 ★ 엄마의 딸에 대한 태도는 어떠한가요?

A 사랑
B 동정
C 두려움
D 미움

정답 A

해설 지문의 마지막에 언급된 "她轻轻地拍了一下女儿的头"는 사랑의 표현으로 하는 행동이다. 이 지문의 내용을 때렸다고 오해하여, 미움을 선택할 수도 있지만, 이는 중국어를 잘 이해하지 못하고 있다는 반증이다. 때릴 때는 "打"라는 단어를 많이 사용하고, "拍"는 격려의 의미, 사랑의 손길로 톡톡 다독일 때 쓰는 단어이다. 혼동하지 않도록 주의한다.

84-85

어느 날, 장산은 산길에서 차를 몰고 있었다. 장산이 차

를 운전하면서 바깥 풍경을 바라보고 있을 때, 갑자기 맞은편에서 오던 대형차의 기사가 창문을 내리고 큰 소리로 "돼지!"하고 소리쳤다. 장산은 이 말을 듣고 매우 화가 나 그 역시 창문을 내리고 고개를 돌려 말했다. "너야말로 돼지야!" 고개를 막 돌렸을 때는 한 무리 돼지 떼가 차 앞에 있는 것을 보게 되었고, 순간 돼지 무리와 충돌하게 되었다.

단어　一边~一边 yìbiān~yìbiān ~하면서 ~하다
突然 tūrán 갑자기
司机 sījī 기사
摇下 yáoxià 돌려내리다
窗户 chuānghu 창문
喊 hǎn 부르다
撞 zhuàng 부딪히다

84 ★ 맞은편에서 차가 올 때, 장산은 뭘 하던 중이었나요?

A 길을 걷고 있다
B 운전하고 있다
C 사진을 찍고 있다

D 차를 기다리고 있다

정답 B

해설　지문 도입 부분에 "一边开车一边看外边的风景"하고 있었다고 언급되었으므로 보기 B가 알맞은 답이다. 나머지 보기는 언급된 내용이 아니다.

85 ★ 대형차의 기사가 장산에게 "돼지"라고 소리친 이유는 무엇인가요?

A 고의적으로 장산을 화나게 하려고
B 그에게 농담을 하려고
C 그에게 앞을 조심하라고
D 그가 너무 멍청해서

정답　C

해설　지문 후반부에 장산이 돼지와 충돌한 부분에서 기사가 호의로 장산에게 앞을 조심하라고 알려 주었다는 것을 알 수 있다. 그러므로 답은 보기 C이다. "猪"는 사람에게 멍청하다고 비하할 때도 사용 가능한 표현이다. 그래서 지문과 같은 재미있는 오해를 불러 일으킬 수 있다.

3. 쓰기(书写)

제1부분

제1부분은 총 10문항이다. 모든 문제는 여러 개의 단어가 제시되어 있다. 응시자는 주어진 단어를 사용하여 하나의 문장을 만든다.

86 정답 超市里有各种商品。

슈퍼마켓에는 다양한 물건이 있다.

해설 동사 "有"를 사용한 존재문의 기본 형식은 '장소+有+사물'이다. '超市+里'로 장소를 만들어 주고, 사물 "商品"을 확인한다. 나머지 "各种"은 사물빈어를 수식하는 한정어 역할을 하게 앞에 위치시킨다. 그러므로 올바른 문장은 "超市里有各种商品。"이다.

단어 超市 chāoshì 슈퍼
各种 gèzhǒng 각종
商品 shāngpǐn 상품

87 정답 怎么只有你一个人在家？

왜 너 혼자만 집에 있니?

해설 동사 "有"를 사용한 겸어문의 기본 형식은 '有+명사+동사'이다. 그러므로 '只有+你一个人+在家' 순서가 되어야 한다. 나머지 "怎么"는 원인을 묻는 의문사로 문장의 맨 앞에 위치시킨다. 만일 이 문제에 "只有"라는 단어가 없다면, "怎么"의 위치는 "你" 앞, 뒤에 사용 가능하나, "只有"가 있음으로 해서 올바른 문장의 순서는 "怎么只有你一个人在家？"이다.

단어 怎么 zěnme 왜(이유)
只有 zhǐyǒu ~만 있다

88 정답 这儿离小刘的奶奶家很近。

여기는 샤오류의 할머니 댁에서 매우 가깝다.

해설 동사 "离"는 'A라는 지점에서 B 지점까지 가깝다/멀다'를 표현할 때 사용하는 단어로 기본 형식은 '지점 A+离+지점 B'이며, 이때 지점 A와 B는 바꾸어도 괜찮다. 그러므로 올바른 순서는 "这儿离小刘的奶奶家很近。"이다.

단어 离 lí ~로부터 ~까지
近 jìn 가깝다

89 정답 北方人都喜欢吃饺子。

북방 사람들은 모두 만두를 좋아한다.

해설 먼저 주어, 술어, 빈어를 확인한다. 주어 "北方人", 술어와 빈어 "吃饺子"를 먼저 배치하고, 부사 "都", 조동사 "喜欢"을 주어 뒤 술어 앞에 순서대로 위치시킨다. 올바른 순서는 "北方人都喜欢吃饺子。"이다.

단어 饺子 jiǎozi 만두

90 정답 这家工厂生产的空调质量不错。

이 공장에서 생산되는 에어컨은 품질이 괜찮다.

해설 먼저 주어, 술어, 빈어를 확인한다. 주어로 삼을 수 있는 명사가 여러 개라면, 먼저 술어를 찾아준다. 동사, 형용사가 술어 위치에 놓일 수 있는데, "生产"은 뒤에 "的"를 가지고 주어 혹은 빈어를 꾸미는 역할로 사용되는 것이므로 이곳에서는 "不错"가 술어역할을 하는 것이다. 술어를 찾았으니, 주어를 찾기가 훨씬 쉬워졌다. 무엇이 "不错"하느냐? 생각해 보면 주어는 마땅히 "空调质量"이 되어야 한다. 그리고 "这家工厂"+"生产"의 주술구가 "的"를 가지고 주어 "空调质量" 수식하는 것이다. 그러므로 올바른 문장은 "这家工厂生产的空调质量不错。"이다.

단어 工厂 gōngchǎng 공장
生产 shēngchǎn 생산하다
空调质量 kōngtiáo zhìliàng 에어컨 품질
不错 búcuò 괜찮다

91 정답 这是他第一次看中国电影。

그는 처음으로 중국 영화를 봤다.

해설 먼저 주어, 술어, 빈어를 확인한다. 주어 "这", 술어 "看", 빈어 "中国电影"을 확인하고, "第一次"는 서수의 개념으로 상황어 자리, 즉 주어 뒤 술어 앞에 위치시킨다. 그리고 우리가 흔히 판단 동사라고 많이 알고 있는 "是"에는 부사로 사용되는 강조용법도 있다. 그래서 "是"는 "第一次"를 강조하는 것이므로 그 앞에 배열한다. 그러므로 올바른 문장은 "这是他第一次看中国电影."이다.

단어 第一次 dì yí cì 처음
电影 diànyǐng 영화

92 **정답** 你们学校的日本留学生多吗？
너의 학교에 일본 유학생들이 많니?

해설 먼저 주어, 술어, 빈어를 확인한다. 이 문제도 90번처럼 주어라고 착각할 만한 것들이 많다면 우선 술어를 찾아준다. 술어 자리에는 동사 혹은 형용사가 올 수 있는데, 이 문제에서는 형용사 "多"가 술어 역할을 할 수 있다. 그럼 주어는 "留学生"이 되며, "日本"은 국적을 나타내는 것으로 아주 가까운 의미들은 바로 수식할 수 있으므로 "日本留学生"으로 만들어 준다. 그리고 소속 "你们学校"와 주어 사이에 구조조사 "的"로 연결시키면 된다. 의문 조사 "吗"는 문장의 맨 뒤에 위치시킨다. 그러므로 올바른 문장 순서는 "你们学校的日本留学生多吗？"이다.

단어 留学生 liúxuéshēng 유학생

93 **정답** 她骑自行车的技术怎么样？
그 여자는 자전거 잘 타니?

해설 먼저 주어, 술어, 빈어를 확인한다. 주어가 딱히 눈에 안 들어올 때는 술어를 먼저 확인하는데, 이 문제에서는 동사 "骑", 의문사 "怎么样"이 술어로 가능하다. 그럼 동사 "骑"의 주어는 "她", 빈어는 "自行车"가 되니까, "她骑自行车"로 만들어 주고, "怎么样"의 주어는 "技术"를 찾아낼 수 있다. 그리고 나머지 주어나 빈어를 수식할 수 있는 구조조사 "的"가 있으므로, 주+술+빈 구조 "她骑自行车"가 "的"를 가지고 "技术"를 수식한다는 것을 생각해내야 한다. 그러므로 올바

른 문장은 "她骑自行车的技术怎么样？"이다.

단어 骑 qí 타다
自行车 zìxíngchē 자전거
技术 jìshù 기술

94 **정답** 你们真应该去听听京剧。
너희들은 반드시 경극을 들으러 가야 한다.

해설 먼저 주어 "你们", 동사1 "去", 동사2 "听听", 빈어 "京剧"를 확인한다. 목적을 나타내는 연동구에서는 장소를 가질 수 있는 동사들 "去/来" 등이 먼저 위치한다. 그리고 '부사+조 농사'공식을 생각해 내고 주어 뒤, 술어 앞에 위치시킨다. 그러므로 올바른 순서는 "你们真应该去听听京剧."이다.

단어 真 zhēn 정말
应该 yīnggāi 마땅히

95 **정답** 这本书对我的影响太大了！
이 책은 나에게 매우 큰 영향을 미쳤다!

해설 먼저 주어, 술어, 빈어를 확인한다. 술어 "大"를 확인하고, 주어 "我的影响"을 찾아낸다. '太+형+了'는 '너무 ～하다'로 자주 사용되는 구조이다. 그리고 "这本书"가 나에게 주는 영향이므로 맨 앞에 위치시킨다. 그러므로 올바른 문장 순서는 "这本书对我的影响太大了！"이다.

단어 对 duì ～에게
影响 yǐngxiǎng 영향

제2부분

제2부분은 총 5문항이다. 모든 문제에는 한 장의 그림과 하나의 단어가 제시된다. 응시자는 그림을 보고 주어진 단어를 사용하여 하나의 문장을 만든다.

96 참고답안 我刚从朋友那儿借了点儿钱。
나는 방금 친구에게 돈을 조금 빌렸다.

단어 刚 gāng 방금
从 cóng ~로부터
借钱 jièqián 돈을 빌리다

97 참고답안 小张最喜欢去大商店购物了。
샤오장은 큰 상점에서 물건을 사는 것(쇼핑하는 것)을 제일 좋아한다.

단어 喜欢去 xǐhuan qù 가기 좋아하다
购物 gòuwù 물건을 구매하다

98 참고답안 今天下午我肚子疼，所以去医院了。
나는 오늘 오후에 배가 아파서 병원에 갔다.

단어 肚子 dùzi 배
疼 téng 아프다
所以 suǒyǐ 그래서
医院 yīyuàn 병원

99 참고답안 小狗死了，孩子哭得很伤心。
강아지가 죽어서 아이가 매우 슬프게 울었다.

단어 小狗 xiǎogǒu 강아지
死 sǐ 죽다
哭 kū 울다
伤心 shāngxīn 마음이 아프다

100 참고답안 台上表演的演员非常有名。
무대 위에서 공연하는 배우는 굉장히 유명하다.

단어 台上 táishàng 무대 위
表演 biǎoyǎn 공연하다
演员 yǎnyuán 연기자
有名 yǒumíng 유명하다

新汉语水平考试

HSK
4级

모의고사 해설

HSK (四级) **2**회 모범답안

一、听力

第一部分	1. ×	2. √	3. ×	4. √	5. ×	6. √	7. √	8. ×	9. ×	10. √
第二部分	11. B	12. A	13. B	14. D	15. C	16. C	17. A	18. B	19. B	20. D
	21. B	22. B	23. D	24. C	25. C					
第三部分	26. D	27. A	28. D	29. A	30. B	31. C	32. D	33. B	34. C	35. D
	36. D	37. D	38. B	39. A	40. A	41. C	42. B	43. C	44. C	45. B

二、阅读

第一部分	46. C	47. F	48. A	49. E	50. B	51. D	52. A	53. E	54. F	55. B
第二部分	56. B C A		57. B C A		58. B A C		59. C A B		60. B A C	
	61. C A B		62. B C A		63. B A C		64. A B C		65. C A B	
第三部分	66. B	67. A	68. A	69. D	70. B	71. D	72. D	73. B	74. D	75. D
	76. C	77. C	78. A	79. C	80. C	81. D	82. B	83. D	84. C	85. A

三、书写

第一部分		
	86.	你怎么会遇到这种事？
	87.	我对这次成绩很满意。
	88.	他正在房间里休息。
	89.	你想要什么生日礼物？
	90.	没想到在这儿能见到你们。
	91.	王强书架上的书真多啊！
	92.	他从来没看过中国电视剧。
	93.	我给他打了两次电话。
	94.	那家鞋店卖的鞋又贵又不好。
	95.	小王家就住在北京大学的旁边。
第二部分 参考答案	96.	他每天骑自行车去学校。
	97.	他不小心把手机丢了。
	98.	她在图书馆里安静地看书。
	99.	这两件衣服，样子相同，可质量完全不同。
	100.	祝贺他们顺利毕业。

1. 듣기(听力)

제1부분

제1부분은 총 10문항이다. 모든 문제는 한 번씩 들려준다. 모든 문제에서 한 사람이 한 단락의 문장을 읽으면, 다른 사람이 그 문장과 관련된 한 구절의 문장을 읽는다. 시험지에도 이 문장이 제시되어 있으며, 응시자는 들려주는 내용과 맞는지 판단한다.

1

> 自从有了手机，我就不戴手表了，想知道时间，把手机拿出来一看就可以了，很方便。
>
> 휴대전화가 생긴 후로 나는 시계를 차지 않는다. 시간을 알고 싶으면 휴대전화를 꺼내 보면 되기 때문에 아주 편리하다.

내 시계를 찾을 수가 없다.

정답 ✕

해설 '휴대전화가 시계 역할까지 해주어서 아주 편리하다'가 지문의 내용인데, 문제의 '시계를 찾을 수가 없다'는 것은 일치하는 내용이 아니다. 그러므로 답은 ✕이다.

단어
自从 zìcóng ~로부터, ~한 때부터
手机 shǒujī 휴대전화
戴手表 dài shǒubiǎo 손목시계를 차다
方便 fāngbiàn 편리하다

2

> 对北方人来说，饺子是一种重要的食品，人们常常包饺子吃，可是南方人一般不吃面食，他们喜欢吃米饭。
>
> 북부지역 사람에게 만두는 중요한 음식이어서 사람들이 자주 만두를 빚어 먹는다. 하지만 남부지역 사람들은 일반적으로 밀가루 음식을 먹지 않고 쌀밥을 좋아한다.

북부지역 사람은 만두 먹는 것을 좋아한다.

정답 ✓

해설 '북부지역 사람들은 만두를 좋아하고, 남부사람들은 쌀밥을 좋아한다'고 했으므로 답은 ✓이다. 중국인의 지역적인 식습관을 기본 지식으로 꼭 알아두는 것이 유리하다.

단어
对~来说 duì~láishuō ~에게는, ~의 입장에서
包 bāo 빚다, 싸다
饺子 jiǎozi 교자만두
重要 zhòngyào 중요하다
一般 yìbān 일반적으로
面食 miànshí 밀가루 음식

3

> 王强回到家就开始做饭，可没想到他刚把饭做好，连一口都没吃就被他的朋友叫走了。
>
> 왕챵은 집에 돌아오자마자 밥을 하기 시작했다. 하지만 밥을 막 한 후에 한 입도 먹지 못하고 그의 친구가 불러서 나가야 할 줄은 전혀 생각지도 못했다.

왕챵은 밥을 먹은 후 나갔다.

정답 ✕

해설 "连一口都没吃"에서 밥을 한 입도 못 먹었음을 알 수 있으므로 문제에 제기된 내용은 틀린 내용이다. 그러므로 답은 ✕이다. "连~都"는 '~조차도'의 뜻으로 강조를 나타낸다.

단어
开始 kāishǐ 시작하다
可 kě 그러나
没想到 méi xiǎngdào ~인 줄 생각지 못하다
连~都 lián~dōu ~조차도

被 bèi ∼에 의하여(피동)
叫走 jiào zǒu 불러가다

连∼都 lián∼dōu ∼조차도
睁不开 zhēng bu kāi (눈을) 뜰 수가 없다

4

> 我本来想买一双蓝袜子，可买回家一看才发现，因为太粗心，没看清颜色，结果买了一双黑的回来。

> 나는 원래 파란색 양말 한 켤레를 사고 싶었는데, 집에 와서야 너무 덤벙거리다 보니 색깔을 제대로 못 보고 검은 양말을 사 왔다는 걸 발견했다.

나는 검은 양말 한 켤레를 샀다.

정답 ✓

해설 이 문제에서는 시간의 흐름 순서를 나타내는 "本来"와 "结果"를 잘 들어야 한다. '원래는 파란색을 사려고 했는데, 결과 검은색을 샀다'는 내용이므로 문제에 언급된 내용은 맞다. 그러므로 답은 ✓이다.

단어 本来 běnlái 원래, 이전에
蓝袜子 lán wàzi 파란색 양말
粗心 cūxīn 덜렁대다
颜色 yánsè 색
结果 jiéguǒ 결과

5

> 在寒冷的冬天里，人们都希望春天早一点儿到来。不过春天风沙太大，有时候吹得人连眼睛都睁不开。

> 추운 겨울이 되면 사람들은 봄이 빨리 왔으면 좋겠다고 바란다. 하지만 봄에는 모래바람이 너무 심하게 불어 어떤 날은 눈도 제대로 못 뜰 정도이다.

겨울에는 모래바람이 심하게 분다.

정답 ✗

해설 겨울은 "寒冷"하고, 봄에는 "风沙"가 많다. 그러므로 문제에 언급된 내용은 지문과 다르다. 답은 ✗이다.

단어 寒冷 hánlěng 춥다
希望 xīwàng 희망하다
到来 dàolái 도래하다, 오다
不过 búguò 그러나
风沙 fēngshā 황사
吹 chuī (바람이) 불다

6

> 人不吃饭不行，不喝水不行，不睡觉更不行。睡觉是十分重要的，长期睡不好觉会影响人的健康。

> 사람은 밥을 안 먹어도, 물을 안 마셔도 안 되고, 잠을 안 자면 더 안 된다. 수면은 매우 중요해서, 오랫동안 잠을 잘 수 없으면 건강에 영향을 미치게 된다.

잠은 건강에 매우 중요하다.

정답 ✓

해설 '오래도록 잠을 못 자면 건강에 영향을 미친다'고 한 지문은 '잠은 건강에 중요하다'는 문제와 일치한다고 볼 수 있다. 그러므로 답은 ✓이다.

단어 不行 bù xíng 안 된다
长期 chángqī 장기간
睡不好觉 shuì bu hǎo jiào 잠을 이룰 수 없다
影响 yǐngxiǎng 영향을 주다

7

> 在社会交往中，你会给人留下各种印象，其中"第一印象"的好坏尤其重要，它甚至关系到你能不能获得成功。

> 사교 활동 속에서, 당신은 다른 사람에게 여러 가지 인상을 남기게 되는데, 그 중 '첫인상'이 좋고 나쁜 것은 특히나 중요하다. 첫인상은 심지어 당신의 성공 여부와도 관계가 있다.

다른 사람에게 남기는 첫인상은 매우 중요하다.

정답 ✓

해설 '첫인상이 성공 여부와도 관계가 있다'고 지문에는 언급된 부분에서 상당히 중요함을 유추해 낼 수 있다. 그러므로 문제에 언급된 내용은 일치하는 내용이므로 답은 ✓이다.

단어 社会交往 shèhuì jiāowǎng 사회 교류, 사교 활동
给∼留下∼印象 gěi∼liúxià∼yìnxiàng ∼에게 ∼한 인상을 남기다
其中 qízhōng 그중에
好坏 hǎohuài 좋고 나쁘다
尤其 yóuqí 특히나

甚至 shènzhì 심지어
关系到 guānxi dào 영향을 미치다, ~에 관계되어
있다
获得 huòdé 얻다
成功 chénggōng 성공

8

> 　　明天就是女朋友的生日了，可我还不知道买什么礼物好，每到女朋友过生日，我都为这件事头疼。
>
> 　　내일은 여자친구의 생일이다. 하지만 나는 어떤 선물을 사야 할지 아직도 모르겠다. 여자친구의 생일마다 나는 선물 때문에 골치가 아프다.

여자친구의 생일 때 나는 병이 났다.

정답 ✕

해설 "头疼"은 '두통으로 머리가 아프다'와 '일처리가 쉽지 않아 골치 아프다' 두 가지 뜻이 있다. 이 지문에서는 생일 선물 때문에 '골치 아프다'이므로 '병이 생겼다'는 문제 지문은 틀렸다. 답은 ✕이다.

단어 可 kě 그러나
过生日 guò shēngrì 생일을 보내다
为 wèi ~때문에
头疼 tóuténg 골치아프다

9

> 　　我大学时读的是中文专业，但我对音乐很感兴趣，要是不让我听音乐，我饭也吃不下去，觉也睡不香。
>
> 　　나는 대학에서 중국어를 전공했다. 하지만 나는 음악에 관심이 많아서 음악을 못 듣게 하면 밥도 못 먹고 잠도 제대로 못 잔다.

나는 음악을 전공한다.

정답 ✕

해설 나의 전공은 중국어이고, 음악은 좋아하는 것이지 전공은 아니다. 그러므로 답은 ✕이다.

10

> 　　任何事物有坏的一面就会有好的一面，当然也包括抽烟。两个不认识的人见了面，没什么话说，很不自然。可如果两个人都抽烟，那么他们只要拿出香烟给对方一根，那么关系一下子就近多了。
>
> 　　어떤 사물이든 나쁜 면이 있으면 좋은 면도 있다. 물론 담배도 이에 포함된다. 서로 낯선 두 사람이 만나면 할 말도 별로 없고 매우 어색하다. 하지만 두 사람 모두 담배를 피운다면 담배를 꺼내 상대방에게 한 개피 주는 것만으로도 관계가 곧바로 한층 가까워진다.

담배는 사람과 사람 사이의 거리를 가깝게 만들 수 있다.

정답 ✓

해설 지문의 처음에 언급된 모든 것이 다 양면적이라는 부분을 들으면, 뭔가 내용상의 반전이 있겠구나 하고 짐작을 해야 한다. 담배는 일반적으로 나쁘다고 생각하는데, 지문에서는 '담배가 낯선 사람과의 관계를 가깝게 만들어 줄 수 있다'고 하고 있으므로 문제에 언급된 내용과 일치하는 내용이 된다. 지문의 "关系一下子就近多"와 문제의 "拉近距离"는 같은 뜻이다. 그러므로 답은 ✓이다.

단어 任何事物 rènhé shìwù 모든 사물
当然 dāngrán 물론
包括 bāokuò 포함하다
抽烟 chōuyān 담배를 피우다
不自然 bú zìrán 부자연스럽다
香烟 xiāngyān 담배
根 gēn 담배의 양사
一下子 yíxiàzi 한순간, 짧은 시간

中文专业 zhōngwén zhuānyè 중국어 전공
对~感兴趣 duì~gǎnxìngqù ~에 흥미를 갖다
要是 yàoshi ~라면
吃不下去 chī bu xiàqù (음식물이) 넘어가지 않는다
睡不香 shuì bu xiāng 잠을 달게 못 자다

제2부분

제2부분은 총 15문항이다. 모든 문제는 한 번씩 들려준다. 모든 문제는 두 사람의 대화로 이루어져 있으며, 두 문장으로 구성되어 있다. 세 번째 사람이 이 대화와 관련된 질문을 한다. 응시자는 시험지에 주어진 4개의 선택 항목 중에서 정답을 고른다.

11

> 男：这是菜单，你看要点儿什么？
> 女：我这个人肉也行、鱼也行，什么都吃，
> 　　你决定吧。
>
> 问：他们在什么地方？
>
> 남 : 이건 메뉴판이고, 무엇을 주문할까요?
> 여 : 저는 고기도 괜찮고, 생선도 괜찮고, 뭐든 잘 먹
> 　　어요. 당신이 결정해요.
>
> 문 : 이들은 어디에 있나요?

A 상점
B 음식점
C 슈퍼
D 회사

정답 B

해설 메뉴판 "菜单"이라는 단어와 '고기', '생선' 등으로 보아서 음식점임을 알 수 있다. 그러므로 답은 보기 B이다.

단어 菜单 càidān 메뉴판
什么都吃 shénme dōu chī 무엇이든 다 먹는다
决定 juédìng 결정하다

12

> 女：你怎么不高兴？
> 男：张经理给我买的礼物让小王弄坏了，你
> 　　说我能不生气吗？
>
> 问：礼物是给谁的？
>
> 여 : 너 왜 기분이 안 좋아?
> 남 : 장 사장님이 나한테 사준 선물을 샤오왕이 망가
> 　　뜨렸는데, 화 안 나겠어?
>
> 문 : 선물은 누구에게 주는 것인가요?

A 남자
B 샤오리

C 여자
D 장 사장

정답 A

해설 장사장이 내게(남자) 준 것이고, 샤오왕이 망가뜨렸다고 남자가 화를 내는 것이다. 그러므로 답은 보기 A이다.

단어 让 ràng ~에 의하여(피동)
弄坏 nònghuài 망가뜨리다
能不~吗 néng bù~ma? ~안 하겠는가?(반어)

13

> 男：你笑什么，有什么事这么可笑？
> 女：你快看，大门口那个人的帽子被风刮跑
> 　　了，他正追呢。
>
> 问：大门口的那个人怎么了？
>
> 남 : 무엇 때문에 웃어? 뭐가 그렇게 웃긴데?
> 여 : 어서 봐봐, 정문에 있는 저 사람 모자가 바람에
> 　　날아가 버려서, 잡으러 쫓아가고 있네.
>
> 문 : 정문에 있는 사람은 어떤가요?

A 크게 웃고 있다
B 모자를 쫓고 있다
C 재미있는 이야기를 보고 있다
D 바람에 넘어졌다

정답 B

해설 입구에 있는 사람은 바람에 날아간 모자를 "追"하는 것이므로 답은 보기 B이다. 그리고 그것을 보고 웃는 것은 여자인데, 질문은 입구에 서 있는 사람에 관해 물었으므로 질문에 알맞은 답을 고르도록 유의해야 한다.

단어 可笑 kěxiào 웃기다, 재미있다
大门口 dà ménkǒu 정문, 큰 입구
被 bèi (피동)~에 의하여
刮跑了 guāpǎole (바람에) 날아가다
追 zhuī 쫓다

14

女：足球、篮球、排球和网球，这几种运动你最喜欢哪种？

男：我呀，样样都喜欢。

问：下面哪种运动录音中没有提到？

여 : 축구, 농구, 배구, 테니스, 이 운동 중에서 너는 어떤 게 제일 좋아?

남 : 나는 뭐든 다 좋아해.

문 : 다음 중 언급되지 않은 운동은 무엇인가요?

A 농구
B 테니스
C 축구
D 탁구

정답 D

해설 보기 A, B, C와 '배구'가 언급되었고, 보기 D '탁구'는 언급되지 않았다. 이런 나열 문제는 들을 때 보기를 잘 체크해야 한다.

단어 足球 zúqiú 축구
篮球 lánqiú 농구
排球 páiqiú 배구
网球 wǎngqiú 테니스
样样 yàngyàng 모두, 종류대로 다

15

男：火车6点出发，你可千万别起晚了，别忘了带火车票，到了以后给家里打电话。

女：知道了，爸爸，你已经说了100遍了。

问：女人的态度是：

남 : 기차가 6시에 출발하니, 절대 늦게 일어나면 안 돼. 또 기차표 가져오는 것도 잊지 말고. 도착하면 집에 전화하고.

여 : 알았어요, 아빠. 벌써 저한테 100번이나 말씀하셨다고요.

문 : 여자의 태도는 어떠한가요?

A 기쁘다
B 고맙다
C 불만이다
D 걱정하다

정답 C

해설 딸아이가 말한 '아빠가 100번이나 말씀하셨다'는 것은 '벌써 여러 차례 당부를 하셨다'는 것으로, '짜증' 혹은 '불만'의 의미로 볼 수 있다. 보기 중에서 답으로 고를 수 있는 것은 보기 C가 제일 적합하다. 보기 D '걱정'은 안 좋은 일, 불미스러운 일을 걱정스러워 하는 것으로 딸아이의 태도는 아니다.

단어 千万 qiānwàn 제발
起晚 qǐwǎn 늦게 일어나다
带 dài 지니다, 가져가다

16

男：一件毛衣就500元，太贵了，能不能便宜点儿？

女：如果你真想买，我给你打八折，怎么样？

问：现在买毛衣，要花多少钱？

남 : 스웨터 한 벌에 500위안이라니, 너무 비싸네요. 좀 싸게 해 주실 수는 없나요？

여 : 정말 사고 싶으시면 제가 20% 싸게 드릴게요, 어때요？

문 : 지금 스웨터를 사면 얼마에 살 수 있나요？

A 250위안
B 300위안
C 400위안
D 450위안

정답 C

해설 "打八折"는 '20% 할인'을 하는 것으로 500위안의 20%를 할인한 가격은 '400위안'이다.

단어 毛衣 máoyī 스웨터
打八折 dǎ bā zhé 20% 할인

17

男：怎么一双才50块钱，太便宜了！

女：便宜没好货，穿不了两天就得修。

问：他们在谈论什么？

남 : 어떻게 한 컬레에 겨우 50위안이야, 정말 싸！

여 : 싼 게 비지떡이라고, 며칠 못 신고 고쳐야 할걸？

문 : 이들은 무엇에 대해 이야기를 하고 있나요？

A 신발
B 바지
C 휴대전화
D 손목시계

 정답 A

해설 보기에 사물이 나열되어 있다면, 양사와 동사를 잘 들어야 한다. 지문에 언급된 "双", "穿"은 신발에 사용할 수 있는 양사와 동사이다. 보기 B '바지'는 "条", "穿"을 사용하고, 보기 C는 상대적으로 좀 더 다양한 양사와 동사를 사용할 수 있는데, 일반적으로 "部", "拿"를 사용하고, 보기 D는 "块", "戴"를 많이 사용한다.

단어 好货 hǎohuò 좋은 물건
得 děi ~해야만 하다
修 xiū 수리하다

18

女：看到自己家的狗在外边随地大便，他也
　　不打扫。
男：真太不像话了！

问：男的是什么态度？

여 : 자기 집 개가 밖에서 아무 데나 똥을 싸는데도
　　그는 치우지도 않아.
남 : 정말 너무 한다!

문 : 남자는 어떤 태도인가요？

A 동정하다
B 화나다
C 칭찬하다
D 의심하다

정답 B

해설 남자가 한 말 "不像话"는 이치나, 도리에 어긋난 행동을 했을 때 쓰는 '불만'이나 '화나다', '질책' 등을 표현할 수 있는 단어이다. 그러므로 보기 A, C는 긍정적인 태도로 우선 제거하고, 보기 D는 '의심하는 태도'이다. 그러므로 답은 '화나다' 보기 B가 정답이다.

단어 随地 suídì 아무 곳이나
大便 dàbiàn 대변을 보다
打扫 dǎsǎo 청소하다
不像话 bú xiànghuà 너무한다, 도리에 어긋나는 행동을 하다

19

男：喂，车都到终点站了，你怎么还在那儿
　　坐着？
女：哟，可不是吗！

问：女的是什么意思？

남 : 이봐요, 차가 종점에 도착했는데, 왜 아직도 거
　　기 앉아 있는 거예요？
여 : 앗, 그러게요！

문 : 여자가 뜻하는 바는 무엇인가요？

A 차가 정류장에 도착하지 않았다
B 나는 당연히 차에서 내려야 한다
C 차에서 내릴 때 조심해라
D 나는 차에서 내리고 싶지 않다

 정답 B

해설 "可不是"는 '상대방에 동의함'을 뜻하는 상용회화체이다. 상대방 남자가 말한 "怎么还~"는 반어용법으로 '왜 아직 그러고 있나요？ 어서 내리세요'를 의미하는 것이다. 그러므로 여자도 내려야 한다는 뜻이므로 답은 보기 B이다.

단어 终点站 zhōngdiǎnzhàn 종점
怎么还 zěnme hái 어떻게 아직(반어)
可不是 kě bú shì 그렇고말고(동의)

20

女：听说去上海的火车票不好买，那怎么办
　　啊？
男：看情况吧，如果火车票买不到，就坐汽
　　车，实在不行，坐飞机。

问：男人想怎么去上海？

여 : 듣자 하니 상하이 가는 기차표 사기가 힘들다던
　　데, 그럼 어떻게 해요？
남 : 상황을 봐야지. 만일 기차표를 못 사면 버스를
　　타고, 그것도 안 되면 비행기를 타야지.

문 : 남자는 어떻게 상하이에 갈 것인가요？

A 기차를 타다
B 자동차를 타다
C 비행기를 타다
D 상황에 따라 결정하다

정답 D

해설 남자가 한 말 "看情况"은 보기 D "根据情况决定"과 같은 의미이다. 여러 가지 교통수단이 언급되지만 '상황에 따라서 선택을 하겠다'는 전제를 잘 들어야 한다.

단어 听说 tīngshuō 듣자하니
不好买 bù hǎo mǎi 사기 어렵다
看情况 kàn qíngkuàng 상황을 보다
实在 shízài 정말로

21

| 男：你去哪儿了？我好容易才找到你。 |
| 女：怎么，找我有什么事吗？ |
| 问：男人的意思是： |
| 남 : 어디 갔었어? 겨우 찾았네. |
| 여 : 왜, 무슨 일 있어? |
| 문 : 남자가 뜻하는 바는 무엇인가요? |

A 여자에게 나가지 말라고 한다
B 여자를 찾는 것이 매우 어렵다
C 여자에게 그를 도와서 사람을 찾아달라고 부탁하고 싶다
D 아주 쉽게 여자를 찾았다

정답 B

해설 먼저 말을 한 남자의 의도를 묻는 문제로 처음부터 잘 들어야 한다. 남자가 말한 "好容易"는 "不"를 넣은 "好不容易" 와 같은 의미로 '겨우, 가까스로, 힘겹게'의 뜻이다. 그래서 부사 "才"와 같이 사용되어 순조롭지 않음을 강조하게 된다. 그러므로 보기 B "很不容易"와 같은 의미이다.

단어 好容易才 hǎo róngyì cái 겨우, 어렵게

22

| 女：除了咱们两个人以外，你还把这件事告诉谁了？ |
| 男：三班的玛丽和皮特也知道了这件事。 |
| 问：一共几个人知道了这件事？ |
| 여 : 이 일, 우리 두 사람 말고 또 누구한테 얘기했어? |
| 남 : 3반의 마리하고 피터도 이 일을 알고 있어. |
| 문 : 모두 몇 명이 이 일을 알고 있나요? |

A 3명
B 4명

C 5명
D 6명

정답 B

해설 "除~以外, 还~"은 '~말고도, 또 ~'란 의미로 다 포함된다. 대화를 나누는 두 사람과 3반의 마리와 피터 둘, 모두 4명이 이 일을 알고 있으므로 답은 보기 B이다.

단어 除了~以外, 还 chúle~yǐwài, hái ~말고도, 또
告诉 gàosu 알리다
知道 zhīdao 알다, 이해하다

23

| 男：我不相信他今天会来。 |
| 女：咱们想的完全相反。 |
| 问：女的是什么意思？ |
| 남 : 난 그가 오늘 올 거라는 거 안 믿어. |
| 여 : 우리와 생각이 완전 반대네. |
| 문 : 여자가 뜻하는 바는 무엇인가요? |

A 나는 너와 이야기하기 싫다
B 우리의 생각은 비슷하다
C 나는 너의 생각에 완전 동의한다
D 우리의 생각은 완전 다르다

정답 D

해설 "完全相反"은 '상대방 의견과 정반대'라는 뜻으로 보기 D "完全不同"과 같은 의미이다.

단어 相信 xiāngxìn 믿다
完全相反 wánquán xiāngfǎn 정반대이다

24

| 女：祝你们和和美美，白头到老！ |
| 男：谢谢你！ |
| 问：这是在什么时候说的话？ |
| 여 : 두 분 화목하게 백년해로 하시기 바랍니다! |
| 남 : 감사합니다. |
| 문 : 이 말은 언제 하는 말인가요? |

A 친구 생일 때
B 친구와 헤어질 때
C 친구가 결혼할 때
D 남녀가 데이트 할 때

정답 C

해설 "白头到老"는 우리말의 '검은 머리 파뿌리 될 때까지 잘살아라'는 뜻으로 결혼 때 축복의 뜻으로 하는 말이다. 그러므로 답은 보기 C이다.

단어 和和美美 héhé měiměi 화기애애하다
白头到老 bái tóu dào lǎo 흰머리 될 때까지 같이 살다, 오래도록 같이 살다

25

> 男：校长刚才跟你说什么了？
> 女：他问了我一个问题，我差点儿就答错了。
>
> 问：女人的意思是：
>
> 남 : 아까 교장선생님이 너한테 뭐라고 하셨어?
> 여 : 나한테 뭘 하나 물어보셨는데, 하마터면 잘못 대답할 뻔 했어.
>
> 문 : 여자가 뜻하는 바는 무엇인가요?

A 당신이 잘못 봤다. 교장선생님은 나를 찾지 않았다.
B 나는 교장선생님의 문제를 분명히 알아 듣지 못했다
C 교장선생님 문제는 약간 어렵다
D 나는 교장선생님의 문제에 틀린 답을 했다

정답 C

해설 "差点儿"은 '하마터면'의 뜻으로, 여자는 교장선생님께 틀린 답을 말할 뻔하였다. 이것은 제대로 대답하였다고 말하고 있는 것이다. 그러므로 보기 D는 틀린 것으로 제외시킨다. 대답을 못 할 뻔하였다는 것은 어려워서 그랬을 가능성도 있으므로 보기 중에서 가장 답에 가까운 것은 보기 C이다. 나머지 보기 A는 언급된 내용이 아니고, 보기 B도 정답이라고 보기에는 거리가 있다.

단어 校长 xiàozhǎng 교장
刚才 gāngcái 방금
差点儿 chàdiǎnr 하마터면 ~할 뻔하다
答错 dácuò 틀린 답을 대다

제3부분

제3부분은 총 20문항이다. 모든 문제는 한 번씩 들려준다. 모든 문제는 4~5 문장으로 구성된 대화 또는 단문이며, 이 내용을 들려준 후 관련된 1~2개의 질문을 한다. 응시자는 시험지에 주어진 4개의 선택 항목 중에서 정답을 고른다.

26

> 男：你怎么学习两门外语？
> 女：西班牙语是我的专业，英语是我的第二外语。
> 男：别的同学都这样吗？
> 女：我们的专业都一样，不过第二外语除了英语，还有日语和法语，每个人自己选择。
>
> 问：女人的专业是什么？
>
> 남 : 너는 어떻게 두 가지 외국어를 배워?
> 여 : 스페인어는 내 전공이고, 영어는 제2외국어거든.

> 남 : 다른 학생들도 다 그래?
> 여 : 우리는 전공이 다 똑같아. 그런데 제2외국어는 영어 말고도 일어와 프랑스어가 있어서 각자 선택해.
>
> 문 : 여자의 전공은 무엇인가요?

A 영어
B 일본어
C 프랑스어
D 스페인어

정답 D

해설 여러 외국어가 언급되었지만 여자 본인의 전공은 '스페인어' 라고 분명히 말하였고, 여러 제2외국어 중에서 각자 선택을 하는 것이라고 하였다. "专业"와 "第二外语"를 구별하여 잘 들어야 한다.

단어 门 mén 과목의 양사
外语 wàiyǔ 외국어
西班牙语 Xībānyáyǔ 스페인어
专业 zhuānyè 전공
第二外语 dì èr wàiyǔ 제2외국어
不过 búguò 그러나
选择 xuǎnzé 선택하다

27

女：你怎么不去参加今天的晚会呢？
男：你不知道？晚上有足球比赛。
女：这么好的节目你竟然不来，太可惜了！
男：没关系，足球赛更好看。

问：听说男的不参加晚会，女的觉得：

여 : 너는 왜 오늘 저녁 파티에 안 가?
남 : 오늘 저녁에 축구시합 있는 걸 모르는구나.
여 : 이렇게 좋은 자리에 안 온다니, 정말 아쉽다.
남 : 상관없어, 축구시합이 더 재미있는걸.

문 : 남자가 저녁 파티에 참가하지 않는다는 것을 듣 고 여자는 어떻게 생각하나요?

A 안타깝다
B 마음이 아프다
C 후회하다
D 기쁘다

정답 A

해설 여자가 드러낸 감정은 "太可惜了"이다. 보기 A를 제외한 나 머지들은 언급된 내용이 아니다.

단어 晚会 wǎnhuì 저녁 파티, 이브닝 파티
足球比赛 zúqiú bǐsài 축구시합
节目 jiémù 프로그램
竟然 jìngrán 뜻밖에
可惜 kěxī 안타깝다

28

男：今天下班以后我请客。
女：看你高兴的，是不是得了什么大奖了？

男：比得奖还高兴，我儿子考上北京大学 了。
女：是吗？那你是应该请客。

问：男的为什么要请客？

남 : 오늘 퇴근하고 내가 밥 살게.
여 : 기분 좋은 걸 보니 무슨 대상이라도 탄 거 아니 야?
남 : 상 탄 것보다 더 기뻐, 우리 아들이 베이징 대학 에 합격했거든.
여 : 그래? 그럼 당연히 밥을 사야지.

문 : 남자는 무엇 때문에 식사 대접을 하나요?

A 보너스를 받았다
B 모두에게 감사하다
C 큰 상을 받았다
D 아들 때문에

정답 D

해설 여자가 '상 타서 밥 사는 것이냐'고 묻는 질문에, 남자는 '아 들이 베이징대학 합격해서'라는 이유를 설명하고 있다. 그러 므로 답은 보기 D이다.

단어 请客 qǐngkè 밥을 사다, 한턱내다
得奖 déjiǎng 상을 타다
考上 kǎoshàng 시험에 합격하다

29

女：四个季节里，你最喜欢哪个？
男：我希望夏天凉快点儿，秋天别太热，冬 天别太冷。
女：那就没有四季了，多没意思啊。
男：四季如春多好啊。

问：男人最喜欢哪个季节？

여 : 넌 사계절 중에 어느 계절이 제일 좋아?
남 : 난 여름엔 좀 시원했으면 좋겠고, 가을도 너무 덥지 않았으면 좋겠어, 겨울은 너무 춥지 않았 으면 좋겠고.
여 : 그럼 사계절이 없어지잖아, 얼마나 재미없을까?
남 : 사계절이 다 봄 같으면 얼마나 좋겠어.

문 : 남자가 제일 좋아하는 계절은 언제인가요?

A 봄
B 여름

C 가을

D 겨울

정답 A

해설 봄을 제외한 나머지 세 계절에 대해 이랬으면 하는 본인의 바람을 말했더니, 여자가 '그럼 사계절이 분명하지 않다'라고 하자, 남자는 "四季如春多好啊"로 '봄과 같았으면 좋겠다'고 하였다. 그러므로 남자가 봄을 제일 좋아하는 것을 알 수 있다.

단어 季节 jìjié 계절

希望 xīwàng 희망하다

凉快 liángkuài 시원하다

没意思 méi yìsi 의미없다, 재미없다

四季如春 sì jì rú chūn 사계절이 봄과 같다

30

男：明天是星期天，咱们一起出去玩儿吧？

女：长城、故宫、北海这些地方差不多都去过了，你说还能去哪儿呢？

男：听说"后海"也不错，咱们去看看？

女：后海？行，就去那儿吧。

问：他们要去什么地方？

남 : 내일 일요일인데, 우리 같이 어디 나가서 놀자.

여 : 만리장성, 고궁, 베이하이 이런 곳은 거의 다 가 봤고, 또 어디 갈 만한 데 있어?

남 : 듣자 하니 '허우하이'도 괜찮다는데, 우리 가볼까?

여 : 허우하이? 좋아, 거기로 가자.

문 : 이들은 어디에 가려고 하나요?

A 베이하이

B 허우하이

C 고궁

D 만리장성

정답 B

해설 보기 네 개는 다 지문에 언급된 내용으로 구별해서 잘 들어야 한다. 보기 A, C, D는 이미 가본 곳이며, 그래서 신선한 곳을 찾다가 보기 B가 언급되고 이곳을 가보자고 하고 있다.

단어 长城 Chángchéng 만리장성

故宫 Gùgōng 고궁, 자금성

北海 Běihǎi 베이하이, 북해

差不多 chàbuduō 비슷하다

听说 tīngshuō 듣자하니

后海 Hòuhǎi 허우하이, 후해

不错 búcuò 괜찮다

31

女：最近忙什么？怎么总也见不到你了？

男：别提了，这段时间累死了。

女：你那工作还忙？不就是每天喝茶、看报、打电话嘛。

男：那是以前，现在我换工作了，到公司去上班了。

问：男人最近为什么很累？

여 : 요새 뭐가 그렇게 바빠? 어떻게 도통 널 만날 수가 없네.

남 : 말도 마, 요 며칠 피곤해 죽겠어.

여 : 네가 하는 일이 바쁘다고 할 수 있는 일이었나? 매일 차 마시고, 신문 보고, 전화하는 게 다잖아.

남 : 그건 옛날 말이고, 지금은 일을 바꿔서 회사로 출근하거든.

문 : 남자는 최근 무엇 때문에 피곤한가요?

A 매일 많은 신문을 보다

B 자주 전화하다

C 새로운 일로 바꿨다

D 매일 물건을 옮긴다

정답 C

해설 맨 마지막에 언급된 "现在我换工作了"에서 보기 C가 답임을 알 수 있다. 보기 A, B는 이전이고, 보기 D는 언급된 내용이 아니다.

단어 总 zǒng 늘

别提了 bié tí le 말도 마(불만)

累死了 lèisǐ le 힘들어 죽겠다

换 huàn 바꾸다

上班 shàngbān 출근하다

32

男：小李，给你买了明天的飞机票，你一个人先去吧。

女：你们不一起去吗？

男：张经理身体不好，不能坐飞机，我陪他

坐火车，晚两天到。

女：好，那咱们就北京见。

问：男的打算怎么去北京？

남 : 샤오리, 내일 비행기표로 샀으니, 혼자 먼저 가세요.

여 : 당신들은 같이 안 가요?

남 : 장 사장님이 몸이 안 좋아서 비행기를 못 타세요. 제가 사장님 모시고 기차타고 가니까 이틀 뒤에 도착할 거예요.

여 : 네, 그럼 베이징에서 봬요.

문 : 남자는 어떻게 베이징에 갈 것인가요?

A 비행기를 타다
B 배를 타다
C 자동차를 타다
D 기차를 타다

정답 D

해설 남자는 장 사장을 모시고 같이 기차를 타고 가겠다고 "我陪他坐火车"라고 하였고, 여자가 비행기를 타고 가는 것이다. 그러므로 답은 보기 D이고, 나머지 보기 B, C는 언급된 내용이 아니다.

단어 身体 shēntǐ 건강
陪 péi 모시다, 대동하다
晚 wǎn 늦다

33

女：你睡得真香啊，我跑步都回来了，你还不起来。

男：都是你吵我，我正在做梦呢。

女：做什么美梦了？

男：梦见我在路上走，忽然天上掉下来一条大鱼。

女：看来你是想吃鱼了。

问：他们在什么地方？

여 : 넌 잠을 참 달게도 잔다. 난 조깅까지 하고 왔는데, 아직도 안 일어났구나.

남 : 네가 시끄럽게 굴어서 깼잖아. 지금 꿈꾸고 있었는데.

여 : 무슨 좋은 꿈을 꿨길래?

남 : 꿈속에서 내가 길을 걷고 있는데, 갑자기 하늘에서 커다란 물고기 한 마리 떨어지는 거야.

여 : 네가 생선을 먹고 싶은가 보다.

문 : 이들은 지금 어디에 있나요?

A 음식점
B 방
C 길에서
D 운동장

정답 B

해설 잠을 잘 수 있고, 조깅 갔다가 돌아오는 곳은 집이다. '길에서'라는 보기 C는 꿈에 봤던 것이지 실제 상황은 아니다.

단어 睡得香 shuì de xiāng 달콤하게 자다
跑步 pǎobù 조깅
起来 qǐlái 일어나다
吵 chǎo 시끄럽다
做梦 zuòmèng 꿈을 꾸다
忽然 hūrán 갑자기
掉下来 diào xiàlái 떨어지다

34

男：这种鞋有白色的吗？我想试试25号的。

女：不好意思，这种鞋子只有黑色和咖啡色的。

男：那您给我拿双黑色的吧。

女：好，您试试这双。

问：女的最可能是什么人？

남 : 이 신발 흰색도 있어요? 25호를 신어보고 싶은데요.

여 : 죄송합니다. 이 신발은 검은색과 커피색 밖에 없습니다.

남 : 그럼 검은색 한 켤레 가져다 주세요.

여 : 네, 이 신발을 신어보시죠.

문 : 여자는 무엇을 하는 사람일까요?

A 가이드
B 기자
C 판매원
D 종업원

정답 C

해설 지문 전체가 상점에서 발생한 신발 구매에 관한 내용이고, 남자가 구매자, 여자가 판매자임을 알 수 있다. 그러므로 정

답은 보기 C이다. 보기 D는 음식점이나 호텔에서 서비스를 제공하는 사람들을 부르는 말이므로 혼동하지 않도록 유의한다.

단어 鞋 xié 신발
试 shì 신어보다
号 hào 사이즈
双 shuāng 켤레

단어 接 jiē 맞이하다, 마중하다
方便 fāngbiàn 편리하다
花 huā (시간!) 쓰다
够 gòu 충분하다
不过 búguò 그러나
倍 bèi (몇)배
比 bǐ ~보다
贵得多 guì de duō 많이 비싸다
没关系 méi guānxi 상관없다, 괜찮다

35

男：我明天要去机场接朋友，你说怎么去最方便？
女：坐公共汽车便宜，只要5块钱，但要花一个半小时。地铁快一点儿，40分钟就够了，不过钱是公共汽车的3倍。
男：地铁还是太慢了，出租汽车要多长时间？
女：坐出租汽车比地铁快一点儿，不过要贵得多。
男：贵一点儿没关系，方便就好。

问：男的可能怎么去机场？

남 : 내일 친구 마중하러 공항에 가야 하는데, 어떻게 가야 가장 편리할까?
여 : 버스타고 가는 게 제일 편하지. 5위안밖에 안해. 그런데 한 시간 반이나 걸려. 지하철이 빠르긴 해. 40분이면 되거든. 그런데 버스보다 돈은 세 배 더 들어.
남 : 지하철도 너무 느린데, 택시타면 얼마나 걸려?
여 : 택시가 지하철보다 좀 더 빠르긴 한데, 훨씬 비싸지.
남 : 돈이 좀 더 들어도 상관없어, 편리하면 돼.

문 : 남자는 어떻게 공항에 갈 것인가요?

A 자동차를 운전하다
B 지하철을 타다
C 버스를 타다
D 택시를 타다

정답 D

해설 보기 C가 제일 느리고, 보기 B가 40분 걸리는데, 남자는 그래도 좀 더 빠른 교통수단으로 택시를 선택했다. 지문의 마지막 부분에 '비싸도 괜찮다'라고 언급하였으므로 택시 탈 확률이 제일 높다. 그러므로 답은 보기 D이다. 보기 A '자동차를 운전하다'는 언급되지 않았다.

36-37 第36到37题是根据下面一段话:

我有一个好朋友，也可以说是一个老朋友，因为我们的关系从40年前就开始了。它不叫张三，也不叫李四，它叫自行车，我对它的感情太深了，你就是拿一辆汽车跟我换，我都不换。

나에게는 좋은 친구가 한 명 있다. 오래된 친구이기도 하다. 우리 사이가 40년 전에 시작됐기 때문이다. 그것의 이름은 장씨도 아니고 이씨도 아니고, 자전거이다. 이 친구에 대한 나의 애정은 아주 깊어서, 당신이 자동차 한 대를 주면서 바꾸자고 해도 바꾸지 않을 것이다.

단어 老朋友 lǎopéngyou 오랜 친구, 절친한 친구
关系 guānxi 관계
开始 kāishǐ 시작하다
叫 jiào 부르다, ~라고 불리다
深 shēn 깊다
换 huàn 바꾸다

36

他的朋友是：

그의 친구는 무엇인가요?

A 장산
B 리스
C 자동차
D 자전거

정답 D

해설 '자전거라고 부른다'고 언급하였다. 이 지문은 사물을 의인화하였으므로 이 점에 주의한다. 그러므로 보기 D가 답이다.

37

他和这个朋友认识多长时间?

그와 친구가 알고 지낸 지 얼마나 되었나요?

A 1년

B 4년

C 10년

D 40년

 정답 D

해설 '우리 사이는 40년 전부터 시작되었다'고 하니, '40년' 되었음을 알 수 있고, 나머지 보기들은 언급된 내용이 아니다.

38-39 第38到39题是根据下面一段话:

> 昨天是星期日，大家都休息。我带着儿子和姐姐的女儿去了动物园。两个孩子在动物园里，又跑又跳，看了大象、狮子和猴子什么的，玩得高兴极了。

어제는 일요일이라서 모두가 휴식을 취했다. 나는 아들과 언니의 딸을 데리고 동물원에 갔다. 두 아이는 동물원에서 달리고 뛰고, 코끼리와 사자, 원숭이 같은 동물들을 보면서 매우 신나게 놀았다.

단어 休息 xiūxi 쉬다

带着 dàizhe 데리고서

又~又~ yòu~yòu~ ~하기도 하고, ~하기도 하다

大象 dàxiàng 코끼리

狮子 shīzi 사자

猴子 hóuzi 원숭이

什么的 shénme de (나열) 등등

高兴极了 gāoxìngjíle 매우 기쁘다

38

一共几个人去动物园:

모두 몇 명이 동물원에 갔나요?

A 2명

B 3명

C 4명

D 5명

 정답 B

해설 "我带着儿子和姐姐的女儿"은 '내가 아들과 언니의 딸을 데리고'라고 하였으므로, 모두 세 명임을 알 수 있다. '언니와 딸'이 아니라, '언니의 딸'이다.

39

下面哪种动物录音中没有提到?

다음 중 언급되지 않은 동물은 무엇인가요?

A 호랑이

B 사자

C 코끼리

D 원숭이

정답 A

해설 보기 B, C, D는 다 언급된 내용이고, 보기 A는 언급되지 않았다. 이런 서술형 문제를 들을 때 잘 들어야겠다는 생각에 눈 딱 감고 귀만 기울여 듣지 말고, 반드시 눈을 뜨고 보기를 봐야 한다. 보기를 보면서 뭐가 언급되었고 안 되었는지 기록을 해야 정답을 고르기 쉽다.

40-41 第40到41题是根据下面一段话:

> 今天，老张一到公司就对我说，现在的孩子真是厉害。原来，他上小学一年级的儿子没写作业，被老张批评了几句，结果，儿子在老张上班的时候，改了电脑的密码，一定要老张道歉才告诉他密码。

오늘 라오장이 회사에 오자마자 나한테 요새 아이들 정말 무섭다고 말했다. 어찌된 영문인고 하니, 초등학교 1학년인 그의 아들이 숙제를 안 했길래 라오장이 혼을 좀 냈더니, 라오장이 출근했을 때 아들이 컴퓨터 암호를 바꿔놓고는 미안하다고 해야 암호를 가르쳐주겠다고 했다는 것이다.

단어 厉害 lìhai 무섭다, 대단하다

原来 yuánlái 알고 보니

被 bèi ~에 의하여

批评 pīpíng 혼내다, 꾸짖다

结果 jiéguǒ 결과

改 gǎi 고치다

电脑 diànnǎo 컴퓨터

密码 mìmǎ 비밀번호

道歉 dàoqiàn 사과하다

40

说话人最可能是老张的什么人?

화자는 라오장과 어떤 관계의 사람인가요?

A 동료
B 동창
C 친구
D 아들

 정답 A

해설 지문 처음에 언급된 "一到公司就对我说"의 '회사에 오자마자 나에게 말했다'에서 회사에서 라오장에게 들었음을 알 수 있으니, 답은 동료 보기 A이다.

41

老张为什么说"现在的孩子真厉害"?

라오장은 왜 '요즘 애들이 무섭다'라고 말하였나요?

A 아들이 숙제를 하지 않아서
B 아들이 라오장을 질책해서
C 아들이 컴퓨터 암호를 바꾸어서
D 아들이 회사에 출근해서

 정답 C

해설 라오장이 요즘 애들 무섭다고 먼저 운을 띄웠고, 그 후에 "原来~结果"를 사용해 자초지종과 원인을 설명하고 있다. 그러므로 답은 보기 C이다.

42-43 第42到43题是根据下面一段话:

> 妈妈来电话说要介绍同事的女儿给我做女朋友, 这个星期六在学校旁边的咖啡店见面。我一直想自己找女朋友, 觉得别人介绍的不浪漫, 可我又不敢不去见妈妈介绍的人, 只好去一趟吧。

엄마가 전화를 해서 동료 분 딸을 내게 소개해 주시겠다며 이번 주 토요일 학교 옆 커피숍에서 만나라고 하셨다. 나는 스스로 여자친구를 찾고 싶었다. 다른 사람이 소개시켜주는 건 낭만적이지 않은 것 같아서였다. 그러나 엄마가 소개시켜주는 사람을 만나러 가지 않을 수도 없어서 한번 가 보기로 했다.

단어 介绍 jièshào 소개하다
做女朋友 zuò nǚpéngyou 여자친구 삼다
旁边 pángbiān 옆

咖啡店 kāfēidiàn 커피숍, 카페
觉得 juéde 여기다
浪漫 làngmàn 낭만적이다
不敢 bùgǎn 감히~ 하지 못하다
只好 zhǐhǎo 어쩔 수 없이

42

说话人星期六要去哪儿?

화자는 토요일 어디에 가야 하나요?

A 학교
B 커피숍
C 엄마 집
D 동료 집

정답 B

해설 '엄마가 소개해 준 사람을 만나러 커피숍에 가야 한다.'고 했으므로 답은 보기 B이다.

43

他为什么不喜欢别人介绍女朋友?

그는 왜 다른 사람이 여자친구 소개해 주는 것을 좋아하지 않았나요?

A 부자연스럽다
B 사랑스럽지 않다
C 낭만적이지 않다
D 마음이 놓이지 않는다

 정답 C

해설 지문에 "觉得别人介绍的不浪漫"이라고 보기 C가 언급되었고, 나머지 보기들은 언급되지 않았다.

44-45 第44到45题是根据下面一段对话:

> 4月1号的时候, 朋友和小王开玩笑, 打电话给他的妻子, 说自己是小张的女朋友。妻子很生气, 不让小张回家了。小张怎么解释, 妻子也不相信, 朋友去道歉, 妻子也不相信, 还说他们一起骗她。

4월 1일에 친구와 샤오왕이 장난으로 그의 부인에게 전화를 걸어 자신이 샤오장의 여자친구라고 말했다. 화가 난 부인은 샤오장더러 집에 들어오지 말라고 했다. 샤오장이 어떻게 설명을 해도, 부인은 믿지 않았고, 친구가 가서 사과를 해도 부인은 믿지 않았으며, 그들이 다 같이 자기를 속이는 거라고 말했다.

단어 开玩笑 kāiwánxiào 농담하다
妻子 qīzi 부인
不让 bú ràng 못하게 하다
解释 jiěshì 해명하다
道歉 dàoqiàn 사과하다
骗 piàn 속다

44

朋友为什么给小张的妻子打电话?

친구는 왜 샤오장의 부인에게 전화를 하였나요?

A 샤오장을 좋아하지 않아서
B 샤오장의 부인을 좋아해서
C 샤오장과 농담으로
D 샤오장의 여자친구가 되고 싶어서

정답 C

 지문 처음에 '4월 1일'이라고 날짜를 언급하였는데, 중국도 만우절을 지낸다. "愚人节[yúrénjié]"라고 하는데, 본문에는 이 단어가 직접 언급되지는 않았지만, 날짜 '4월 1일'을 언급하고, "开玩笑"를 언급함으로써 만우절 장난을 친 것을 알 수 있다. 그러므로 답은 보기 C이다.

45

妻子为什么很生气?

부인은 왜 화가 많이 났나요?

A 샤오장이 농담하는 것으로 여겨서
B 그들이 그녀를 속인다고 여겨서
C 친구가 농담하는 것으로 여겨서
D 샤오장에게 여자친구가 있다고 여겨서

정답 B

 부인은 장난 "开玩笑"를 장난으로 받아 들이지 않아서 화를 냈다. 샤오장과 친구가 농담을 한 다음에 사실, 여자친구가 아니라고 말 했는데도 부인은 믿지 않았고, 이 둘이 자기를 속이고 있는 것이라고 화를 낸다는 것이었다. 지문 맨 마지막에 언급된 내용으로 봐서 부인은 '샤오장과 친구가 자기를 "骗"한다'고 여기고 있다. 그러므로 보기 D는 반쪽 짜리 답이고, 100% 정답은 보기 B이다.

2. 독해(阅读)

제1부분

제1부분은 총 10문항이다. 모든 문제는 1~2개의 문장으로 구성되어 있으며, 문장 가운데에는 하나의 빈칸이 있다. 응시자는 선택 항목 중, 빈칸에 들어갈 알맞은 단어를 선택한다.

46-50

A 总是 늘	B 教育 교육하다
C 考虑 고려하다	D 坚持 꾸준히 하다
E 发展 발전	F 别说 ~는 말할 것도 없고

46 내가 이 직업을 구한 주된 이유는 이 일에 흥미를 갖고 있기 때문이다. 월급에 대해서 나는 그다지 많이 고려하지 않았다.

정답 **C**

해설 빈칸 앞에 "没有多"가 있으므로, 빈칸에 서술어 성분이 들어가야 함을 추측할 수 있다. 서술어로 사용할 수 있는 보기 B, C, D, E 중에서 '월급에 대하여'와 가장 잘 어울리는 것은 보기 C '고려하다'이다.

단어 主要是 zhǔyào shì 주된
因为 yīnwèi 때문이다
感兴趣 gǎnxìngqù 흥미를 느끼다

47 여기에서는 식사를 한다는 것은 말할 것도 없고, 차 한 잔만 마셔도 제대로 즐기는 것이다.

정답 **F**

해설 "别说~"는 여러 용법으로 사용되는데, 그 중에 한 가지는 '~은 말할 것도 없고, ~만도 ~하다'의 뜻인 심화관계에 사용되기도 한다. 그 곳에서 차 마시는 것만으로 즐거움을 만끽할 수 있다면, 식사를 할 때는 오죽하겠는가? 더 큰 즐거움을 누릴 수 있다는 뜻이다. 그러므로 심화의 관계를 나타내는 보기 F가 알맞은 답이다.

단어 只 zhǐ 단지

喝茶 hēchá 차를 마시다
享受 xiǎngshòu 누리다, 즐기다

48 그녀는 성격이 내성적이라서 늘 혼자 집에 있고, 친구도 없다.

정답 **A**

해설 문장 맨 앞의 주어 "她"와 동사인 "在(家)" 사이에 빈칸이 있으므로 이 곳에는 부사가 들어가면 적당하다. 부사는 동사나 형용사 앞에 위치할 수 있다. 그러므로 문법상 의미상 보기 A가 가장 적합하다.

단어 性格 xìnggé 성격
内向 nèixiàng 내성적이다

49 몇 년 전 이 회사는 아주 작았는데, 나중에는 빠르게 발전하여 많은 공장을 가진 큰 회사가 되었다.

정답 **E**

해설 빈칸 뒤의 서술어 "很快"의 주어는 "公司"가 아니다. 회사는 빠르고 느리다의 개념으로 설명할 수 없다. '빠르다'라고 형용할 수 있는 것은 보기 중에서 '발전' 하나뿐이다. 문법상, 의미상 보기 E가 답이다.

단어 后来 hòulái 나중에, 후에
成 chéng 되다
工厂 gōngchǎng 공장

50 모든 부모는 자신의 아이를 사회에 도움이 되는 사람으로 교육시키고 싶어 한다.

정답 **B**

해설 "把"자문의 기본 형태는 '주어+把대상+동사+기타성분'이다. 이때 동사 뒤에 자주 붙는 단어들로 "给, 到, 在, 成" 등의 단어가 있다. 문제 빈칸 뒤의 "成"이 이런 단어 중의 하나이다. 그러므로 빈칸에는 동사가 들어가야 한다. 내용상 부모가 자녀들을 사회에 기여하는 사람으로 만들기 위해서 할 수 있는 것은 보기 중에서는 '교육'밖에 없다. 이것을 보기 E '발전'과 혼동하지 말자. 사람은 발전한다고 표현하기보다는 교육받아 훌륭한 사람이 되는 것이라 표현하는 것이 더 적합하다.

단어 把 bǎ ~을(를)
对社会 duì shèhuì 사회에(게)
有用 yǒuyòng 쓸모있다

51-55

A	其实 사실은	B	紧张 바쁘다
C	温度 온도	D	准备 준비하다
E	难得 드물다	F	理想 이상적이다

51 A : 샤오리, 저녁식사 때부터 지금까지 계속 바쁜데, 뭐가 바쁜 거야?
B : 나는 지금 선물 준비 중이야. 내일이 내 친구 생일이라서 케이크를 만들어서 선물하려고.

정답 D

해설 주어 "我"와 빈어 "礼物" 사이에 빈칸이 있다. 빈어를 가질 수 있는 술어는 동사이므로, 동사면서 선물과 어울릴 수 있는 단어는 보기 D뿐이다.

단어 从~到~ cóng~dào~ ~에서 ~까지
一直 yìzhí 줄곧
忙 máng 바쁘다
送 sòng 선물하다

52 A : 샤오왕은 스스로 노래를 잘 한다고 생각하는데, 사실은 평범해.
B : 맞아, 내 생각에도 그의 수준은 그저 그래.

정답 A

해설 빈칸 앞 뒤의 내용 "很好"와 "很一般"은 전환의 관계로 이어져야 한다. 그러므로 전환의 의미를 나타내는 보기 A가 가장 적합하다.

단어 自己 zìjǐ 자기
一般 yìbān 평범하다, 보통이다
不怎么样 bù zěnmeyàng 별로이다

53 A : 일기 예보를 들으니 내일은 흐리고 비가 약간 내린대.
B : 누가 그래, 네가 나가서 봐봐, 오늘은 보기 드물게 좋은 날씨라구.

정답 E

해설 빈칸 뒤 구조조사 "的"로 봐서 빈칸에는 명사 "天气"를 수식할 수 있는 2음절 형용사가 들어가야 함을 짐작할 수 있다. 보기 B, E, F 중에서 날씨는 '바쁘다'로 표현하지 않으므로 제거한다. 보기 F '이상적이다'는 날씨를 형용할 수 있다. 그러나 빈칸 뒤의 "好"와 같은 의미이고 겹치는 내용이므로 이것도 제거한다. 지문의 내용으로 보면, '날씨가 안 좋다'고 말하고 이에 후자가 '누가 그래' "谁说的"하면서 전자의 말에 반박을 하며, 드물게 화창하고 좋은 날씨임을 뜻하고 있으므로 보기 E가 적합하다.

단어 天气预报 tiānqì yùbào 일기 예보
谁说的 shuí shuō de 누가 그래?(반어)

54 A : 너에게 가장 이상적인 직업은 뭐야?
B : 나는 법률을 배우니까, 변호사가 될 수 있었으면 좋겠어.

정답 F

해설 빈칸 뒤 구조조사 "的"로 봐서 빈칸에는 명사 "工作"를 수식할 수 있는 2음절 형용사가 들어가야 함을 짐작할 수 있다. 보기 B와 보기 F를 고려할 수 있는데, 두 번째 사람이 자기는 변호사가 되고 싶다는 희망을 말하고 있으므로 첫 번째 사람이 이상적인 직업을 물었음을 알 수 있다. 그러므로 답은 보기 F이다.

단어 法律 fǎlǜ 법률
希望 xīwàng 희망하다
成为 chéngwéi ~이 되다
律师 lǜshī 변호사

55 A : 샤오왕은 춤도 배우고 피아노도 배워, 또 외국어도 배우지, 매일 많이 바쁠거야.
B : 당연히 그렇지, 그렇지만 그녀는 똑똑해서 다 잘 해.

정답 B

해설 "够+형+的"구조로 사용되어 '무척 ~하다', '많이 ~하다'의 의미를 가진다. 내용상 '이것 저것 많이 하니 바쁘다'라는 것을 유추할 수 있다. 그러므로 마지막 남은 형용사 보기 B가 답이다.

단어 又~又~ yòu~yòu~ ~이기도 하고, ~이기도 하다
跳舞 tiàowǔ 춤추다

弹钢琴 tán gāngqín 피아노를 치다
够~的 gòu~de 꽤 ~하다
那还用说 nà hái yòng shuō 말할 필요도 없다

不过 búguò 그러나

제2부분

제2부분은 총 10문항이다. 모든 문제는 3개의 문장으로 구성되어 있다. 응시자는 3개의 문장을 순서대로 나열한다.

56
A 나머지 한 권은 성어 사전이다
B 내 책상에는 늘 사전 두 권이 놓여 있다
C 한 권은 영한 사전이다

> B 我的桌子上总放着两本词典，C 一本是英汉词典 A 另一本是成语词典。

정답 B C A

해설 두 권의 책이 한 권씩 어떤 책인지 설명하는 지문이다. 그러므로 '두 권이 있다'는 보기 B가 맨 앞에 위치하고, 한 권, 그리고 또 한 권의 순서, 즉 "一本是~. 另一本是"가 되어야 하므로, 올바른 배열은 BCA이다.

단어 另 lìng 그밖에
成语词典 chéngyǔ cídiǎn 성어 사전
放着 fàngzhe 놓여 있다

57
A 절대 감기 걸리면 안 돼
B 듣자 하니, 요 며칠 기온이 떨어진대
C 옷을 많이 입는 게 좋을 거야

> B 听说最近几天要降温，C 你最好多穿点儿衣服，A 千万别感冒了。

정답 B C A

해설 이 문제는 관계사가 없기 때문에 내용상으로 파악을 해야 하는 어려움이 있으나, 인과 관계를 잘 생각하면 쉽게 풀린다. 일반적으로 "听说"를 맨 앞에 위치시켜, 근거를 제시하므로 보기 B를 제일 앞에 배열한다. '날씨가 추워지니 옷 많이 입어라 그러지 않으면 감기 걸린다'의 의미가 되어야 하므로 보기 CA 순서로 배열해야 알맞다. 올바른 순서는 BCA이다.

단어 千万 qiānwàn 절대(간곡한 부탁)
降温 jiàngwēn 온도가 내려가다
多穿点儿 duō chuān diǎnr 더 입다

58
A 동물 사이에 정말로 언어가 존재한다
B 최신 과학 연구에서 발견하다
C 어떤 것은 매우 복잡하다

> B 最新的科学研究发现，A 动物之间确实存在着语言，C 有的还非常复杂。

정답 B A C

해설 중국어는 '누가 발견했다+무엇이 어떻다'의 순서가 되어야 한다. 그러므로 '发现'이 있는 보기 B를 맨 앞에 위치시키고, 보기 C "有的"가 가리키는 것은 보기 A의 "语言"이므로 AC순서가 되어야 한다. 올바른 순서는 BAC이다.

단어 确实 quèshí 정말로
存在 cúnzài 존재하다
研究发现 yánjiū fāxiàn 연구로 알아내다
复杂 fùzá 복잡하다

59
A 그녀는 얼굴은 예쁘게 생겼다
B 그러나 일은 대충대충 한다
C 회사에 대학생 한 명이 새로 왔다

> C 公司里新来了一个大学生，A 她人长得虽然很漂亮，B 但工作中却是马马虎虎。

정답 C A B

해설 지문이 이야기하고 있는 것은 새로 온 사람에 대한 것이며, 보기 A의 "她"는 보기 C의 "大学生"을 뜻하므로 보기 C를 맨 앞에 위치시키고, "虽然~, 但~"의 구조를 맞추면, 올바른 순서는 CAB이다.

단어 虽然~但~却~ suīrán~dàn~què~ 비록 ~이나, 그러나 ~
马马虎虎 mǎmahūhū 대충대충하다

60
A 나는 퇴근하자마자 그의 집으로 갔다
B 남자친구가 전화를 해서 병이 났다고 했다
C 결국 그가 날 속였다는 것을 알았다

> B 男朋友打电话说他病了, A 下班后我就去他家看他, C 结果发现他是在骗我。

정답 B A C

해설 이 지문은 일의 순시, 시간 순서대로 나열을 하면 된다. 남자친구가 내게 전화를 했고, 그래서 내가 그의 집에 갔고, 나중에 결국 사실을 알게 되었다. 보기 C "结果"는 일반적으로 후반부에 위치한다. 올바른 순서는 BAC이다.

단어 下班 xiàbān 퇴근하다
病了 bìngle 병나다
结果 jiéguǒ 결국
骗 piàn 속이다

61
A 나중에 선생님께서 한 번 더 설명하셨다
B 나는 그제서야 완전히 이해하게 되었다
C 나는 처음에 이 문제를 잘 이해하지 못했다

> C 这个问题我开始没有听明白, A 后来老师又讲了一遍, B 我才完全明白了。

정답 C A B

해설 시간의 흐름을 나타내는 "开始~, 后来~, 才~"의 순서가 되어야 한다. 그러므로 보기 CAB가 올바른 순서이다.

단어 后来 hòulái 후에
又 yòu 또
一遍 yíbiàn 한 번
才 cái 비로서, 그제서야
完全 wánquán 완전히
明白 míngbai 알다, 이해하다

62
A 그런데도 우리는 누구도 자리를 뜨기 싫어했다
B 우리는 밥 먹으면서 이야기 했다

C 두 시간이 지나간 것도 못 느꼈다

> B 我们一边吃一边聊天, C 不觉两个小时过去了, A 可是我们谁也不想离开。

정답 B C A

해설 주어 "我们"이 있는 보기 B를 맨 앞에 위치시키고, '이야기를 나누다 보니 두 시간이 훌쩍 지나갔다'는 것이 이어서 오고, 마지막으로 전환의 관계인 "可是"가 있는 보기 A를 위치시킨다. 올바른 순서는 BCA이다.

단어 离开 líkāi 떠나다
不觉 bùjué 못 느끼다, 알게 모르게
过去 guòqù (시간이)지나가다

63
A 게다가 색깔도 나랑 안 어울린다
B 엄마가 산 이 옷은 모양도 너무 구식이다
C 나보고 어떻게 입고 밖에 나가라는 건지

> B 妈妈买的这件衣服样子太老, A 而且颜色也不合适, C 让我怎么穿得出去呢。

정답 B A C

해설 옷이 구식이고, 어울리지도 않고, 그래서 중간에 관련사 "而且"로 이어주면 순서는 BA이고, 이것이 원인이 되어서, 집밖에 입고 나갈 수 없는 결과를 만들어 냈다는 것이 되어야 하므로 올바른 순서는 BAC이다.

단어 而且 érqiě 게다가
颜色 yánsè 색
合适 héshì 적합하다, 알맞다
老 lǎo 구식이다

64
A 류 사장님, 제가 오후에 급한 일이 있어요
B 4시에는 거기 도착 못 할 것 같아요
C 약 삼십 분 정도 늦을 것 같네요

> A 刘经理, 我下午有急事, B 四点钟可能到不了您那儿, C 大约得晚半个小时左右。

정답 A B C

해설 이 지문은 일의 순서와 인과관계를 생각하면서 풀어야 한다. '급한 일이 있다'는 원인 보기 A, 그래서 '약속 시간에 도착 못하겠다'는 결과 보기 B, 그리고 어느 정도 늦는지 보충설명 순서가 되어야 하므로 답은 ABC이다.

단어 急事 jíshì 급한 일

可能 kěnéng 아마도
到不了 dàobuliǎo 도착할 수 없다
大约 dàyuē 대략

65 A 그렇지만 아직도 매일 한 시간씩 조깅을 꾸준히 한다
B 그래서 몸이 굉장히 건강하시다
C 왕씨 할아버지는 곧 칠순이다

> C 王大爷已经是快七十岁的人了，A 可是每天还坚持跑步一小时，B 所以身体非常健康。

정답 C A B

해설 주인공 왕씨 할아버지를 맨 앞에 위치시키고, '한 시간씩 운동한다'는 원인 보기 A, '그래서 건강하다'는 결과 보기 B를 배열한다. 올바른 순서는 CAB이다.

단어 坚持 jiānchí 꾸준히 하다
跑步 pǎobù 조깅을 하다, 뛰다
健康 jiànkāng 건강하다
快~了 kuài~le 곧 ~이다

제3부분

제3부분은 총 20문항이다. 이 부분의 문제는 하나의 단문과 그에 따른 1–2개의 질문이 제시된다. 응시자는 시험지에 주어진 선택 항목 4개 중에서 정답을 고른다.

66 이 옷은 300위안인데, 당신이 정말 사고 싶다면 제가 20% 할인해 드릴게요, 어때요? 이게 정말 가장 낮은 가격이에요. 더 이상은 못 깎아 드려요.

★ 지금 이 스웨터를 사려면 얼마를 내야 하나요?

A 200위안
B 240위안
C 280위안
D 300위안

정답 B

해설 "打八折"는 '20% 할인을 해 준다'는 뜻이다. 그러므로 원가 300위안의 20%, 60위안을 할인해 주는 것이므로, 옷 값은 '240위안'이다. 할인을 할 때 우리는 깎아 주는 부분을 주로 언급하지만, 중국은 받아야 할 부분을 주로 언급한다. '30% 할인'은 "打七折"라고 표현한다.

단어 毛衣 máoyī 스웨터
打八折 dǎ bā zhé 20% 할인
最低价 zuìdī jià 최저가
降 jiàng 내리다

67 장 사장이 왕 주임에게 쓴 메모를 자오 비서가 잃어버려서 장 사장이 크게 화났다.

★ 메모는 마땅히 누구에게 줘야 했나요?

A 왕 주임
B 화자
C 자오 비서
D 장 사장

정답 A

해설 지문에 언급된 내용은 '보기 D+给+보기 A+写' 장사장이 왕 주임에게 쓴 메모이므로 마땅히 왕 주임 손에 전해졌어야 했다. 그러나 메모는 자오 비서에 의하여 잃어버렸다. 자오 비서 앞에 사용한 "让"은 "被"의 뜻임을 주의한다.

단어 纸条 zhǐtiáo 쪽지, 메모
让 ràng ~에 의하여(피동)
弄丢 nòngdiū 잃어버리다

68 그의 말도 틀린 것은 아니니, 너는 반드시 잘 생각해봐야 한다.

★ 그의 말이 뜻하는 바는 무엇인가요?

A 일리 있다
B 일리 없다
C 이해하기 어렵다

D 의심스럽다

정답 A

해설 지문에 사용한 "不无道理"는 이중 부정으로 강한 긍정 "有道理"이므로 답은 보기 A이고, 보기 B와 혼동하지 않도록 유의한다.

단어 不无道理 bù wú dàolǐ 일리가 없지 않다

69 너는 아직도 나를 속이려고 하니? 이 일은 모르는 사람이 없어.

★ 이 말이 뜻하는 바는 무엇인가요?

A 모두 이 일을 모른다
B 이 일을 알고 있는 사람이 있다
C 이 일을 알고 싶어하는 사람이 또 있다
D 누구나 다 이 일을 알고 있다.

정답 D

해설 지문에 언급한 "没人不知道"는 이중 부정으로 강한 긍정을 나타낸다. 즉 '누구나 다 알고 있다'는 뜻이므로 답은 보기 D이다. 부정의 뜻인 보기 A와 혼동하지 않도록 한다.

단어 骗 piàn 속이다
没人不知道 méi rén bù zhīdao 모르는 사람이 없다, 다 안다

70 이 옷은 모양도 좋고 가격도 괜찮은데, 단지 색깔이 좀 밝아서 입어보면 너무 뚱뚱해 보여. 네가 입으면 별로 안 어울려.

★ 화자는 이 옷의 어느 부분이 만족스럽지 않은가요?

A 가격
B 색
C 크기
D 품질

정답 B

해설 지문에 언급된 "就是"는 약한 전환을 나타내는 것이다. 비슷한 단어로는 "不过", "只是" 등이 있다. 그러므로 앞에 언급된 스타일, 가격 다 괜찮지만 색이 맘에 안 든다는 것을 알 수 있다. 그러므로 보기 B가 답이다.

단어 样子 yàngzi 모양, 스타일
价钱 jiàqián 가격
还可以 hái kěyǐ 그럭저럭 괜찮다
就是 jiùshì 그러나
颜色 yánsè 색

浅 qiǎn 옅다
胖 pàng 뚱뚱하다
合适 héshì 알맞다

71 전화는 걸어서 뭐해. 리홍은 느림보라는 거 너도 모르지 않잖아. 시간이 되면 분명 올 테니, 우리 먼저 들어가서 커피 마시면서 기다리자.

★ 이 말의 뜻하는 바는 무엇인가요?

A 리홍은 일이 있어서 못 온다
B 리홍은 핸드폰을 가져가지 않았다
C 리홍이 안으로 들어갔을 수도 있다
D 리홍은 반드시 온다

정답 D

해설 지문에 언급된 "打什么电话"는 반어용법으로 '전화하지 말'라는 뜻이다. 그러므로 보기 B는 이와 상관 없으므로 제거한다. "不是不知道"는 이중 부정으로 리홍이 성격이 느긋하다는 것을 알고 있음을 뜻한다. 지문의 "到时候一定来"는 보기 D와 일치하는 내용이며, 그렇기 때문에 기다리자는 것이다. 그러므로 답은 보기 D이다.

단어 不是不知道 bú shì bù zhīdao 알다, 모르지 않다
慢性子 mànxìngzi 느긋한 성격

72 라오왕을 모시러 가야겠다. 라오왕 오지 않는다면 이 문제는 해결 할 수 없다.

★ 이 말이 뜻하는 바는 무엇인가요?

A 라오왕이 오늘 왜 안 왔는지
B 라오왕 말고 다른 사람들은 다 왔다
C 모두들 라오왕이 오기를 바라지 않는다
D 이 일은 라오왕만이 해결할 수 있다

정답 D

해설 지문에 언급된 "除非…"는 유일함을 강조하는 구문으로 보기 D의 "只有"와 같은 뜻이다. "不然…"은 '앞의 내용처럼 하지 않으면 희망하지 않는 결과를 초래할 것'이라는 뜻으로 이 역시 앞의 내용을 강조하는 구문이다. 그러므로 답이 보기 D임을 알 수 있다.

단어 除非 chúfēi 오직 ~하여야
不然 bùrán 그렇지 않으면
解决 jiějué 해결하다

73 비록 지금 이미 21세기가 되었지만, 남녀평등은 아직 말로만 남아 있다.

★ 21세기가 되었는데?

A 남녀평등은 곧 이루어진다
B 남녀평등은 아직 실현되지 않았다
C 남녀평등의 시대이다
D 남녀평등을 열심히 홍보해야 한다

정답 B

해설 전환의 관계 "虽然~, 可~"에서 말의 포인트가 뒤에 있음을 알 수 있고, "停留在口头上"은 '행동으로 옮겨지지 않았다'는 뜻으로 아직 실현되지 못했음을 의미한다. 그러므로 답은 보기 B이다.

단어 虽然~可 suīrán~kě 비록 ~이나, 그러나~
世纪 shìjì 세기
男女平等 nánnǚ píngděng 남녀평등
停留 tíngliú 멈추어 있다, 멈추다
口头 kǒutóu 입, 구두

74 학부모와 아이가 함께 영화 보러 가는 것을 장려하기 위해 극장에서는 미취학 아동은 무료로 극장에 들어가고 성인표는 일 인당 6위안만 받도록 규정하고 있다.

★ 아동이 영화를 보려면 얼마를 내야 하나요?

A 2위안
B 3위안
C 6위안
D 돈을 내지 않는다

정답 D

해설 지문에 아동은 "免费入场"이므로 이는 보기 D "不花钱"과 같은 의미이다. 어른은 6위안을 내는 것이고 나머지는 언급된 내용이 아니다.

단어 为了 wèile ~위하여
鼓励 gǔlì 장려하다
规定 guīdìng 규정하다
学龄前 xuélíng qián 미취학
免费 miǎnfèi 무료

75 1978년 이전에 우리 나라는 헤이룽장성에만 과학원이 있었고, 이후에야 허난, 허베이, 산둥, 구이저우, 베이징 등의 성과 시에 차례로 과학원이 설립되었다.

★ 다음 중 어느 지방에 가장 먼저 과학원이 있었나요?

A 베이징시
B 허난성
C 구이저우성

D 헤이룽장성

정답 D

해설 '1978년 전에는 헤이룽장에만 있었고, 후에 여기저기에 차례로 생겼다'는 내용에서 헤이룽장성에 제일 먼저 생겼다는 것을 알 수 있다. 그러므로 답은 보기 D이다.

단어 黑龙江 Hēilóngjiāng 헤이룽장, 흑룡강(지명)
科学院 kēxuéyuàn 과학원
以后 yǐhòu 이후에
河南 Hénán 허난, 하남(지명)
河北 Héběi 허베이, 하북(지명)
山东 Shāndōng 산둥, 산동(지명)
贵州 Guìzhōu 구이저우, 귀주(지명)
先后 xiānhòu 차례로, 잇따라
成立 chénglì 설립하다

76 무대에서 연기하는 저 여자아이는 정말 아름답고 감동적이다. 자신만 죽을 만큼 추운 것이 아니라 보는 사람까지도 그녀를 따라 춥게 만든다.

★ 이 말의 뜻하는 바는 무엇인가요?

A 여자는 연기를 잘 못한다
B 여자는 예쁘게 생기지 않았다
C 여자는 옷을 적게 입었다
D 나는 그녀를 안다

정답 C

해설 "美丽动人"은 네 글자로 '아름답다'란 의미인데, 지문에서는 따옴표로 뒤의 두 글자 "动人"을 강조하였다. 이는 '감동적이다'라는 의미를 강조하기 위함으로 연기를 잘 한다는 것을 알 수 있으므로 보기 A, B는 틀린 표현이란 것을 알 수 있다. "冻得要命"은 '추워 죽겠다'는 뜻인데, '연기를 잘해서 관객까지 감동시켜, 보는 이도 춥다'고 하였으니, 보기 C가 맞는 내용임을 알 수 있다. 보기 D는 언급된 내용이 아니다. 이 문제는 상당한 난이도가 있는 문제이다.

단어 台上 táishàng 무대에서
表演 biǎoyǎn 공연하다
美丽 měilì 아름답다
动人 dòngrén 감동적이다
不仅~ bùjǐn~ ~일 뿐만 아니라
冻 dòng 얼다, 춥다
要命 yàomìng (정도가) 심하다, 매우
连~也 lián~yě ~조차도
跟着 gēnzhe 따라서

77 음식에 대한 사람들의 기호는 다 다르다. 어떤 사람은 단 것을 좋아하고, 또 어떤 사람은 매운 것을 좋아한다. 맛에 대한 이런 기호는 사실 사람이 갓 태어날 때부터 이미 형성된 것이다.

★ 화자가 뜻하는 바는 무엇인가요?

A 단 것을 지나치게 많이 먹으면 쉽게 뚱뚱해 진다
B 많은 사람들이 매운 맛을 좋아한다
C 음식에 대한 기호는 타고나는 것이다
D 사람들의 음식에 대한 기호는 비슷하다

정답 C

해설 "是~的"강조 구문을 사용하여 "是不同的" 다르다는 것을 강조하였으므로 보기 D는 틀린 것이고, 지문의 "出生就已经形成"은 보기 C의 "天生"와 같은 뜻이다. 그러므로 답은 보기 C이다.

단어 喜好 xǐhào 기호
甜 tián 달다
而 ér 그러나
辣 là 맵다
其实 qíshí 사실은
形成 xíngchéng 형성되다

78 샤오왕, 듣자 하니 너 또 원래 있던 회사에 안 있고, 어느 미국 회사로 옮겼다면서? 너 정말 대단해. 이번이 올해 들어 세 번째야.

★ 이 말이 뜻하는 바는 무엇인가요?

A 샤오왕은 일을 몇 차례 바꾸었다
B 샤오왕은 미국에서 일을 찾았다
C 샤오왕은 올해 세 번 출국했다
D 샤오왕은 새로운 일로 바꾸려고 한다

정답 A

해설 샤오왕은 이미 미국회사로 옮겨 갔으므로 보기 D는 틀린 내용이고, 미국 회사이지 미국에서 일을 찾은 것은 아니므로 보기 B도 제거한다. 지문의 맨 마지막에 언급된 '올해 벌써 세 번째'라는 곳에서 보기 A가 맞는 내용임을 알 수 있고, 보기 C는 언급된 내용이 아니다.

단어 原来 yuánlái 이전의
跳到 tiàodào ~로 옮기다
真行 zhēn xíng 능력있다, 대단하다

79 나도 퇴근해서 커피 마시고 노래 부르고 춤추고 농구하러 가고 싶지만 그렇게 한다면 내 손의 이 많은 일은 누가 하나?

★ 화자의 뜻은 무엇인가요?

A 커피가 마시고 싶다
B 춤추는 것을 좋아하지 않는다
C 일이 너무 바쁘다
D 손과 머리가 아프다

정답 C

해설 지문의 끝에 "谁来干"은 반어용법으로 '일할 사람이 없다'는 뜻으로 '내가 일해야 한다'를 의미한다. 그러므로 답은 보기 C이다. 전환의 의미를 가진 "可" 다음에 화자의 의도가 있다.

단어 可 kě 그러나
活儿 huór 일거리, 일감
谁来干 shuí lái gàn 누가 하나? (반어) 할 사람이 없다

80-81

우체국에서 어느 노부인이 어떤 젊은이에게 다가가 예의 있게 말했다. "여보게, 내가 잘 안보이니, 자네가 주소를 편지 봉투에 좀 써주겠나, 그리고 짧은 말 한 마디만 적어주게나?"

"물론 도와드려야죠."젊은이는 노부인의 요구대로 하였다. 다 쓴 후에 젊은이는 웃으며 물었다. "뭘 더 도와드릴까요?"

"고맙네, 그리고 또 별로 중요하지 않은 일이 하나 있는데." 노부인은 편지봉투를 보며 말했다. "'글씨를 잘 못썼으니 이해바랍니다.'라고 아래 한 마디만 덧붙여 주게나."

단어 邮局 yóujú 우체국
老太太 lǎo tàitài 노부인
跟前 gēnqián 곁
看不清楚 kàn bu qīngchu 선명하게 보이지 않다
把 bǎ ~을(를)
地址 dìzhǐ 주소
信封 xìnfēng 편지
段 duàn 단락, 마디
按照 ànzhào ~에 따라서
加 jiā 더하다, 보태다
原谅 yuánliàng 용서하다

80 ★ 노부인은 젊은이에게 무엇을 도와 달라고 부탁했나요?

A 편지 보내기
B 편지 받기
C 주소 쓰기
D 편지 봉투 사기

 C

해설 지문 앞 부분에 언급된 노부인이 예의있게 "请帮我把地址写在在信封上"에서 주소 쓰는 것을 부탁했다는 것을 알 수 있다. 그러므로 답은 보기 C이다.

81 ★ 노부인은 젊은이 보고 뒤에 한마디를 덧붙이라고 한 이유는 무엇인가요?

A 젊은이가 잘못 썼다
B 노부인은 잘 못본다
C 젊은이에 대한 고마움
D 젊은이의 필적이 보기 좋지 않다

 D

해설 노부인이 젊은이 보고 뒤에 덧붙여 쓰라고 한 내용은 '글씨를 잘 못썼으니 이해 바란다'로 '글씨체가 예쁘지 못하다'는 뜻이다. 지문에 언급된 "字写得不好"는 글씨를 쓴 것이 또박또박 반듯한지 그렇지 못한지를 표현하는 정도보여를 사용하여 표현한 것이다. 그러므로 답은 보기 D가 되어야 한다. 보기 A "写错了"는 '올바른 것을 쓰지 못하고 틀리게 썼다'는 뜻으로, 즉 'ㄱ'을 'ㄴ'으로 '잘못 썼다'는 뜻이므로 혼동하지 않도록 주의한다.

82-83

먼저 여러분께 이번 여행의 일정을 소개해 드리겠습니다. 우리 여행단은 먼저 상하이 시내에서 3일 여행할 계획이고, 그 다음 자유선택 프로그램을 준비했습니다. 이 자유선택 프로그램은 여러분이 자신의 기호에 따라 상하이 주위의 항저우와 난징 등 도시 가운데 자신이 좋아하는 지역을 고르면 저희가 그곳에서 하루 보낼 수 있도록 준비하는 것입니다.

단어
介绍 jièshào 소개하다
时间安排 shíjiān ānpái 스케줄
计划 jìhuà 계획하다
然后 ránhòu ~후에
自选项目 zìxuǎn xiàngmù 자유 선택 프로그램
根据 gēnjù ~따라서(근거)
喜好 xǐhào 기호
选择 xuǎnzé 선택하다

82 ★ 이번 여행은 총 며칠인가요?

A 3일
B 4일
C 5일
D 6일

 B

해설 상하이에서 3일, 자유여행 1일 모두 4일 일정이다. 그러므로 답은 보기 B이다.

83 ★ 이번 여행 가운데 '자유선택 프로그램'이란 무엇을 가리키나요?

A 본인이 어디서 묵을 것인지 선택한다
B 본인이 어디서 먹을 것인지 선택한다
C 본인이 교통수단을 선택한다
D 본인이 어디를 여행할지 선택한다

정답 **D**

해설 지문의 후반부에 "自选项目"는 "根据自己的喜好, 选择一个自己喜欢的地方"이라고 설명하고 있으므로 보기 D가 답이다. 나머지는 지문에 언급된 내용이 아니다.

84-85

딩씨 가족이 있었는데, 우물이 없어서 매일 가족 중 한 명이 물을 길러 가야 했기 때문에 지치기도 하고 번거롭기도 했다. 그래서 이 가족은 사람을 불러 자기 집에 우물을 팠다. 우물이 생기니 편리해졌다. 가족 모두 우물이 생기니 집에 사람 한 명이 더 생긴 것이나 마찬가지라고 말했다. 이 말이 누군가의 귀에 들어갔고, 한 명에서 열 명으로, 열 명에서 백 명으로 퍼져 나가더니 마지막에는 "딩씨네가 우물을 팠는데, 살아있는 사람을 한 명 건져냈대!" 하는 말로 번졌다.

단어
姓 xìng 성씨가 ~이다
安排 ānpái 배정하다
打水 dǎshuǐ 물을 긷다
打井 dǎjǐng 우물을 뚫다
等于 děngyú ~과 같은 셈이다
传 chuán (소식, 소문 등이) 퍼지다
挖井 wājǐng 우물을 파다

84 ★ 다음 중 딩씨 가족이 우물을 판 이유가 아닌 것은 무엇인가요?

A 매일 물을 길러오는 것은 불편하다
B 우물이 없어서 매우 불편하다
C 물을 길러오려는 사람이 없다
D 물을 길러 가는 사람을 반드시 배정해야 한다

 C

 지문의 첫 번째 줄에 언급된 "每天都要安排一个人去打水，又累又麻烦"에서 보기 A, B, D 때문에 우물을 팠다는 것을 알 수 있고, 보기 C는 지문에 언급되어 있지 않다.

85 ★ 이 이야기는 무엇을 설명하고 있나요?

A 소문이 퍼져 마지막에는 내용이 바뀌었다
B 많은 사람들이 같이 물을 길러야만 한다
C 사람들은 불편한 것을 원하지 않는다
D 딩씨네 가족은 재미있다

 A

 '우물을 팠기 때문에 물을 길러 따로 갈 필요가 없다는 이런 편리함이 마치 한 사람이 더 생긴듯하다'고 말했는데, 이 말이 퍼지면서 나중에는 '우물 속에서 산 사람이 나왔다는 것으로 변질되었다'는 것이 이 지문의 전반적인 내용이다. 보기 A의 "变样"은 '모양이나 내용 등이 변하다'의 의미이므로 이 문제의 답은 보기 A이다.

3. 쓰기(书写)

제1부분

제1부분은 총 10문항이다. 모든 문제는 여러 개의 단어가 제시되어 있다. 응시자는 주어진 단어를 사용하여 하나의 문장을 만든다.

86 정답 你怎么会遇到这种事?

넌 어떻게 이런 일을 겪을 수가 있어?

해설 먼저 주어, 술어, 빈어를 확인한다. 주어 "你", 술어 "遇到", 빈어 "这种事"를 확인하고, 의문사는 술어 앞에 놓는다. 그러므로 올바른 순서는 "你怎么会遇到这种事?"이다.

단어 遇到 yùdào 부딪히다, 당하다

87 정답 我对这次成绩很满意。

나는 이번 성적에 아주 만족한다.

해설 먼저 주어, 술어, 빈어를 확인한다. 주어 '我', 술어 '满意'를 확인한다. 개사는 단독으로 사용되지 않고, 뒤에 명사와 결합하여 사용된다. 그러므로 "对这次成绩"가 되어야 하고, 부사 "很"은 형용사 술어 앞에 놓는다. 부사라고 무조건 개사구 앞에 위치 시킨다는 생각을 깨라! "跟~一起"구조와 "对~很" 등은 대표적인 '개사구+부사'구조이다. 그러므로 올바른 순서는 "我对这次成绩很满意。"이다.

단어 满意 mǎnyì 만족하다
成绩 chéngjì 성적
对 duì ~에 대하여

88 정답 他正在房间里休息。

그는 지금 방에서 쉬고 있다.

해설 먼저 주어, 술어, 빈어를 확인한다. 주어 "他", 술어 "休息"를 먼저 확인하고, 부사 "正(在)"와 장소 "(在)房间里" 개사구를 상황어 자리인 주어 뒤, 술어 앞에 위치시킨다. 올바른 순서는 "他正在房间里休息呢。"이다.

단어 休息 xiūxi 휴식하다
正在 zhèngzài ~하는 중이다

89 정답 你想要什么生日礼物?

너는 생일 선물로 뭘 갖고 싶어?

해설 먼저 주어, 술어, 빈어를 확인한다. 주어 "你(想)", 술어 "要", 빈어 "生日礼物"를 확인하고, 조동사 "想"은 동사 앞에 위치시킨다. "什么"는 일반적으로 명사 앞에 위치시킨다. 이곳에서는 빈어 앞에 위치시키면 된다. 올바른 문장은 "你想要什么生日礼物?"이다.

단어 要 yào 원하다
生日礼物 shēngrì lǐwù 생일 선물

90 정답 没想到在这儿能见到你们。

여기서 너희를 만날 거라고는 생각도 못했네.

해설 먼저 주어, 술어, 빈어를 확인한다. 술어 "能见到", 빈어 "你们"을 먼저 결합시키고, "在这儿"을 상황어 자리 동사 앞에 위치시킨다. 그리고 '생각하지 못했다'라는 뜻밖의 의미인 "没想到"를 맨 앞에 위치시킨다. "没想到"는 생각지 못한 사실을 나타낼 때 사용한다. "你们"을 주어로 사용하게 되면 이 문장에서는 어색하며, 뒤에 추측의 의미를 가지는 "吧"를 붙이거나, 다른 빈어를 가져야만 한다. 이 문장은 "我"가 생략되었다고 생각하면 수월해진다. 올바른 문장의 순서는 "没想到在这儿能见到你们。"이다.

단어 没想到 méi xiǎngdào 그럴 줄 생각지 못하다
见到 jiàndào 보다, 만나다

91 정답 王强书架上的书真多啊!

왕챵의 책장에는 책이 정말 많아.

해설 먼저 주어, 술어, 빈어를 확인한다. 주어를 딱히 뭐라고 정하기 어려우면, 먼저 술어를 찾아준다. 동사나 형용사가 술어 역할을 할 수 있는데, 이 문제에서는 형용사 "多"가 술어로 적합하다. 그럼 이것의 주어는 "书"가 되겠다. 나머지 책을

꾸며 줄 수 있는 구조조사가 붙은 "书架上的"를 책 앞에 위치시킨다. 올바른 문장 순서는 "王强书架上的书真多啊!"이다.

단어 书架上 shūjià shàng 책꽂이에

92 정답 他从来没看过中国电视剧。
그는 지금껏 중국드라마를 본 적이 없다.

해설 먼저 주어, 술어, 빈어를 확인한다. 주어 "他", 술어 "看过", 빈어 "中国电视剧"를 확인하고, 부사 '从来'는 부정의 의미와 같이 조합을 이뤄 "从来没"로 사용된다. "从来没+동+过"는 많이 사용되는 구조이므로 외워두도록 한다. 올바른 순서는 "他从来没看过中国电视剧。"이다.

단어 从来 cónglái 여지껏

93 정답 我给他打了两次电话。
나는 그에게 전화를 두 번 했다.

해설 먼저 주어 "我", 술어 "打了", 빈어 "两次电话"를 확인한다. 그리고 주어 뒤에 사용된 개사 "给"는 일반적으로 주어 뒤, 술어 앞에 사용할 수 있는데, 이때 개사는 명사를 동반해야 한다. 그러므로 "他"를 "给" 뒤에 연결시킨다. "给…打…电话"는 많이 사용하는 조합이므로 잘 알아둔다. 그러므로 올바른 순서는 "我给他打了两次电话。"이다.

단어 打电话 dǎ diànhuà 전화하다

94 정답 那家鞋店卖的鞋又贵又不好。
그 신발가게의 신발은 비싸고 질이 좋지도 않다.

해설 먼저 주어, 술어, 빈어를 확인한다. 주어가 한 눈에 안 보이면 먼저 술어를 찾는다. 술어 "又贵又不好"를 확인하고, 이 것의 주어 "鞋"를 찾아낸다. 나머지는 주어를 수식해 주는 한정어로 사용되었다. 그러므로 올바른 순서는 "那家鞋店卖的鞋又贵又不好。"이다.

단어 鞋店 xiédiàn 신발가게
又~又~ yòu~yòu~ ~이기도 하고, ~이기도 하다

95 정답 小王家就住在北京大学的旁边。
샤오왕네 가족은 바로 베이징 대학 옆에 산다.

해설 먼저 주어, 술어, 빈어를 확인한다. 이 문제의 동사는 "住"를 먼저 확인하고, 주어는 베이징대학이 아니라 샤오왕네 가족이 되어야 함을 알 수 있다. 그래서 주어 "小王家", 술어 "住在"를 확인한다. 그리고 술어 뒤에 장소 "北京大学的旁边"을 위치시키고, 부사 "就"는 동사 앞에 있으므로 올바른 순서는 "小王家就住在北京大学的旁边。"이다.

단어 旁边 pángbiān 옆

제2부분

제2부분은 총 5문항이다. 모든 문제에는 한 장의 그림과 하나의 단어가 제시된다. 응시자는 그림을 보고 주어진 단어를 사용하여 하나의 문장을 만든다.

96 참고답안 他每天骑自行车去学校。

그는 매일 자전거를 타고 학교에 간다.

단어 骑自行车 qí zìxíngchē 자전거를 타다

97 참고답안 他不小心把手机丢了。

그는 실수해서 휴대전화를 잃어버렸다.

단어 不小心 bù xiǎoxīn 조심하지 않다, 부주의하다
丢 diū 잃다

98 참고답안 她在图书馆里安静地看书。

그녀는 도서관에서 조용하게 책을 보고 있다.

단어 图书馆 túshūguǎn 도서관
安静 ānjìng 조용하다

99 참고답안 这两件衣服，样子相同，可质量完全不同。

이 옷 두 벌은 모양은 같은데 질은 완전히 다르다.

단어 样子 yàngzi 모양, 스타일
相同 xiāngtóng 같다
可 kě 그러나
质量 zhìliàng 품질
完全 wánquán 완전히
不同 bùtóng 다르다

100 참고답안 祝贺他们顺利毕业。

그들이 순탄하게 졸업한 것을 축하한다.

단어 祝贺 zhùhè 축하하다
顺利 shùnlì 순조롭다
毕业 bìyè 졸업하다

新汉语水平考试

HSK
4级

모의고사 해설

HSK (四级) 3회 모범답안

一、听力

第一部分	1. ×	2. ✓	3. ×	4. ✓	5. ✓	6. ×	7. ✓	8. ✓	9. ×	10. ✓
第二部分	11. D	12. B	13. B	14. B	15. D	16. B	17. C	18. C	19. D	20. A
	21. D	22. B	23. D	24. C	25. A					
第三部分	26. C	27. C	28. A	29. A	30. C	31. C	32. D	33. B	34. C	35. A
	36. C	37. D	38. A	39. B	40. D	41. B	42. B	43. C	44. D	45. B

二、阅读

第一部分	46. F	47. C	48. A	49. B	50. E	51. D	52. F	53. A	54. B	55. E
第二部分	56. B C A		57. A C B		58. B A C		59. A B C		60. C A B	
	61. C A B		62. A C B		63. A B C		64. B A C		65. A C B	
第三部分	66. A	67. B	68. B	69. B	70. C	71. C	72. B	73. A	74. D	75. B
	76. D	77. B	78. C	79. A	80. D	81. C	82. B	83. C	84. A	85. D

三、书写

第一部分	86.	这种茶不太好喝。
	87.	我找了半天才找着。
	88.	妈妈坐在沙发上看电视。
	89.	孩子们玩得高兴不高兴？
	90.	小王会做好几种中国菜。
	91.	他哪能拿那么多东西？
	92.	我很想给王老师写信。
	93.	他考试的成绩非常不错。
	94.	我不愿意管那些事。
	95.	他一定要骑自行车去。
第二部分 参考答案	96.	我把桌子上的东西整理好了。
	97.	这是我们全家的照片。
	98.	爷爷早上总是去公园运动。
	99.	真是对不起，请您原谅我吧。
	100.	我们参观了一家公司。

1. 듣기(听力)

제1부분

제1부분은 총 10문항이다. 모든 문제는 한 번씩 들려준다. 모든 문제에서 한 사람이 한 단락의 문장을 읽으면, 다른 사람이 그 문장과 관련된 한 구절의 문장을 읽는다. 시험지에도 이 문장이 제시되어 있으며, 응시자는 들려주는 내용과 맞는지 판단한다.

1

> 小王足球踢得不怎么样，可篮球打得
> 真漂亮。
>
> 샤오왕은 축구는 별로인데, 그런데 농구는 정말 잘 한다.

샤오왕은 정말 예쁘게 생겼다.

정답 ✕

해설 "漂亮"은 사람의 생김새만 형용하는 단어가 아니라, 일을 훌륭하게 처리했다던지, 글씨를 예쁘게 썼다던지, 스포츠를 잘 할 때도 쓸 수 있는 단어이다. 이 지문에서는 '농구를 잘 한다'고 한 것인데, 문제에는 '생김새가 예쁘다'고 표현하였으므로 내용은 일치하지 않는다. 그러므로 답은 ✕이다.

단어 足球 zúqiú 축구
踢 tī 차다
不怎么样 bù zěnmeyàng 별로이다
可 kě 그러나
篮球 lánqiú 농구
漂亮 piàoliang 잘한다

2

> 同学们都说我的口语提高很快，让我
> 说说经验，其实根本没什么经验，只是我常
> 和中国朋友一块聊天儿。
>
> 친구들은 내 회화 실력이 정말 빨리 늘었다면서 비결을 얘기하라고 하는데 사실 비결이랄 것도 없다. 그저 중국 친구와 자주 얘기를 했을 뿐이다.

나의 회화 실력이 빠르게 향상된 이유는 '많이 말하기' 때

문이다.

정답 ✓

해설 '회화 실력이 향상되었고, 비결은 단지 중국친구들과 많이 이야기 했다'는 지문의 내용과 문제의 내용은 일치하는 것이다. 지문의 "我常和中国朋友一块聊天儿"과 문제의 "多说"는 같은 의미이다. 그러므로 답은 ✓이다.

단어 提高 tígāo 향상시키다, 제고하다
让 ràng ~하게 하다
经验 jīngyàn 경험, 노하우
其实 qíshí 사실은
根本 gēnběn 전혀, 아예
只是 zhǐshì 단지
聊天儿 liáotiānr 이야기 나누다

3

> 工资高有什么用，天天加班，连星
> 六都不能休息，孩子都不认识我了。
>
> 월급이 많으면 뭐하나, 매일 야근에다 토요일에도 쉬지 못해서 아이도 나를 못 알아 보는데.

나는 내 일에 매우 만족한다.

정답 ✕

해설 지문에 언급된 "有什么用"은 '필요 없다, 헛되다, 의미가 없다'의 뜻으로 자기 일에 대한 불만을 나타내고 있는 것이다. 그러므로 문제의 내용과 일치하지 않는다. 답은 ✕이다.

단어 工资 gōngzī 월급
有什么用 yǒu shénme yòng 무슨 쓸모가 있겠나? (반어)

天天 tiāntiān 매일
加班 jiābān 초과근무하다
连~都 lián~dōu ~조차도
休息 xiūxi 쉬다
不认识 bú rènshi 모르다, 모른다

4

中国人做事容易受周围环境的影响，常拿自己与别人比较，根据对方的年龄和自己的关系等来决定自己该怎么说和怎么做。

중국인은 일을 할 때 쉽게 주변 환경의 영향을 받는다. 종종 자신과 남을 비교하고, 상대방의 나이나 자신과의 관계 등에 따라서 어떻게 말하고 어떻게 해야 할지를 결정한다.

중국인은 일을 할 때 자주 주변 환경의 영향을 받는다.

정답 ✓

해설 지문 처음에 언급된 내용이 그대로 문제에 나오고 있으니, 귀 쫑긋 세우고, 눈 뜨고 들으면 답이 ✓이라는 것은 쉽게 확인할 수 있다. 지문 첫 부분이 주제이고 그 뒤는 이를 입증하기 위해 예를 들어 설명하고 있는 것이다.

단어 容易 róngyì 쉽다
受 shòu 받다
周围环境 zhōuwéi huánjìng 주변 환경
影响 yǐngxiǎng 영향
比较 bǐjiào 비교하다
根据 gēnjù ~에 따르면(근거)
决定 juédìng 결정하다

5

人从孩子到成年，又从成年到老年，从弱到强又从强到弱。到了老年，又像小孩子一样变成了弱者。当儿女的应该理解老人，关心老人。

사람은 아이에서 성인이 되었다가 다시 노인이 되며, 약하다가 강해지고 다시 약해진다. 노인이 되면 다시 아이처럼 약자가 되는 것이다. 그러므로 자식이라면 노인을 이해하고 노인에게 관심을 기울여야 한다.

자녀는 노인을 잘 이해해드려야 한다

정답 ✓

해설 지문에 언급된 "当儿女的"는 문제의 "子女"로 재해석되었고, 내용은 일치하는 것이다. 그러므로 답은 ✓이다.

단어 从~到 cóng~dào ~로부터 ~까지
弱 ruò 약하다
强 qiáng 강하다
像~一样 xiàng~yíyàng 마치 ~인 듯하다
变成 biànchéng ~으로 변하다
当儿女的 dāng érnǚ de 자식으로서
理解 lǐjiě 이해하다
关心 guānxīn 관심갖다

6

我喜欢周末去中国朋友家玩儿，但是我的同屋不一样，他觉得去朋友家没意思。他喜欢坐公共汽车玩儿，他觉得在车上可以更好地了解中国人。

나는 주말에 중국 친구의 집에 가서 노는 것을 좋아하지만, 내 룸메이트는 나와 달라서, 친구 집에 가는 게 별로 재미없다고 생각한다. 그는 버스 타는 것을 좋아하는데, 버스를 타면 중국인을 더 잘 이해할 수 있다고 생각하기 때문이다.

내 룸메이트는 운전을 좋아한다.

정답 ✗

해설 지문에 내 룸메이트는 중국사람들을 더 잘 이해할 수 있는 방법으로 버스 타는 것 "坐公共汽车"를 선호하는데, 이는 문제에 언급된 운전을 하다 "开汽车"와는 다른 의미이다. 그러므로 답은 ✗이다.

단어 周末 zhōumò 주말
同屋 tóngwū 룸메이트
不一样 bù yíyàng 다르다
没意思 méi yìsi 재미없다
了解 liǎojiě 잘 알다

7

讲故事是父母和孩子进行交流的好方法，不仅丰富了儿童的知识，而且在讲故事的同时还可以对孩子进行教育。

이야기를 들려주는 것은 부모와 자녀 사이의 좋은 교류 방법으로, 아이의 지식을 늘려줄 수 있을 뿐 아니라 이야기를 들려주는 동시에 아이를 교육시킬 수도 있다.

이야기를 많이 들으면 아이의 지식이 늘어난다.

정답 ✓

해설 지문에 사용된 관련사 "不仅~, 而且~"는 심화의 관계로 아동의 지식이 늘어날 뿐만 아니라 교육적인 효과도 있다는 것이므로 문제에 언급된 내용은 일치하는 내용이다. "不"만 듣고서 부정으로 생각하지 않도록 주의한다. 답은 ✓이다.

단어 讲故事 jiǎng gùshi 이야기를 말하다
交流 jiāoliú 교류하다
不仅~而且~ bùjǐn~érqiě~ ~일 뿐만 아니라, 게다가 ~
丰富 fēngfù 풍부하다
知识 zhīshí 지식
教育 jiàoyù 교육

8

> 这种电视剧有什么好看的，看了第一集就知道最后一集的内容，有时间还不如去睡觉呢。

> 이런 드라마가 뭐 볼 게 있어. 1회만 보면 마지막 회의 내용을 다 알 수 있는데, 시간 있으면 잠이나 자는 게 나아.

이 드라마는 재미가 없다.

정답 ✓

해설 지문에 언급된 "有什么好看"은 반어용법으로 사용된 것인데, '재미 없다. 볼 것이 없다'는 뜻으로, 문제에 언급된 "没意思"와 같은 의미이다. 그러므로 답은 ✓이다.

단어 电视剧 diànshìjù 드라마
有什么 yǒu shénme 뭐가 있어?(반어)
最后 zuìhòu 최후
内容 nèiróng 내용
不如 bùrú ~만 못하다

9

> 一些家长最关心自己孩子的考试成绩，有时孩子的成绩都已经90分了，家长还不满意，还想各种办法请老师给孩子补课。

> 일부 학부모들의 최고 관심사는 자녀들의 시험성적이다. 자녀가 이미 90점 정도의 성적을 받았지만 학부모는 만족하지 않고 각종 방법을 동원해 가정교사를 붙여 과외를 하려 한다.

학부모는 성적이 나쁜 자녀에게만 과외를 시킨다.

정답 ✗

해설 '성적이 90점 정도인데도 과외를 한다'는 부분에서 '성적이 안 좋은 자녀만 과외를 시킨다'는 문제 지문이 틀린 것임을 알 수 있다. 범위 부사 "只"를 주의해서 봐야 한다.

단어 家长 jiāzhǎng 학부모
成绩 chéngjì 성적
满意 mǎnyì 만족하다
补课 bǔkè 보충 학습을 하다

10

> 根据调查，现在的年轻人里50%的人想用结婚的钱去旅游。他们认为钱应该花得有意义。旅行结婚是一种比较浪漫的方式，这反映出现在年轻人的思想已经发生了变化。

> 조사 결과, 50%의 요즘 젊은이들은 결혼할 돈으로 여행을 갈 생각이라고 한다. 돈은 의미 있게 써야 한다고 생각하는 것이다. '여행결혼'은 일종의 낭만적인 방법으로, 요즘 젊은이들의 생각이 변했음을 보여준다.

요즘 젊은이들은 여행결혼을 선호한다.

정답 ✓

해설 지문에 언급된 '50%나 되는 요즘 젊은이가 여행결혼을 갈 생각'이라는 것과 문제에 언급된 '요즘 젊은이들이 여행결혼을 좋아한다'는 내용은 일치하는 것이라 볼 수 있다. 그러므로 답은 ✓이다.

단어 根据 gēnjù ~에 따르면
调查 diàochá 조사하다
结婚 jiéhūn 결혼하다
旅游 lǚyóu 여행
花 huā (돈) 쓰다
有意义 yǒu yìyì 의미가 있다
浪漫 làngmàn 낭만적이다
方式 fāngshì 방식
反映 fǎnyìng 반영하다
思想 sīxiǎng 사상, 생각
变化 biànhuà 변화

제2부분

제2부분은 총 15문항이다. 모든 문제는 한 번씩 들려준다. 모든 문제는 두 사람의 대화로 이루어져 있으며, 두 문장으로 구성되어 있다. 세 번째 사람이 이 대화와 관련된 질문을 한다. 응시자는 시험지에 주어진 4개의 선택 항목 중에서 정답을 고른다.

11

> 男：咱们这个周末找个地方去玩玩吧。
> 女：算了，天气这么热，以后再说吧。
>
> 问：女人为什么不想去玩儿?
>
> 남 : 우리 이번 주말에 좋은데 놀러 갈까?
> 여 : 됐어, 날씨가 이렇게 더운데, 나중에 다시 이야기하자.
>
> 문 : 여자가 가고 싶어하지 않는 이유는 무엇인가요?

A 시간이 없다
B 기분이 안 좋다
C 건강이 안 좋다
D 날씨가 너무 덥다

정답 D

해설 여자가 한 말 "算了"에서 놀러 가고 싶지 않다는 거절의 의미를 알 수 있고, 그 다음에 언급된 "天气这么热"에서 이유를 알 수 있다. 그러므로 답은 보기 D이다. 보기 A, C는 언급되지 않았다.

단어 天气 tiānqì 날씨
热 rè 덥다

12

> 女：看起来你的脸色很不好。
> 男：我昨天才睡了两个小时。
>
> 问：男的为什么脸色不好?
>
> 여 : 안색이 안 좋아 보여.
> 남 : 어제 잠을 두 시간밖에 못 잤어.
>
> 문 : 남자는 왜 안색이 안 좋은가요?

A 병이 생겼다
B 잠이 부족하다
C 공부로 바쁘다

D 일이 힘들다

정답 B

해설 '겨우 두 시간 자서 안색이 안 좋다'고 질문에 대답을 하고 있다. 그러므로 답은 보기 B이고, 나머지 보기들은 언급된 내용이 아니다.

단어 看起来 kàn qǐlái 보기에
脸色 liǎnsè 얼굴색, 안색
才 cái 겨우
睡 shuì 자다

13

> 男：经理，听说你不同意我去。
> 女：谁说的? 谁都没说不让你去呀?
>
> 问：女人的意思是：
>
> 남 : 사장님께서 제가 가는 것에 반대하셨다고 들었습니다.
> 여 : 누가 그래요? 당신을 보내면 안 된다고 말한 사람 아무도 없어요.
>
> 문 : 여자가 뜻하는 바는 무엇인가요?

A 당신을 못 가게 하다
B 당신은 갈 수 있다
C 당신은 누구랑 가나요?
D 당신은 무엇 때문에 가나요?

정답 B

해설 "谁说的"는 반어용법으로 상대방의 말을 부정하는 것이고, '의문사+都'는 파생용법으로 '모든 것, 누구나'을 뜻한다. 그러므로 "谁都"는 '모두'의 의미가 되고, "没说不让"은 이중 부정으로 긍정을 뜻하는 것이다. 그러므로 답은 긍정을 뜻하는 보기 B이다. 보기 C, D에 언급된 의문사는 파생용법이 아니라 의문사 본연의 묻는 용법으로 사용된 것이다.

단어 听说 tīngshuō 듣자하니
不同意 bù tóngyì 동의하지 않다

谁说的 shéishuōde 누가 그래?(반어)
谁都 shéidōu 누구도 다, 모두

14

> 女：小王说他8:00准到，现在都8:05了，他
> 怎么还没来？
> 男：别着急，他妻子说他7:30就出来了，咱
> 们再等等。
>
> 问：小王应该几点到？

여：샤오왕이 8시 정각에 도착한다고 했는데, 지금
　　벌써 8시 5분인데 왜 아직 안 오시?
남：서두르지 마, 샤오왕 부인이 7시 30분에 출발했
　　다고 했으니 좀 더 기다려보자.

문：샤오왕은 몇 시에 도착해야 했나요?

A 7：30
B 8：00
C 8：05
D 8：15

정답 B

해설 지문 처음부터 언급되는 내용을 주의 깊게 들어야 하는 문제
이다. 보기 A는 집에서 나온 시간이고, 보기 B는 도착하기로
한 시간이고, 보기 C는 지금 시간이다. 보기 D는 언급되지
않은 시간으로 정답은 보기 B이다.

단어 准 zhǔn 정확하다
别着急 bié zháojí 조급해하지 마

15

> 男：去西安的火车下午三点开，你可千万别
> 误了车。
> 女：爸爸，我知道了，您就放心吧。
>
> 问：下面哪一项录音中没有提到？

남：시안에 가는 기차는 오후 세 시에 출발하니 절
　　대 차 놓치지 말거라.
여：아빠, 알았으니까 안심하세요.

문：다음 중 언급되지 않은 내용은 무엇인가요?

A 기차는 시안으로 간다
B 기차는 세 시에 출발한다
C 여자에게 시간에 주의하라고 일깨워 준다
D 기차역은 여기서 멀다

정답 D

해설 지문의 "去西安的火车"는 보기 A와 같은 내용이고, 지문의
"下午三点开"는 보기 B와 일치하고, 지문의 "千万别误了
车"는 보기 C와 같은 내용이다. 보기 D는 지문에 언급된 내
용이 아니다.

단어 西安 Xī'ān 시안, 서안(지명)
开 kāi 출발하다
千万 qiānwàn 제발(부탁)
误车 wùchē 차를 놓치다
放心 fàngxīn 마음놓다

16

> 女：请问内科病房在几楼？
> 男：在12楼，但现在还不到看病人时间，下
> 午4:00以后才能进去。
>
> 问：他们可能在什么地方？

여：내과 입원실은 몇 층이죠?
남：12층입니다만 아직 면회 시간이 안 되었고 오후
　　4시 이후에야 들어가실 수 있습니다.

문：이들이 있는 곳은 어디인가요?

A 운동장
B 병원
C 공원
D 회사

정답 B

해설 지문에 언급된 "内科病房", "看病人时间"으로 병원임을 유
추할 수 있으므로 답은 보기 B이다.

단어 内科 nèikē 내과
病房 bìngfáng 입원실
还不到 hái bú dào 아직 되지 않았다
病人 bìngrén 환자

17

> 男：喂，是我，公司有事，我今天晚点回
> 去，你和孩子先吃吧，别等我。
> 女：知道了，你可要早点儿回来。
>
> 问：说话人可能是什么关系？

남：여보세요, 나야, 회사에 일이 있어서 오늘 좀 늦
　　게 들어가니까 기다리지 말고 아이랑 먼저 저녁

먹어.

여 : 알았어요, 그래도 좀 일찍 와요.

문 : 말하는 이들은 어떤 관계일까요?

A 선생님과 학생
B 아빠와 아이
C 남편과 부인
D 의사와 환자

정답 C

해설 지문에 언급된 "回去"는 집으로 돌아 갈 때 사용하는 단어이고, "你和孩子"에서도 가족관계임을 알 수 있고, 아빠와 딸 사이에서는 '당신과 애'라는 표현을 쓸 수 없다. 그러므로 이 둘은 부부일 확률이 제일 높다. 답은 보기 C이다.

단어 公司 gōngsī 회사
有事 yǒushì 일이 있다
回去 huíqù (집으로) 돌아가다
早点儿 zǎodiǎnr 일찍

18

女 : 电影票多少钱一张?
男 : 成人票一张10元, 儿童票一张6元。

问 : 买一张成人票和一张儿童票一共要多少钱?

여 : 영화 티켓 한 장에 얼마죠?
남 : 성인은 10위안이고 어린이는 6위안입니다.

문 : 성인표 한 장과 어린이표 한 장을 사는 데 모두 얼마인가요?

A 10
B 12
C 16
D 22

정답 C

해설 성인표 10위안, 어린이표 6위안을 더하면 모두 '16위안'이다. 답은 보기 C이다.

단어 电影票 diànyǐngpiào 영화표
多少 duōshao 얼마?
成人票 chéngrén piào 성인표
儿童票 értóng piào 어린이표

19

男 : 大夫, 我明天可以出院了吗?
女 : 别着急, 对您的病情我们还得先看几天再说。

问 : 病人什么时候可以出院?

남 : 의사 선생님, 저 내일이면 퇴원할 수 있을까요?
여 : 서두르지 마세요, 병세를 며칠 보고 다시 얘기하죠.

문 : 환자는 언제 퇴원할 수 있을까요?

A 내일
B 오늘
C 모레
D 정할 수 없다

정답 D

해설 환자는 내일 퇴원할 수 있냐고 묻는 질문에 의사는 며칠 더 보고 그 후에 다시 이야기하자고 하니 결정할 수 없는 것이다. 그러므로 보기 D "不能确定"과 같은 의미이다.

단어 出院 chūyuàn 퇴원하다
病情 bìngqíng 병세
得 děi ~해야만 한다
先~再~ xiān~zài~ 먼저 ~하고, 후에 ~

20

女 : 你今天帮了我这么大的忙, 真是太感谢了。
男 : 你说到哪里去了, 这是应该的。

问 : 男人的意思是:

여 : 오늘 이렇게 큰 도움을 주셔서 정말 감사합니다.
남 : 별말씀을요, 이 정도는 당연히 도와야지요.

문 : 남자의 말이 뜻하는 바는 무엇인가요?

A 별말씀을요
B 누구를 찾으시나요
C 어디 가시나요
D 못 알아 들었습니다

정답 A

해설 남자가 한 말 "你说到哪里去了"는 상대방의 칭찬에 대한 겸양의 표현으로 보기 "不用客气"와 같은 뜻이다. 그러므로 답은 보기 A이다. 신HSK에서는 이렇게 비슷한 뜻의 다른 표현들을 많이 익히면 쉽게 풀 수 있는 문제들이 많으니 평소에 신경 써서 익히도록 해야 한다.

단어 感谢 gǎnxiè 고맙다
听不懂 tīng bu dǒng 알아들을 수 없다

21

| 男：小姐，请问我到哪儿去办登机牌？
女：先生，请您跟我来。
问：这段对话可能在哪儿听到？
남 : 아가씨, 실례지만 탑승권은 어디에서 발급받나요?
여 : 선생님, 이쪽으로 오시죠.
문 : 이 대화는 어디에서 들을 수 있는 것인가요?

A 음식점
B 호텔
C 도서관
D 비행장

정답 D

해설 지문에 언급된 "登机牌"는 '비행기 탑승권'을 뜻한다. 그러므로 답은 비행기를 탈 수 있는 공항 보기 D가 되겠다.

단어 办 bàn 수속을 밟다
登机牌 dēngjīpái 보딩패스, 탑승권
跟 gēn 따르다

22

| 女：小刚还没有他妹妹高。
男：可是小刚比他父母和姐姐都高。
问：小刚家谁最高？
여 : 샤오강은 여동생보다도 키가 작아.
남 : 그렇지만 부모님과 누나보다는 크잖아.
문 : 샤오강 집에서 누구 키가 제일 큰가요?

A 누나
B 여동생
C 샤오강
D 아빠

정답 B

해설 샤오강은 부모님, 누나보다 크고, 여동생보다 작으니. 여동생

이 제일 크다는 것을 알 수 있다. 이 문제에는 비교문의 긍정형과 부정형이 다 사용되었는데. 주의 깊게 들어야 하는 문제이다. 비교하는 방식이 우리말과 약간 달라서 혼동하기 쉽다.

단어 高 gāo 높다, 크다
可是 kěshì 그러나
父母 fùmǔ 부모님

23

| 男：你每个周末都做什么？
女：洗洗衣服，看看电视，买买东西，做做作业，周末就这样过去了。
问：下面哪一项不是女人周末做的事？
남 : 너는 주말마다 뭐해?
여 : 빨래하고, TV보고, 쇼핑하고, 숙제하다 보면 주말이 다 가.
문 : 다음 중 여자가 주말에 하는 것이 아닌 것은 무엇인가요?

A 숙제를 하다
B 물건을 사다
C 옷을 세탁하다
D 영화를 보다

정답 D

해설 이런 나열식의 문제는 듣기와 보기를 동시에 하면서, 보기 옆에 기록을 하면서 풀도록 해야 정답을 쉽게 고를 수 있다. 지문에 언급된 "看电视"를 보기 D "看电影"과 혼동하지 않도록 한다. 답은 보기 D이다.

단어 周末 zhōumò 주말
洗衣服 xǐ yīfu 옷을 빨다
做作业 zuò zuòyè 숙제를 하다

24

| 女：你说我是买一辆新车还是买旧车？
男：我看买一辆新车更合适。
问：男人的意思是：
여 : 네가 볼 때 새 차를 사는 게 나을까, 중고를 사는 게 나을까?
남 : 새 차를 사는 게 더 나을 것 같아.
문 : 남자가 뜻하는 바는 무엇인가요?

모의고사 1
모의고사 2
모의고사 3
모의고사 4
모의고사 5

A 차를 살 필요가 없다
B 다 괜찮다
C 새 차를 사다
D 중고차를 사다

정답 C

해설 지문에 남자는 '새 차를 사는 것이 더 좋겠다'고 분명한 선택을 하였으므로 답은 보기 C이고, 보기 A는 언급된 내용이 아니다.

단어 辆 liàng 자전거 양사, 대
旧车 jiùchē 중고차
合适 héshì 적합하다

25

男：医生说如果我再抽烟可能会引发心脏病。
女：他怎么没说你应该加强运动减轻体重呢，这才是你最关键的问题。

问：女人认为男人的问题是什么？

남 : 의사 선생님 말씀이, 다시 담배를 피면 심장병 걸릴지도 모른대.
여 : 그 선생님은 어째서 운동을 더 많이 하고 몸무

게를 줄이라는 말씀은 안 하셨대? 그게 지금 너한테 제일 중요한 문제인데.

문 : 여자는 남자의 문제가 무엇이라고 여기나요?

A 몸집이 뚱뚱하다
B 안색이 안 좋다
C 심장이 안 좋다
D 담배를 많이 피운다

정답 A

해설 지문에 언급된 "怎么没说"는 반어용법으로 '마땅히 언급해야 하는 문제다'임을 뜻하는 것으로 여자가 제일 심각한 문제라고 생각하는 것이 보기 A '뚱뚱하다'인 것을 알 수 있다. 보기 B는 언급된 내용이 아니다.

단어 再 zài 더, 또
抽烟 chōuyān 담배를 피우다
可能 kěnéng 아마도
引发 yǐnfā 야기하다, 초래하다
心脏病 xīnzàngbìng 심장병
加强 jiāqiáng 강화하다
减轻 jiǎnqīng 경감시키다
体重 tǐzhòng 체중
关键 guānjiàn 핵심, 관건

제3부분

제3부분은 총 20문항이다. 모든 문제는 한 번씩 들려준다. 모든 문제는 4~5 문장으로 구성된 대화 또는 단문이며, 이 내용을 들려준 후 관련된 1~2개의 질문을 한다. 응시자는 시험지에 주어진 4개의 선택 항목 중에서 정답을 고른다.

26

女：你看看都几点了，电影已经开始了。
男：公司有事，一完事我马上就来了。
女：有事有事，每次你都有事。
男：对不起，咱们赶快进去吧。

问：女的是什么态度？

여 : 지금이 몇 시야? 영화 벌써 시작했잖아.
남 : 회사에 일이 있어서 마치자 마자 바로 온 거야.

여 : 일, 일, 넌 매번 일이 있지.
남 : 미안해, 우리 얼른 들어가자.

문 : 여자는 어떤 태도인가요?

A 동정하다
B 의심하다
C 화나다
D 기쁘다

정답 C

해설 남자가 '일 때문에 늦었다'는 부분에서 여자는 남자에게 '일, 일, 매번 일이지' 대답하는 것으로 보아 여자가 화가 났음을 알 수 있으니 답은 보기 C이다. 나머지 보기들은 전혀 관련이 없다.

단어 都~了 dōu~le 이미 ~이다
电影 diànyǐng 영화
开始 kāishǐ 시작하다
完事 wánshì 일이 끝나다
赶快 gǎnkuài 서둘러

27

男：好久没见到你了？最近忙什么呢？
女：没忙什么，我上个星期决定不工作了。
男：啊？真没想到，那你以后做什么？
女：我打算回学校去读研究生。

问：女的打算做什么？

남 : 이게 얼마만이야？ 요새 뭐가 그렇게 바빠？
여 : 바쁜건 없어. 지난 주에 일 그만두기로 했어.
남 : 뭐? 정말 의외다. 그럼 이제 뭐 할거야?
여 : 학교로 돌아가서 대학원 다니려고 해.

문 : 여자는 무엇을 하려고 하나요?

A 일을 찾다
B 결혼하다
C 공부하러 가다
D 여행가다

정답 C

해설 여자가 말 한 "读研究生"은 '대학원 과정을 다니다'의 뜻으로 보기 C "去学习"와 같은 의미이다.

단어 好久没见 hǎojiǔ méi jiàn 오랜만이다
忙 máng 바쁘다
决定 juédìng 결정하다
不工作了 bù gōngzuò le 일을 더 하지 않는다
没想到 méi xiǎngdào 그런 줄 몰랐다
打算 dǎsuan ~할 계획이다
读研究生 dú yánjiūshēng 대학원 공부하다

28

男：我想去买书，请问在中国银行旁边是不是有家书店？

女：那个店已经搬走了。
男：附近还有别的书店吗？
女：电影院的后边好像有一个，你看，那个楼就是电影院，你去那儿看看吧。

问：男的要去什么地方？

남 : 책을 사고 싶은데, 중국은행 옆에 서점이 있지 않나요？
여 : 그 서점 벌써 옮겼는데요.
남 : 그럼 근처에 다른 서점이 있나요？
여 : 극장 뒤쪽에 하나 있는 것 같긴 한데. 저기 저 건물 보이시죠? 거기가 극장이니까 가서 한 번 보세요.

문 : 남자는 어디에 가려고 하나요？

A 서점
B 상점
C 영화관
D 중국은행

정답 A

해설 남자는 처음에 "想去买书"하다고 표현하면서 '근처 어디에 서점이 있냐'고 묻고 있다. 지문에 '중국은행', '영화관' 많은 장소가 언급이 되지만, 남자는 책을 사려 하는 것이므로 서점에 가려는 것이다. 답은 보기 A이다. 보기 B는 언급되지 않았다.

단어 中国银行 zhōngguó yínháng 중국은행
旁边 pángbiān 옆
家 jiā 서점의 양사
书店 shūdiàn 서점
搬走 bānzǒu 이사가다
附近 fùjìn 부근
好像 hǎoxiàng ~인 것 같다
楼 lóu 건물

29

男：你们办公室新来的小王怎么样？
女：别的都好，就是只看书，不爱和人说话。
男：这就不错了，总比天天聊天、到处玩儿强。
女：也是，不像你们那儿的小李天天出去喝酒。

73

问：新来的小王喜欢干什么？

남 : 그 부서 사무실에 새로운 직원 샤오왕 어때요?

여 : 다른 건 다 좋은데, 책만 보고, 말이 별로 없네요.

남 : 그 정도면 양호하네요, 매일 잡담이나 하고, 놀러 다니는 것보다는 훨씬 낫네요.

여 : 그렇긴 하네요. 당신네 사무실 샤오리처럼 매일 술 퍼 마시러 다니지는 않죠.

문 : 새로운 직원 샤오왕이 하기 좋아하는 것은 무엇인가요?

A 책 보기
B 술 마시기
C 잡담
D 쇼핑

정답 A

해설 여자 부서에 새로운 직원 샤오왕이 하기 좋아하는 것은 보기 A이고, 보기 B. C는 남자 사무실의 샤오리가 자주 하는 것이다. 보기 D는 언급되지 않았다. 이런 나열식의 문제는 보기를 최대한 활용해서 옆에 기록을 잘 해야 한다.

단어
怎么 zěnme 왜
办公室 bàngōngshì 사무실
天天 tiāntiān 매일
到处 dàochù 도처, 곳곳

30

女：不好意思，我来晚了。

男：你怎么又迟到了，经理找了你两次了。

女：别提了，昨天晚上写报告，写到早晨4点，结果就起晚了。

男：真不容易，来，先喝杯咖啡吧。

问：女的为什么迟到？

여 : 죄송합니다, 늦었습니다.

남 : 왜 또 늦었어요, 사장님이 두 번이나 찾으셨는데.

여 : 말도 마요, 어젯밤에 새벽 4시까지 보고서 썼더니 오늘 늦게 일어났지 뭐예요.

남 : 쉬운 것이 없지. 자, 커피부터 한 잔 해요.

문 : 여자는 왜 늦었나요?

A 오전에 늦잠을 자다

B 밤에 잠을 못 잤다
C 일을 늦게까지 했다
D 길이 막히다

정답 C

해설 어제 밤부터 쓰던 보고서를 새벽 4시까지 쓰다가 아침에 늦게 일어난 것이다. 지문에 언급된 "起晚"과 보기 A에 언급된 "睡懒觉"는 같은 의미가 아니다. "起晚"은 일어나야 하는 시간을 넘겨서 일어난 것이고, "睡懒觉"는 해가 중천에 걸릴 때까지 자는 잠이다. 혼동하지 않도록 주의한다. 여자가 늦은 이유는 어젯밤에 일을 하다가 아침에 시간을 넘겨서 일어난 것이다. 그러므로 답은 보기 C이다.

단어
怎么 zěnme 왜
迟到 chídào 지각하다
别提了 bié tí le 말도 마세요 (불만)
写报告 xiě bàogào 보고서를 쓰다
结果 jiéguǒ 결국
起晚 qǐwǎn 늦게 일어나다
喝杯咖啡 hē bēi kāfēi 커피 한잔 마시다

31

男：奶油蛋糕有什么好吃的，你总是吃起来没完。

女：你不懂，它的味道好极了，让人越吃越想吃。

男：还是别吃了，看你胖的。

女：胖是天生的，和吃蛋糕没关系，我就是每天只喝凉水也长这么多肉。

问：女人认为自己胖和什么有关系？

남 : 생크림 케이크가 뭐가 맛있어? 먹기 시작하면 끝이 없어.

여 : 당신이 맛을 몰라서 그래. 얼마나 맛있는데, 먹을수록 더 먹고 싶게 만든다니까.

남 : 안 먹는 것이 좋겠는걸, 뚱뚱해진 것 좀 봐.

여 : 뚱뚱한 건 타고 난 거고, 케이크하고 상관없어. 물만 마셔도 이렇게 살이 붙어.

문 : 여자는 자기가 뚱뚱한 것이 무엇과 관계가 있다고 여기나요?

A 찬물 마시기
B 케이크 먹기
C 타고 나다
D 고기를 많이 먹다

정답 C

해설 보기 A, B, C는 대화 속에서 다 언급이 된 내용이다. 남자는 '케이크와 관계가 있다'고 여기나, 여자는 타고난 것으로, 케이크와 관계 없으며, 그 예로 '본인은 물만 마셔도 살이 찐다'고 하였다. 그러므로 답은 보기 C이다. 보기 A와 혼동하지 않도록 한다.

단어 奶油蛋糕 nǎiyóu dàngāo 생크림 케이크
越~越~ yuè~yuè~ (하)면 ~(할)수록 ~하다
胖 pàng 뚱뚱하다
天生 tiānshēng 타고난

32

> 男：小张的大衣真漂亮，一定很贵吧？
> 女：5000多块呢。小张在别的地方挺节约的，可是在衣服上特别舍得花钱。
> 男：年轻女孩儿都是这样，就是自己不吃饭，也要穿得漂亮。
> 女：也不是每个女孩儿都这样。
> 男：像你这样的女孩太少了。
>
> 问：我们从对话里可以知道什么？
>
> 남 : 샤오장 외투 정말 근사하다. 비싸겠지?
> 여 : 5000위안도 넘는대. 샤오장은 다른 건 다 아끼는데, 근데 옷에는 특히 아끼지 않고 써.
> 남 : 젊은 여자애들이 다 그렇지 뭐. 밥은 안 먹어도 옷은 예쁜 걸 입어야 하잖아.
> 여 : 모든 여자가 다 그런 건 아니야.
> 남 : 너 같은 애는 정말 드물긴 하지.
>
> 문 : 우리가 대화에서 알 수 있는 것은 무엇인가요?

A 남자는 샤오장을 좋아한다
B 샤오장은 평소 낭비를 잘 한다
C 샤오장은 종종 밥을 먹지 않는다
D 샤오장의 옷은 비싸다

정답 D

해설 샤오장은 '다른 것은 절약을 잘 하는데, 옷은 아끼지 않고 산다'는 곳에서 보기 B가 틀렸다는 것을 알 수 있고, 보기 A는 언급된 내용이 아니다. 젊은 여자애들은 밥은 안 먹어도 옷은 예쁜 것을 입는 다는 것이 보기 C를 의미하지는 않는다. 지문 처음에 남자가 언급한 '옷이 예뻐 보이니 비싸겠다'는 물음에 여자가 '5000위안'이라고 대답을 해 주면서, 이 5000위안이 "舍得花钱"한 것이라는 것에서 옷이 비싸다는 것을 더 확실히 알 수 있다. 그러므로 답은 보기 D이다.

단어 大衣 dàyī 외투
一定 yídìng 반드시
挺~的 tǐng~de 아주 ~하다
节约 jiéyuē 절약하다
特别 tèbié 특히
舍得 shědé 아끼지 않고 쓰다
花钱 huāqián 돈을 쓰다
像 xiàng ~과 같다

33

> 女：最近热死了。
> 男：可不是。北京的夏天从来没有像今年这么热。
> 女：我看了天气预报，好像北京还不是最热的，武汉、南京才是最热的。
> 男：你知道吗？长沙、南京、武汉和重庆被人们叫做"四大火炉"呢。
>
> 问：根据录音，下面哪一城市不是"四大火炉"之一？
>
> 여 : 요즘 더워 죽겠어.
> 남 : 누가 아니래. 베이징의 여름 중에서 올해만큼 더웠던 적이 없어.
> 여 : 일기예보를 보니까 베이징이 제일 더운 게 아니래. 우한이랑 난징이 최고로 덥대.
> 남 : 그거 알아? 창사와 난징, 우한, 그리고 충칭은 '4대 찜통'으로 불린대.
>
> 문 : 대화에 의하면, 아래 '4대 찜통' 중에 하나가 아닌 것은 무엇인가요?

A 창사
B 베이징
C 우한
D 충칭

정답 B

해설 지문에 '베이징도 무척이나 덥다'라고 언급되었지만, '4대 찜통'에는 속하지 않는다. 창사, 난징, 우한, 충칭이 '4대 찜통'이다. 이 문제는 보기 네 개가 지문에 다 언급되지만, 구분해서 잘 들어야 한다.

단어 热死了 rèsǐle 더워 죽겠다
可不是 kě bú shì 그렇고말고 (동의)
从来没有 cónglái méiyǒu 이제까지 없었다
天气预报 tiānqì yùbào 일기예보

好像 hǎoxiàng ~인 것 같다
武汉 Wǔhàn 우한, 무한(지명)
南京 Nánjīng 난징, 남경(지명)
长沙 Chángshā 창사, 장사(지명)
重庆 Chóngqìng 충칭, 중경(지명)
被 bèi ~에 의하여
叫做 jiàozuò 부르다
三大火炉 sān dà huǒlú 3대 용광로, 3대 찜통

34

> 女：真羡慕你呀，身体这么好。
> 男：以前可不是这样。
> 女：那你有什么秘密，是不是吃了营养药什么的？
> 男：没有，就是现在比以前生活规律了。以前我每天睡懒觉，现在我早睡早起，饮食也很有规律。

> 问：男的为什么现在身体很好？

여 : 너 체력 정말 좋다, 진짜 부러워.
남 : 예전엔 안 이랬어.
여 : 그럼 무슨 비결이라도 있어? 영양제 같은 거 먹은 거야?
남 : 아니, 그냥 예전에 비해서 요새 규칙적으로 생활해. 예전에는 늦잠 잤었는데, 요즘은 일찍 자고 일찍 일어나고, 식사도 규칙적으로 해.

문 : 남자는 왜 지금 건강이 좋아졌나요?

A 영양제를 먹었다
B 매일 늦잠을 잔다
C 생활이 규칙적이다
D 매일 더 잔다

정답 C

해설 여자가 '영양제 먹냐'는 질문에 '아니'라고 하였으므로 보기 A는 틀린 보기이고, 생활이 규칙적이라고 "就是"로 강조하였다. 그러므로 답은 보기 C이다.

단어 羡慕 xiànmù 부럽다
秘密 mìmì 비밀
营养药 yíngyǎngyào 영양제
生活规律 shēnghuó guīlù 생활이 규칙적이다
睡懒觉 shuìlǎnjiào 늦잠을 자다
早睡早起 zǎo shuì zǎo qǐ 일찍 자고 일찍 일어나다
饮食 yǐnshí 음식 섭취

35

> 男：喂，是南国天吗？
> 女：您好，这里是南国天饭店。
> 男：小姐，我现在在中路地铁站，您能不能告诉我从这儿怎么到你们饭店。
> 女：好，您从地铁站4号出口出来，一直走，大约50米左右有一家农业银行，我们就在这家银行的后面。

> 问：男的要去什么地方？

남 : 여보세요, 거기가 난궈텐인가요?
여 : 네, 난궈텐 호텔입니다.
남 : 아가씨, 제가 지금 중루 지하철역에 있는데요, 여기에서 호텔까지 어떻게 가는지 설명해 주시겠어요?
여 : 네, 지하철역 4번 출구로 나오셔서 50미터쯤 쭉 걸어오시면 농업은행이 있어요. 은행 바로 뒤편이 저희 호텔입니다.

문 : 남자는 어디에 가려고 하나요?

A 호텔
B 서점
C 은행
D 지하철

정답 A

해설 남자가 난궈텐호텔에 전화해서 어떻게 가는 길을 묻고 있는 지문이다. 남자가 가려는 곳은 난궈텐 호텔이며, 지문에 여러 장소들이 언급되지만, 다 호텔을 찾아가는데 도움이 되는 장소일 뿐이다.

단어 饭店 fàndiàn 호텔
地铁站 dìtiězhàn 지하철역
告诉 gàosu 알려주다
出口 chūkǒu 출구
大约 dàyuē 대략
左右 zuǒyòu 정도
家 jiā 은행의 양사

36-37 第36到37题是根据下面一段话:

> 我们宿舍一共四个人，小张、小王、小李和我。小张考试得了第一名，想请大家吃韩国菜，我不喜欢吃辣的，就说想吃日本菜。小王说日本菜又贵又不好吃，还是吃西餐吧。可小李又不同

意。最后我们还是吃了中国菜。

우리 기숙사에는 샤오장과 샤오왕, 샤오리와 나, 이렇게 네 명이 같이 산다. 샤오장이 시험에서 1등을 해서 모두에게 한국음식을 대접하고 싶어했는데 나는 매운 음식을 싫어하기 때문에 일본 음식을 먹고 싶다고 얘기했다. 샤오왕은 일본음식이 비싸고 맛도 없다고 말하면서 양식을 먹자고 했다. 하지만 샤오리가 반대하는 바람에 우리는 결국 중국음식을 먹었다.

 宿舍 sùshè 기숙사
一共 yígòng 모두
考试 kǎoshì 시험
辣 là 맵다
又~又~ yòu~yòu~ ~이기도 하고, ~이기도 하다
最后 zuìhòu 최후에, 결국에는, 마지막에는

36

他们宿舍有几个人?
이들 기숙사에는 몇 명이 있나요?

A 2명
B 3명
C 4명
D 5명

 C

 지문 처음에 '우리 기숙사에는 모두 네 명이 있다'고 언급하였다. 그러므로 답은 보기 C이다. 지문에 언급된 "第一名"은 '일등'이란 뜻으로 사람 명수와는 관련 없는 단어이므로 혼동하지 않도록 한다.

37

他们最后吃了什么菜?
이들은 나중에 결국 어떤 음식을 먹었나요?

A 양식
B 일본음식
C 한국음식
D 중국음식

정답 D

해설 지문 마지막에 '중국음식을 먹었다'고 언급되어 있다. 이런 나열식의 문제는 들으면서 보기 옆에 기록을 잘 하여야 답을 고를 수 있다.

38-39 第38到39题是根据下面一段话:

现代人常常说"太累了"，那怎么样才能不累呢? 最重要的是学会拒绝，当别人的要求超过自己的能力时，一定要说"不"。谁都有做不到的事，谁都有受不了的时候，别人也一定能理解你的困难。

현대인들은 '피곤하다'는 말을 자주 하는데, 그럼 어떻게 해야 피곤하지 않을 수 있을까? 가장 중요한 것은 거절하는 법을 배우는 것이다. 다른 사람의 요구가 자신의 능력을 벗어나는 경우에는 '싫어(No)'라고 말해야 한다. 누구든 하지 못하는 일이 있고, 견디기 힘든 때가 있기 때문에 다른 사람들도 당신의 어려움을 이해할 수 있다.

 最重要 zuì zhòngyào 제일 중요하다
学会 xuéhuì ~할 줄 안다
拒绝 jùjué 거절하다
当~时 dāng~shí ~할 때
要求 yāoqiú 요구하다
超过 chāoguò 초과하다
能力 nénglì 능력
谁都 shéi dōu 누구나, 모두
做不到 zuò bu dào 할 수 없다
受不了 shòubuliǎo 참을 수 없다
理解 lǐjiě 이해하다
困难 kùnnan 어려움

38

现代人怎么样才能不累?
현대인이 어떻게 해야 피곤하지 않을 수 있나요?

A 거절할 줄 알다
B 휴식할 줄 알다
C 수영할 줄 알다
D 포기할 줄 알다

정답 A

해설 지문에 "最重要的是学会拒绝"라고 언급되었으므로, 답은 보기 A이다. 나머지 보기들은 언급되지 않은 내용들이다. "拒绝"와 "放弃"는 엄연히 다른 개념이므로 혼동하지 않도록 유의한다.

39

当你说"不"的时候，别人会怎么样?

당신이 'NO'를 했을 때 다른 사람은 어떨까요?

A 화나다
B 이해할 수 있다
C 기쁘다
D 역시 'NO'한다

 정답 B

해설 지문에는 "理解你的困难"할 것이라고 분명히 언급되었으므로 답은 보기 B이다. 보기 A, C, D는 언급되지 않았다.

40-41 第40到41题是根据下面一段话:

> 老张一直很喜欢喝酒，有时候喝了酒还开车，朋友告诉他，这很危险，他总是说"我技术好，没关系"。结果，上个星期他酒后开车撞了人，自己也进了医院，现在他后悔极了。

라오장은 술 마시는 것을 아주 좋아하는데, 어떨 때는 술을 마시고 차를 몰기도 한다. 친구들이 그에게 위험하다고 말을 해도 샤오장은 "난 운전을 잘 하니까 괜찮아"라고 말한다. 그러다 결국 지난 주에 그는 술을 마시고 운전하다가 사람을 치고 본인도 입원했다. 지금 그는 후회막급이다.

단어
喝酒 hējiǔ 술을 마시다
开车 kāichē 운전하다
告诉 gàosu 알리다
危险 wēixiǎn 위험하다
技术 jìshù 기술
没关系 méi guānxi 괜찮다, 상관없다
结果 jiéguǒ 결국
酒后开车 jiǔ hòu kāichē 음주운전
撞 zhuàng 부딪히다, 들이받다
后悔 hòuhuǐ 후회하다
极了 jíle 매우

40

老张有什么坏习惯?

라오장은 어떤 나쁜 습관이 있나요?

A 술을 좋아한다
B 오락을 좋아한다
C 위험한 곳에 자주 간다

D 음주운전

정답 D

해설 '술을 좋아하는데, 누구나 매우 위험하다고 여기는 음주운전을 가끔 한다'고 언급된 부분에서 이 것이 나쁜 습관임을 유추할 수 있고, 보기 A 음주 자체가 나쁜 습관이라고 보기에는 약간 무리가 있다. 그러므로 답은 보기 D이다. 나머지 보기들은 언급되지 않았다.

41

开车撞人以后，老张感到:

차로 사람을 치고 난 후에 라오장은 어떻다고 느끼나요?

A 상관없다
B 후회하다
C 상심하다
D 괴롭다

정답 B

해설 지문 마지막에 "后悔极了"라고 언급되었으므로 답은 보기 B이다. 나머지 보기들은 언급되지 않았다.

42-43 第42到43题是根据下面一段话:

> 中国菜的特点是南甜北咸东辣西酸，就是说南方人喜欢吃甜的，北方人喜欢吃咸的，不过，我认识一个中国朋友是个南方人，他酸的、辣的和咸的都喜欢吃，就是不喜欢吃甜的。

중국 음식의 특징은 남부 요리는 달고 북부요리는 짜고 동부 요리는 매우며 서부 요리는 시다는 것이다. 다시 말해 남부 사람은 단 음식을, 북부 사람은 짠 음식을 좋아한다는 얘기이다. 하지만 내가 아는 한 중국 친구는 남부 사람인데도 신 음식, 매운 음식, 짠 음식 다 잘 먹으면서 단 음식은 싫어한다.

 단어
特点 tèdiǎn 특징
南甜 nán tián 남부는 단 음식을 좋아한다
北咸 běi xián 북부는 짠 음식을 좋아한다
东辣 dōng là 동부는 매운 음식을 좋아한다
西酸 xī suān 서부는 신 음식을 좋아한다
就是说 jiùshì shuō 다시 말해서
不过 búguò 그러나

42

他的朋友不喜欢吃:

그의 친구는 어떤 맛을 싫어하나요?

A 신 음식
B 단 음식
C 짠 음식
D 매운 음식

 B

해설 지문 중간에 언급된 전환 관련 "不过"뒤로 일반적인 개념을 깨는 예가 나오겠거나 짐작을 할 수 있다. '일반적으로 남방 사람들은 단 음식을 좋아한다'고 하였는데, '그러나 내 친구는 예외다'이므로 답은 보기 B이다. 지문 마지막 부분에 정확히 언급하였다.

43

根据录音, 北方人一般喜欢吃:

지문에 따르면 북부 사람들은 일반적으로 어떤 맛의 음식을 좋아하나요?

A 신 음식
B 단 음식
C 짠 음식
D 매운 음식

 C

해설 '북부사람들은 짠 음식을 좋아한다'고 하였으니 답은 보기 C 이다.

44-45 第44到45题是根据下面一段话:

女：小王，你家真干净啊！
男：是吗？来，快请坐。
女：这是我的礼物，请收下。
男：哎呀，你太客气了，还带什么礼物。你喝点儿什么？茶、咖啡，还是可乐？
女：随便，什么都行。
男：来，吃苹果。你是怎么来的？坐车还是打车？
女：都不是，我是坐地铁来的，地铁又快又舒服。

여 : 샤오왕, 너희 집 정말 깨끗하다!

남 : 그래? 어서 와 앉아.
여 : 이건 내 선물이야, 받아.
남 : 에이, 너무 예의 차렸다. 선물은 무슨. 뭐 좀 마실래? 차, 커피, 아님 콜라?
여 : 아무 거나 다 괜찮아.
남 : 자, 사과 먹어. 여기까지 어떻게 왔어? 버스? 택시?
여 : 둘 다 아니고 지하철 타고 왔어. 지하철이 빠르고 편하잖아.

단어
干净 gānjìng 깨끗하다
礼物 lǐwù 선물
收下 shōuxià 받으세요
客气 kèqi 예의를 차리다
带礼物 dài lǐwù 선물을 가져가다
随便 suíbiàn 편한 대로
坐地铁 zuò dìtiě 지하철을 타다
又~又~ yòu~yòu~ ~이기도 하고, ~이기도 하다

44

女的要喝点儿什么？

여자는 무엇을 마시려고 하나요?

A 차
B 콜라
C 커피
D 다 괜찮다

 D

해설 여자가 대답한 "随便，什么都行"은 보기 D "都可以"와 같은 의미이다. 보기 A, B, C는 남자가 언급한 음료이고, 여자는 '아무거나 괜찮다'고 하였으므로 답은 보기 D이다.

45

女的是怎么来的？

여자는 어떻게 왔나요?

A 걸어서
B 지하철 타고서
C 버스를 타고서
D 택시를 타고서

 B

해설 이 문제는 교통수단을 묻는 문제로, 남자가 '버스나 택시를 타고 왔냐'고 묻는 질문에, '지하철을 타고 왔다'고 대답하였다. 답은 보기 B이며, 보기 A는 언급된 내용이 아니다.

2. 독해(阅读)

제1부분

제1부분은 총 10문항이다. 모든 문제는 1–2개의 문장으로 구성되어 있으며, 문장 가운데에는 하나의 빈칸이 있다. 응시자는 선택 항목 중, 빈칸에 들어갈 알맞은 단어를 선택한다.

46-50

A 得意 의기양양하다	B 吸引 사로잡다
C 故意 일부러	D 坚持 꾸준히 하다
E 难道 설마 ~인가?	F 干干净净 깨끗하다

46 아이가 정말 배고프긴 했나 보다. 밥 한 그릇을 몇 입에 <u>깨끗하게</u> 해 치웠다.

정답 F

해설 빈칸 앞의 "吃了个"의 수사 "个"를 보고 빈칸에 명사가 들어가야 하나 생각할 수 있으나, 보기에는 개수로 셀 수 있는 명사가 없다. 여기서 '동+수+형용사'는 정도보어의 특수 형임을 떠올려야 한다. 아이가 배가 고파서 몇 입에 다 먹었다는 의미가 되어야 하는데, 어떻게 먹었는지, 뒤에서 "吃"를 보충 설명해 줘야 한다. 정도보어 일반적인 형태는 "得"를 사용하지만, 특수 형태들도 있다. 그 중의 하나가 46번 문제와 같은 형식이다. 그러므로 빈칸에는 형용사가 들어가야 하는데, 가장 어울리는 보기는 F이다.

단어 看来 kànlái 보아하니
真是 zhēnshi 정말로
饿 è 배고프다
几口 jǐ kǒu 몇 입
一碗饭 yì wǎn fàn 밥 한 그릇

47 이 일은 제가 <u>일부러</u> 이렇게 한 게 아니니 절대 오해하지 마세요.

정답 C

해설 주어 "我", 술어 "做" 사이에 들어 갈 수 있는 것은 상황어로 부사가 적합하며, 의미상 보기 C가 가장 적합하다.

단어 千万 qiānwàn 제발(간곡한 부탁)
误会 wùhuì 오해하다

48 <u>의기양양한</u> 얼굴을 보니, 월급이 또 오르기라도 한 모양이다.

정답 A

해설 빈칸 뒤의 구조조사 "的"에서 빈칸의 단어가 뒤 명사 "样子"를 수식해야 한다는 것을 알 수 있다. 이 자리에는 2음절 형용사가 가장 적합하며, 의미상 보기 A가 답이다.

단어 一脸 yì liǎn 온 얼굴, 얼굴 전체
像~一样 xiàng~yíyàng ~인 것 같다
涨工资 zhǎng gōngzī 월급이 오르다

49 배우의 멋진 연기가 관중을 <u>사로잡았다</u>.

정답 B

해설 주어 "表演", 빈어 "观众"을 확인하고, 빈칸에 술어가 들어가야 함을 확인한다. 형용사와 동사가 술어 역할을 할 수 있는데, 보기 중에서 의미상 가장 적합한 것은 보기 B이다.

단어 演员 yǎnyuán 배우
精彩 jīngcǎi 훌륭하다, 멋지다
表演 biǎoyǎn 공연하다
观众 guānzhòng 관중, 관객

50 설명서에 이미 확실하게 쓰어 있는데, <u>설마</u> 이해가 안 되는 <u>거야</u>?

정답 E

해설 앞 절에 "清清楚楚"하다고 표현한 내용으로 보아 마땅히 잘 이해를 해야 하는데, 뒤 절에 "看不懂"과 물음표로 보아 반어 용법이 사용되었음을 눈치채야 한다. 보기 E가 가장 적합하다. "你难道看不懂?"은 '설마 몰라? 알아볼 수 있지?'의 뜻이다.

단어 说明书 shuōmíngshū 설명서
清清楚楚 qīngqingchǔchǔ 분명히
看不懂 kàn bu dǒng 알아보지 못하다

51-55

A 讨论 토론하다	B 联系 연결시키다
C 温度 온도	D 规定 정하다
E 演出 공연	F 打折 할인하다

51 A : 다음 주에 중국 친구네 집에 갈 건데, 어떤 선물을 들고 가야 할까?
B : 특별히 정해진 건 없어. 과일이나 간식거리 다 괜찮아.

정답 D

해설 빈칸 앞의 구조조사 "的"를 봐서 빈칸에는 명사가 들어가야 함을 알 수 있다. 보기의 단어들은 모두 다 명사와 동사로도 사용될 수 있는 단어들이다. 내용상 집 방문할 때 인사차 가져가는 선물에 어떤 특별히 '정해진 것이 없이, 이것 저것 괜찮다'는 뜻으로 보아, '정해진 것'의 의미로 사용될 수 있는 단어는 보기 D이다.

단어 下周 xiàzhōu 다음 주
带礼物 dài lǐwù 선물을 가져가다
特别 tèbié 특별하다
什么的 shénme de (나열)등등
都可以 dōu kěyǐ 모두 괜찮다

52 A : 요즘 우리 집 근처 한 가게에서 할인을 하는데, 물건이 정말 싸.
B : 그래? 시간 나면 나랑 같이 가서 보자.

정답 F

해설 장소는 상점이고, 물건이 아주 저렴하다면 이는 내용상 보기 F와 연결 지어 생각할 수 있다.

단어 附近 fùjìn 부근
特别 tèbié 매우, 아주
便宜 piányi 싸다

53 A : 방금 모두가 의견을 발표했으니, 이번에는 함께 토론해 봅시다.
B : 제가 볼 때 샤오왕의 말이 맞는 것 같아요. 저도 그의 의견에 동의합니다.

정답 A

해설 빈칸 뒤의 보어 "一下"에서 빈칸에 술어동사가 들어가야 함을 알 수 있는데, 내용상 의견을 발표하고, 빈칸 동작을 하고, 그 후에 의견에 '동의한다', '일리 있다' 라고 하니, 중간에 들어갈 동작은 보기 A '토론하다'가 제일 적당하다.

단어 发表 fābiǎo 발표하다
意见 yìjiàn 의견
有道理 yǒu dàolǐ 일리있다
同意 tóngyì 동의하다

54 A : 네가 볼 때 어떤 직업이 가장 좋아?
B : 난 일과 취미를 연결시킬 수 있다면, 그것이 가장 이상적이라고 생각해.

정답 B

해설 "把A和B结合起来/联系起来"는 'A와 B를 결합시킨다/연결시킨다'의 뜻으로 많이 사용하는 형식으로 꼭 외워 두기 바란다. 그러므로 이 문제에 가장 알맞은 답은 보기 B이다.

단어 觉得 juéde 여기다
工作 gōngzuò 일
理想 lǐxiǎng 이상, 이상적이다
把 bǎ ~을(를)
爱好 àihào 취미

55 A : 오늘 저녁에 학교에서 공연이 있는데, 안 갈래?
B : 난 벌써 샤오왕한테 같이 탁구치러 가겠다고 했어.

정답 E

해설 "有"의 빈어로 사용할 수 있는 단어를 찾아야 한다. 보기 E는 저녁에 일반적으로 많이 진행하는 행사로 내용상 가장 적합하다. 보기 A '토론'을 생각할 수도 있는데, 일반적으로 "有讨论会"라고 사용하고, 이곳에 보기 A를 사용해 버리면, 53번은 대신할 단어가 없어져 버린다. 그리고 보기 E는 사용할 곳도 없이 남아버린다. 그러므로 보기 A는 53번에 보기 E는 55번에 사용하는 것이 알맞다.

단어 已经 yǐjing 이미
答应 dāying (요구에) 동의하다, 승낙하다
打乒乓球 dǎ pīngpāngqiú 탁구를 치다

제2부분

제2부분은 총 10문항이다. 모든 문제는 3개의 문장으로 구성되어 있다. 응시자는 3개의 문장을 순서대로 나열한다.

56
A 그녀는 매일 집에 들른다
B 비록 일이 아주 바쁘지만
C 그러나 어머니를 돌보기 위해

> B 虽然工作很忙，C 但为了照顾妈妈，A 她每天都要回家看看。

정답 B C A

해설 전환의 관계 "虽然~, 但" B C 차례로 순서를 나열하고, 보기 A하는 목적은 C "为了"이므로 보기 A를 보기 C 뒤에 나열한다. 그러므로 올바른 순서는 BCA이다.

단어 回家 huíjiā 집에 돌아가다
虽然~但 suīrán~dàn 비록 ~이나, 그러나 ~
为了 wèile 위하여(목적)
照顾 zhàogù 돌보다

57
A 손님이 호텔 문을 들어서기만 하면
B 영어와 프랑스어로 손님에게 인사한다
C 새 한 마리가 날아오다

> A 只要顾客一进饭店大门，C 就有一只鸟马上飞过来，B 用英语和法语向顾客问好。

정답 A C B

해설 조건을 나타내는 관련사 "只要~, 就" 체크해서 AC 순서를 맞추고, 그 다음 새가 하는 행동 보기 B를 배열한다. 그러므로 올바른 순서는 ACB이다.

단어 只要~就 zhǐyào~jiù ~이기만 하면, 바로 ~이다
顾客 gùkè 고객
向 xiàng ~에게
问好 wènhǎo 인사하다

58
A 그는 그제서야 약간 두려워졌다
B 엄마가 이렇게 화내는 걸 보았다
C 그래서 오늘 일을 전부 말씀드렸다

> B 看到妈妈这么生气，A 他才有点儿害怕了，C 于是把今天的事全都告诉了妈妈。

정답 B A C

해설 이 문제는 시간의 흐름을 잘 생각하면 쉽게 풀린다. 엄마의 화 난 모습을 결과 보어를 써서 "看到" '보았다'라고 표현하였고, '그제서야'의 뜻인 "才" 두려움을 느끼고, 그래서 순접 인과관계인 "于是"로 뒤 부분을 마무리 하면 된다. 올바른 문장 순서는 BAC이다.

단어 害怕 hàipà 무서워하다, 두렵다
生气 shēngqì 화나다
于是 yúshì 그래서
告诉 gàosu 알리다

59
A 중국 경제가 빠르게 발전하기 때문에
B 국제적인 지위가 점차 향상되면서 (때문에)
C 그래서 중국어를 배우려는 사람들이 갈수록 늘어난다

> A 由于中国经济快速发展，B 国际地位逐渐提高，C 所以想学汉语的人越来越多。

정답 A B C

해설 인과 관계를 나타내는 관련사 "由于~, 所以"를 우선 체크 해 놓고, 보기 C 결과의 원인은 보기 A뿐만 아니라, 보기 B도 원인이다. '경제 발전과 국제적 지위향상, 그래서 중국어 배우는 사람이 많다'가 되어야 하므로, 보기 B 원인을 보기 A 바로 뒤에 위치시킨다. 그러므로 올바른 순서는 ABC이다.

단어 由于 yóuyú 때문에
经济 jīngjì 경제
快速 kuàisù 빠른 속도
发展 fāzhǎn 발전, 발전하다
国际 guójì 국제
地位 dìwèi 지위
逐渐 zhújiàn 점점, 점차
提高 tígāo 향상되다

越来越 yuèláiyuè 점점

60 A 나는 아직 익숙하지 않다
B 나는 커피 맛이 더 좋다
C 중국인이 좋아하는 녹차에

> C 对中国人喜欢的绿茶，A 我可不太习惯，B 我还是更喜欢咖啡的味道。

정답 C A B

해설 "对~不习惯"은 '~에 익숙치 않다'의 뜻으로 많이 사용하는 형식이다. 그러므로 보기 C가 보기 A 앞에 위치해야 한다. 그리고 전환의 의미인 "还是"를 가진 보기 B가 위치하면 완벽하다. 올바른 문장 순서는 CAB이다.

단어 习惯 xíguàn 습관되다, 익숙해지다
更 gèng 더욱이, 더
咖啡 kāfēi 커피
味道 wèidao 맛
对 duì ~에 대하여
绿茶 lǜchá 녹차

61 A 그녀는 아주 진지하게 듣고
B 선생님의 질문에도 적극적으로 대답한다.
C 매번 영어 수업 때마다

> C 每次上英语课的时候，A 她都听得非常认真，B 积极回答老师提出的问题。

정답 C A B

해설 시간 상황설정인 보기 C를 문장 맨 앞. 문장 전체에 영향을 주는 상황어 자리에 배치하고, 주어 "她"가 있는 보기 A를 그 다음 배치하고, 보기 B는 "回答问题"의 주체인 그녀 뒤에 놓아 준다. 그러므로 올바른 순서는 CAB이다.

단어 认真 rènzhēn 열심히 하다, 진지하다
积极 jījí 적극적이다
提出 tíchū (문제를) 내다, 제기하다
上英语课 shàng yīngyǔkè 영어수업을 하다

62 A 이 일은 나를 많이 화나게 했다
B ~하고 있다가, 어제 그가 먼저 사과해서 나는 그제서야 그를 용서했다
C 3개월 내내 그에게 답장을 하지 않았다

> A 这件事使我很生气，C 连着3个月没给他回信，B 直到他昨天主动道歉我才原谅他。

정답 A C B

해설 3개월간 편지를 쓰지 않은 원인 보기 A를 먼저 배열하고 보기 C를 배열한다. 보기 C에 사용된 "直到"는 용법이 특이하여 우리말로 한마디로 대체될 단어가 마땅히 없다. '동작 혹은 상황의 지속. 直到+시점'의 형식으로 사용되어 '어느 시점까지 동작 혹은 상황이 지속되고, 그 시점 이후로 변화가 왔다'를 뜻한다. 그러므로 이 문제에서는 보기 C는 상황의 연속인 '3개월간 답장하지 않았다' 뒤에 사용하여야 한다. 3개월 동안 지속된 상황이 어제가 되어서 변화가 생겼다는 뜻이다. 그러므로 올바른 순서는 ACB이다.

단어 使 shǐ ~하게 하다(사역)
直到 zhídào ~때까지
主动 zhǔdòng 주동적이다, 먼저
道歉 dàoqiàn 사과하다
原谅 yuánliàng 용서하다
回信 huíxìn 답장하다

63 A 네 마음은 나도 이해해
B 하지만 이미 지나간 일이야
C 너도 후회하지 마

> A 你的心情我可以理解，B 但事情已经过去了，C 你也不要后悔了。

정답 A B C

해설 "理解"라는 단어는 심적으로 혹은 사고를 통해 '상대방의 입장을 십분 이해한다'는 의미를 가지고 있다. 그러면 상대방이 후회하는 것을 같이 통감해야 하는데, 후회하지 말라고 하고 있으므로 중간에 전환의 의미가 들어가야 한다. 그래서 올바른 순서는 ABC이다.

단어 心情 xīnqíng 마음, 기분
理解 lǐjiě 이해하다
过去 guòqù 지나가다
后悔 hòuhuǐ 후회하다

64 A 한 사람이 갑자기 다가와
B 내가 친구와 얘기하고 있는데
C 빨간 치마를 입은 여자아이를 못 봤냐고 물었다

> B 我和朋友正在聊天儿的时候，A 有一个人突然走了过来，C 问我们看没看见一个穿红裙子的女孩。

정답 B A C

해설 시간 상황설정인 보기 B를 맨 앞에 위치시키고, 주어 "有一

个人"과 술어 "问"을 찾아 순서대로 연결시키면 된다. 그러므로 올바른 순서는 BAC이다.

단어 突然 tūrán 갑자기
聊天儿 liáotiānr 이야기를 나누다
红裙子 hóng qúnzi 붉은 치마

65 A 내가 아팠을 때
B 그는 한 번도 병원에 찾아오지 않았다
C 남편이 옆에서 돌봐줬으면 좋겠다고 생각했지만

A 在我生病的时候，C 很希望丈夫能在身边照顾我，B 可他竟然一次也没到医院来看我。

정답 A C B

해설 '남편이 돌봐주기를 희망한다'는 보기 C와 '한번도 오지 않았다' 보기 B는 전환을 나타내는 관련사 "可"로 연결시킨다. 그리고 시점 상황설정을 문장의 맨 앞에 위치시킨다. 그래서 올바른 문장 순서는 ACB이다.

단어 生病 shēngbìng 병이 나다
竟然 jìngrán 뜻밖에, 의외로
希望 xīwàng 희망하다
丈夫 zhàngfu 남편
身边 shēnbiān 옆에서
照顾 zhàogù 돌보다, 보살피다

제3부분

제3부분은 총 20문항이다. 이 부분의 문제는 하나의 단문과 그에 따른 1~2개의 질문이 제시된다. 응시자는 시험지에 주어진 선택 항목 4개 중에서 정답을 고른다.

66 새로 온 샤오자오는 일을 하기 시작하면 마치 작은 호랑이 같다.(활기차다)
★ 이 말은 샤오자오가 어떻다고 설명하고 있나요?

A 에너지가 넘친다
B 무섭다
C 크가 크다
D 힘이 적다

정답 A

해설 "像~似的"는 '마치 ~과 같다'란 뜻으로 비유의 의미이다. 일을 하는데 작은 호랑이처럼 일한다는 것은 무섭다는 것 보다는 '일을 에너지 넘치게 활력 있게 한다'는 뜻이 제일 근접한 의미이므로 답은 보기 A이다. "小"는 '무섭다'와 거리가 멀다.

단어 干起活儿来 gān qǐ huór lái 일하기 시작하다
像~似的 xiàng~side 마치 ~인 것 같다
小老虎 xiǎo lǎohǔ 작은 호랑이

67 이 일은 분명 왕창의 잘못인데, 어떻게 샤오류를 비난할 수가 있지?
★ 화자가 뜻하는 바는 무엇인가요?

A 이 일은 왕창을 비난할 수 없다
B 이 일은 왕창의 잘못이다.
C 이 일은 샤오류가 잘못했다
D 샤오류와 왕창 둘 다 잘못했다

정답 B

해설 지문에 언급된 "不是"는 동사의 부정형이 아니라 명사로 '잘못'이란 뜻이다. "怎么能"은 반어용법으로 사용되어 '어떻게 그럴 수 있니?, 그러면 안 된다'의 뜻이다. 그러므로 '왕창 잘못인데, 샤오류를 비난할 수 없다'란 의미로 답은 보기 B이다.

단어 明明 míngmíng 분명
不是 bùshì 잘못
怎么能 zěnme néng 어떻게 그럴 수가(반어)
怪 guài 나무라다, 질책하다

68 이렇게 오랫동안 차를 몰면서도 사람을 친 적이 없는데, 오늘은 어떻게 된 일인지 모르겠다.

★ 이 말이 뜻하는 바는 무엇인가요?

A 그는 경험 많은 기사다
B 그는 오늘 사람을 들이받았다
C 그는 오늘 길을 잃었다
D 그는 운전을 잘 한다

정답 B

해설 "从来没有+동+过"는 '여태껏 ~해 본 적이 없다'의 뜻인데, 지문 마지막에 언급한 "不知是怎么了"에서 돌발상황이 발생했음을 알 수 있다. 그러므로 화자가 오늘 사람을 차로 들이받았다는 것을 알 수 있어, 답은 보기 B이다. 보기 C는 언급된 바 아니다. '오랫동안 운전하면서 사람 한 번 친 적 없다'는 부분에서 보기 A, D를 생각할 수도 있겠지만, 지금 화자가 이야기 하고 있는 것은 뒷 부분에 포인트가 있다. 눈에 보이게 전환 관련 관계사를 사용하지는 않았지만, 이는 엄연한 전환관계이다. 그러므로 답은 B이다.

단어 开 kāi 운전하다
从来没有~过 cónglái méiyǒu~guo 여태껏 ~한 적이 없다
撞 zhuàng 부딪히다, 들이받다

69 나에게 그 둘의 관계가 어떤지를 묻는다면 그 둘이 마치 한 사람 같다고 말할 것이다.

★ 그 둘의 관계는 어떠한가요?

A 보통이다
B 친하다
C 그다지 좋지 않다
D 모른다

정답 B

해설 지문에 언급된 "好得像一个人一样"에서 두 사람이 서로를 아주 잘 아는 친한 사이임을 유추할 수 있다. 이는 보기 B의 "熟悉"로 줄여 표현할 수 있다.

단어 关系 guānxi 관계
像~一样 xiàng~yíyàng 마치 ~인 것 같다

70 네가 말한 이유들이 듣기엔 일리 있는 듯 하지만 실제 상황은 네가 말한 것처럼 그렇지가 않아.

★ '네가 말한 것'은 어떠한가요?

A 자세하다
B 길다

C 맞지 않다
D 간단하다

정답 C

해설 전환의 의미 "但"을 사용하여 상대방 말이 "有道理"인 듯 하지만 실은 아니다. 즉 "没有道理"하고 말하고 있는 것이다. 이 말의 비슷한 뜻은 보기 C이다.

단어 原因 yuányīn 원인
听起来 tīng qǐlái 듣기에
像 xiàng ~인 것 같다
有道理 yǒu dàolǐ 일리있다
实际情况 shíjì qíngkuàng 실제상황
并不像 bìng bú xiàng ~인 것 같지 않다

71 라오장, 당신이란 사람은 어쩌면 하는 일마다 그렇게 생각이 많고 두려운 게 많나요? 이가 아파서 잠도 못 자고 밥도 못 먹으면서도 병원엘 안 가다니. 내가 당신이라면 진작에 병원에 갔을 겁니다.

★ 라오장에 대한 다음의 설명 중 틀린 것은 무엇인가요?

A 잠을 못 잔다
B 밥을 먹을 수 없다
C 병원에 갔다
D 일 처리하는데 망설인다

정답 C

해설 보기 A, B는 지문에 분명히 언급되었으니 맞는 내용임을 알 수 있고, 지문에 언급된 "办事总是这么思前想后、怕这怕那的"에서 보기 D "犹豫"임을 알 수 있다. 화자는 라오장에게 '내가 당신이라면' 하면서 가정법으로 '병원에 갔을 겁니다' 하는 부분에서 라오장이 아직 병원에 안 갔음을 알 수 있다. 그러므로 틀린 내용은 보기 C이다.

단어 思前想后 sī qián xiǎng hòu 생각이 많다, 결정을 내리지 못하다
怕 pà 두려워하다
牙疼 yáténg 치통
觉也睡不着 jiào yě shuì bu zháo 잠도 못 자다
大夫 dàifu 의사

72 나도 늙고, 아이들도 다 크고, 자기 가정이 있어 다 일하느라 매일 바쁜데, 누가 매일 날 보러 오겠어?

★ 화자의 느낌은 어떠한가요?

A 즐겁다
B 외롭다

C 바쁘다
D 피곤하다

정답 B

해설 아이들도 다 자기 가정이 있고, 지문 마지막에 반어법으로
언급한 '누가 날 보러 오겠어?'는 날 보러 오는 자식들이 없
다는 의미이다. 그러므로 답은 보기 B이다.

단어 大 dà 자라다, 성장하다
家 jiā 가정
忙 máng 바쁘다
孤单 gūdān 고독하다, 외롭다

73 오늘 저녁, 배우는 아팠는지 노래할 때 기침을 두 번이나
해서 모두에게 사과했는데, 관객은 오히려 박수로 그를
격려해주었다.

★ 배우는 왜 사과했나요?

A 기침을 했다
B 공연을 하지 않았다
C 공연에 지각했다
D 노래를 잘 못했다

정답 A

해설 '노래할 때 기침을 두 번씩이나 해서 사과하였다'고 지문에
인과 관계를 나타내는 "所以"를 사용하여 표현하였다. 그러
므로 사과한 직접적인 원인은 보기 A가 된다. 보기 D는
노래를 기침 때문에 잘 못했을 수도 있겠지만, 그것만을 뜻
하는 것이 아니라 실력이 없어서 노래를 못한다는 뜻이 강하
므로 이 문제의 답으로 고르기에는 보기 A보다 설득력이 떨
어진다.

단어 演员 yǎnyuán 배우
可能 kěnéng 아마도
咳嗽 késòu 기침하다
道歉 dàoqiàn 사과하다
鼓掌 gǔzhǎng 박수치다
鼓励 gǔlì 격려하다

74 누구나 잘못은 한다. 아이가 잘못을 했으면 고치면 되는
것이다. 아이 앞에서 지나간 일을 계속 끄집어내지 말고
그냥 흘려 보내는 것이 좋다.

★ 만일 아이가 잘못했다면 어떻게 해야 하나요?

A 자주 때리지 마라
B 혼내면 안된다
C 종종 일깨워 줘야 한다
D 마땅히 용서해 줘야 한다

정답 D

해설 지문 마지막에 언급한 '지난 일은 잊고 자주 언급하지 말라'
고 하였으므로 보기 C는 틀린 내용이 된다. 지문이 말하고
있는 전체적인 분위기는 잘못은 누구나 하는 것이므로 '아이
를 용서해라'의 뜻이다. 그러므로 답은 보기 D이다.

단어 错误 cuòwù 잘못
改 gǎi 고치다
过去 guòqù 지나가다
面前 miànqián 앞에서
提 tí 언급하다

75 당신의 지금 상황은 병이 난 것이 아니라 일을 그만 둔
후 새로운 생활에 적응이 안 되어 그런 것이니 종일 집에
만 있지 마시고 밖에 나가서 자꾸 움직이세요. 시간 날
때는 신문이나 잡지도 좀 보시구요.

★ 이 단락의 내용을 통해 이 사람에 대해 알 수 있는 것
은 무엇인가요?

A 병이 나다
B 늘 집에만 있다
C 자주 나간다
D 신문 보는 것을 좋아한다

정답 B

해설 지문에 사용된 "不是~, 而是~"는 '~이 아니라, ~이다'
이므로 보기 A가 틀린 내용임을 알 수 있고, 퇴직 후 바뀐
생활에 아직 적응을 못해서이다. 그래서 건의 하기를 "不要
~, 要~". '~하지 말고, ~좀 하세요' 하니, 늘 집에만 있다
는 것을 알 수 있다. 그러므로 답은 보기 B이다.

단어 情况 qíngkuàng 상황
不是~而是~ búshì~érshì~ ~이 아니라, ~이다
不习惯 bù xíguàn 습관이 되지 않다, 적응이 안 되다
活动 huódòng 움직이다
可以 kěyǐ ~해봐라(권유)
什么的 shénme de (나열)등등

76 예전에는 노인이나 병 때문에 머리가 빠진 사람만 가발
을 썼었지만 최근에는 다양한 스타일과 색깔의 가발을
쓰는 젊은이들이 늘고 있어 일종의 유행이 되었다.

★ 현재 젊은이들이 가발을 쓰는 이유는 무엇인가요?

A 병이 나서
B 머리카락이 적어서
C 머리카락이 없어서
D 매우 유행이어서

정답 D

해설 지문 중간에 사용된 전환의 의미 "可" 뒤 부분을 유심히 잘
살펴봐야 한다. 예전에는 병 때문이었지만 지금은 유행이라
고 하고 있으므로 답은 보기 D이다.

단어 或者 huòzhě 혹은
因为 yīnwèi 때문에
头发 tóufà 머리
戴假发 dài jiǎfà 가발을 쓰다
颜色 yánsè 색
越来越 yuèláiyuè 점점
成为 chéngwéi ~이 되다
流行 liúxíng 유행, 유행하다

77 사람들은 보통 컴퓨터로 작업을 하면 종이를 절약할 수
있다고 생각하지만 사실 컴퓨터 속 내용의 출력 및 복사
가 간편하기 때문에 오히려 손으로 글을 쓸 때보다도 종
이를 더 많이 사용한다.

★ 이 단락에 따르면 일하는 데 있어서 지금이 과거에
비해 어떤가요?

A 종이를 더 절약한다
B 종이를 더 낭비한다
C 프린트가 훨씬 수월하다
D 손으로 쓰는 것이 훨씬 수월하다

정답 B

해설 지문 중간에 사용된 "其实"는 '사실은' 전환의 뜻으로, 이 다
음에 우리에게 말하고자 하는 사실 내용이 있다. 그 다음에
인과관계 "由于~, 所以~"로 '손으로 쓸 때보다도 종이를
더 많이 사용하고 있다'고 하고 있다. 그러므로 답은 보기 B
이다.

단어 认为 rènwéi 여기다
办公 bàngōng 사무작업하다
节约 jiéyuē 절약하다
用纸 yòng zhǐ 종이 사용
其实 qíshí 사실은
由于 yóuyú 때문에
打印 dǎyìn 프린트하다
复印 fùyìn 복사하다
多得多 duō de duō 매우 많다

78 시대가 변해서 '딩크족'을 택하는 젊은 부부들이 늘고 있
다. 두 사람의 생활에서 아이가 없는 편이 더욱 편하기도
하고, 아시아에서조차도 여성이 아이를 낳지 않는다고
해서 지나친 비난을 받지도 않는다.

★ 다음 보기 중 틀린 것은 무엇인가요?

A 아이가 없으면 생활이 더 편하다
B 아이를 낳지 않는 사람들이 점점 많아지고 있다
C 아시아 여성은 아이 낳는 것을 좋아하지 않는다
D 아이를 낳지 않아도 심한 비난을 받지 않는다

정답 C

해설 보기 A, B는 지문에 언급된 내용이고, 서양은 개방적인 문화
이지만, 동양은 농경문화로 일반적으로 아이를 누구나 다 낳
아야 한다고 생각하는 것이 보편적이다. 그러나 그런 아시아
에서조차도 여자가 아이를 안 낳아도 많은 비난을 받지 않는
다는 것은 보기 D는 맞는 내용이지만, 보기 C는 어폐가 있
다. 그러므로 보기 C가 틀린 내용이 되겠다.

단어 年轻夫妻 niánqīng fūqī 젊은 부부
选择 xuǎnzé 선택하다
当丁克 dāng dīngkè 딩크(족)이 되다
轻松 qīngsōng 수월하다, 편하다
而且 érqiě 게다가
即使 jíshǐ 설령 ~라 하더라도
亚洲 Yàzhōu 아시아
受 shòu 받다
批评 pīpíng 비난, 질책

79 샤오리는 무슨 일을 해도 이렇게 대충대충이에요. '설명
서'를 출력하라고 하면 '증명서'를 출력해 놓지를 않나.
보세요. 출력만 해 놓고서 한 번 검토도 하지 않고 온데
간데 없이 사라지니, 이렇게 해서야 되겠어요?

★ 이 단락에 따르면 샤오리는 어떤 사람인가요?

A 덜렁대다
B 타자를 빨리 친다
C 빨리 뛴다
D 증명서를 떼려한다

정답 A

해설 지문에 언급된 "马虎"는 보기 A '粗心'과 같은 의미의 단어
이다. 그러므로 답은 보기 A이고, 보기 B는 알 수 없고, 지문
의 "跑"는 '뛰다'의 의미가 아니라 '사라졌다'는 뜻이므로 보
기 C도 관련 없는 것이다.

단어 马虎 mǎhu 대충하다, 덜렁대다
打印 dǎyìn 프린트하다
瞧 qiáo 보다
检查 jiǎnchá 검사하다
没影了 méi yǐng le 그림자도 없다, 사라졌다

모의고사 1
모의고사 2
모의고사 3
모의고사 4
모의고사 5

80 우리 집에서는 큰 일은 전부 내 말에 따르고, 몇 가지 사소한 일만 아내가 대장이다. 하지만 나는 집안 일에는 상관하지 않고 아내에게 맡겨둔다. 아내가 집안일에는 큰 일이 없고 사소한 일만 있다고 말하기 때문이다.

★ 이 말이 뜻하는 바는 무엇인가요?

A 집안일은 모두 사소한 일이다
B 아내는 모든 일에 내 말을 듣는다
C 집안일은 번거롭다
D 집안일은 모두 부인이 결정한다

정답 D

해설 큰 일은 내 결정에, 작은 일은 부인 결정에 따르므로 보기 B는 틀렸고, 부인이 '집안일은 사소한 일들이니 부인이 알아서 하겠다'는 말에 남편은 집안일에 신경 쓰지 않는다. 여기에서 보기 A를 혼동하지 않도록 주의한다. 집안일이 어떻게 모두 다 사소한 별거 아닌 일만 있겠는가? 답은 보기 D이다. 지문에 언급된 "一切事情都由我妻子负责"는 보기 D "由妻子决定"과 같은 의미이다.

단어 一切 yíqiè 모든
听我的 tīng wǒ de 내 말대로 하다
从来不 cónglái bù 좀처럼 ~하지 않다
管 guǎn 신경쓰다, 관여하다
负责 fùzé 책임지다
小事 xiǎoshì 자질구레한 일, 사소한 일

81-82

과거 중국에는 경극을 하는 여배우가 적었고 경극을 잘 하는 여배우는 더 드물었다. 그래서 보통은 남자 배우가 여자 역할을 했는데, 그것이 바로 '남단'이다. 남자 배우가 '남단'역할을 배우려면 외모나 목소리가 적합해야 하기도 했지만, 더 중요한 것은 여배우보다 몇 배는 더 노력해야 성공을 거둘 수 있었다는 점이다. 훌륭한 '남단'은 연기할 때 심지어 진짜 여자보다도 아름다운데, 여자의 몸짓이나 목소리뿐만 아니라 여자의 나이와 마음까지도 연기해낼 수 있다. 지금은 여배우가 많아지면서 '남단'이 조금씩 줄어들고 있다.

단어 唱京剧 chàng jīngjù 경극을 하다
女演员 nǚyǎnyuán 여배우
演 yǎn 연기하다
男旦 nándàn 여장 남자 배우
不仅~还~ bùjǐn~hái~ ~일 뿐만 아니라, 또 ~
适合 shìhé 적합하다

必须 bìxū 반드시
成功 chénggōng 성공하다
甚至 shènzhì 심지어
心情 xīnqíng 마음, 기분

81 ★ '남단'이란 무엇인가요?

A 경극을 하는 여배우
B 경극을 하는 남자배우
C 경극에서 여자 역할을 하는 남자배우
D 경극에서 남자 역할을 하는 여자배우

정답 C

해설 지문에 예전에 여자 배우가 적어서 경극에서 여자 역할을 하는 남자배우를 '남단'이라 부른다고 언급하였으므로 답은 보기 C이다.

82 ★ 현재 '남단'이 줄어드는 이유는 무엇인가요?

A 남자배우가 적어졌다
B 여자배우가 많아졌다
C "남단"은 인기가 없다
D "남단"이 연기를 못한다

정답 B

해설 지문 도입부분 내용은 예전에는 연기를 하는 여자가 없었기에 '남단'이 생겼고, 마지막 부분에 여자 연기자들이 많이 생겨나면서 '남단'이 줄어들었다고 설명하고 있다. 그래서 답은 B이다.

83-85

어떤 이들은 내가 공부를 잘하는 이유는 내 머리가 크고 뇌가 무겁기 때문이라고 하지만 내 생각에 그런 이야기들은 옳지 않은 것 같다. 만일 뇌가 무거워서 똑똑하다고 한다면 코끼리는 뇌가 인간보다 무거운데 어째서 인간보다 똑똑하지 못한 것일까? 내 생각에 내가 공부 잘하는 이유는 건강하기 때문이다.

일부에서 과학자의 뇌를 연구한 결과, 과학자의 뇌가 일반인에 비해 무거운 것은 아니라는 사실이 밝혀졌고, 또 나중에는 뇌가 무거운 사람이 오히려 바보라는 것도 밝혀졌다. 따라서 똑똑한 사람이라고 해서 꼭 뇌가 크거나 무거운 것은 아니라고 말할 수 있다.

단어 因为 yīnwèi 때문에

大脑 dànǎo 대뇌
说法 shuōfǎ 표현
大象 dàxiàng 코끼리
研究 yánjiū 연구
傻子 shǎzi 바보
因此 yīncǐ 그러므로, 이로써
可以说 kěyǐ shuō ~라 말할 수 있다

83 ★ 화자는 그가 공부를 잘하는 이유를 무엇이라고 생각하나요?

A 머리가 남들보다 크다
B 작은 동물을 좋아한다
C 건강이 좋다
D 머리가 비교적 무겁다

 C

해설 첫 번째 지문 후반부에 '자기는 건강해서 성적이 좋은 것 같다'고 언급하였고, 남들이 머리가 크고, 무거워서 잘한다고 하는데, 코끼리를 예로 들며 반박하고 있다. 그러므로 답은 보기 C이며, 보기 B는 언급되지 않았다.

84 ★ 다음 보기 중 본문에서 언급되지 않은 것은 무엇인가요?

A 코끼리의 뇌가 제일 무겁다
B 대뇌가 무겁다고 꼭 똑똑한 것은 아니다
C 코끼리의 뇌는 사람 뇌보다 무겁다
D 과학자의 뇌는 일반인들보다 무겁지 않다

 A

해설 지문에서는 코끼리의 뇌를 사람의 뇌와 비교하여 '무겁다'를 언급하였지, '코끼리의 뇌가 제일 무겁다'는 언급한 내용이 아니다. 그러므로 답은 보기 A이다. 나머지 보기들은 다 언급된 내용들이다.

85 ★ 본문의 의미는 무엇인가요?

A 과학자들의 대뇌가 얼마나 무거운가?
B 나는 머리가 커서 공부를 잘한다
C 바보의 머리는 일반적으로 무겁다
D 똑똑한 사람의 머리가 꼭 무겁지는 않다

정답 **D**

해설 보기 B는 틀린 내용이고, 보기 C는 지문에 언급된 내용이기는 하지만 이 글이 전하고자 하는 메시지라고 보기에는 역부족이다. 그리고 보기 A 역시 보기 D를 설명하기 위한 예일 뿐으로, 답으로 적합하지 않다. 이 지문이 말하는 바는 '똑똑하다고 머리가 꼭 무겁거나, 더 크지는 않다'. 보기 D이다.

3. 쓰기(书写)

제1부분

제1부분은 총 10문항이다. 모든 문제는 여러 개의 단어가 제시되어 있다. 응시자는 주어진 단어를 사용하여 하나의 문장을 만든다.

86 **정답** 这种茶不太好喝。

이 차는 맛이 없다.

해설 먼저 주어, 술어, 빈어를 확인한다. 주어가 눈에 확 안 들어오면 먼저 술어를 찾아 주는 것도 방법이다. 술어는 동사 혹은 형용사가 맡아서 하는데, 이 문제에서는 술어로 형용사 "好喝"를 확인 할 수 있다. 그럼 무엇이 맛있는 것인지, 생각해 보면 주어가 '茶'임을 쉽게 찾아 낼 수 있다. 그 다음 지시사와 양사가 같이 묶여 있어서 명사를 수식하는 한정어를 만들어 준다. 그럼 "这种茶"가 될 수 있고, 그 다음 부사 "不太"는 주어와 술어 뒤 상황어 자리에 놓는다. 올바른 순서는 "这种茶不太好喝。"이다.

단어 茶 chá 차
不太 bú tài 그다지, 별로

87 **정답** 我找了半天才找着。

반나절 만에 겨우 찾았다.

해설 '동사1+了+시량보어+才+동사2+결과보어' 는 회화에 자주 사용되는 형식으로 '어느정도 ~한 다음에 겨우 ~했다'의 뜻을 가진다. 그러므로 "找了半天才找着"임을 알 수 있고, 주어 "我"를 앞에 붙여 주면 된다. 그러므로 올바른 문장은 "我找了半天才找着。"이다.

단어 找 zhǎo 찾다
半天 bàntiān 한참
才 cái 비로소, 겨우
找着 zhǎozháo 찾아내다

88 **정답** 妈妈坐在沙发上看电视。

엄마가 소파에 앉아 TV를 보신다.

해설 주어 "妈妈", 동사1 "坐", 동사2 "看", 빈어 "电视"를 확인하다. 어떤 장소에서 어떤 동작을 하려면 '동사1+개사보어구

(장소)+동사2+빈어' 구조를 사용한다. 즉 "在沙发上"은 주어와 동사 사이에 넣는 것이 아니라, 첫 번째 동사 뒤에 배열시킨다. 올바른 문장 순서는 "妈妈坐在沙发上看电视。"이다. 이런 예로 "他躺在床上睡觉。/你坐在椅子上干什么呢?"등 아주 많다.

단어 沙发 shāfā 쇼파
看电视 kàn diànshì TV를 보다

89 **정답** 孩子们玩得高兴不高兴?

아이들이 신나게 놀고 있어?

해설 먼저 주어, 술어, 빈어를 확인한다. 주어 "孩子们", 술어 "玩"을 확인한다. 그리고 "得"는 술어 뒤에 붙여 정도 보어로 사용되고, 그 후에 긍정+부정을 이어서 의문문을 만들어 준다. 정도 보어를 가진 문장은 정도보어 뒤의 성분을 긍정+부정 한다. 그러므로 올바른 문장은 "孩子们玩得高兴不高兴?"이다.

단어 玩 wán 놀다
高兴 gāoxìng 기쁘다

90 **정답** 小王会做好几种中国菜。

샤오왕은 중국 음식 몇 가지를 할 줄 안다.

해설 먼저 주어, 술어, 빈어를 확인한다. 주어 "小王", 술어 "做", 빈어 "中国菜"를 확인하다. 조동사 "会"는 동사 앞에 위치해 있고, 수량사 "好几种"은 빈어 앞에 위치시킨다. 올바른 문장 순서는 "小王会做好几种中国菜。"이다.

단어 做 zuò 만들다
几种 jǐ zhǒng 몇 가지
中国菜 zhōngguócài 중국 음식

91 정답 他哪能拿那么多东西?

그렇게 많은 물건을 그가 어떻게 들어?

해설 먼저 주어, 술어, 빈어를 확인한다. 주어 "他", 술어 "拿", 빈어 "东西"를 확인한다. '의문사+조동사'는 반어용법으로 사용될 수 있는데, 상황어 자리에 위치한다. "哪能"은 주어 뒤 술어 앞에 배열한다. 그리고 "那么多"는 명사를 수식하는 것이므로 빈어를 꾸미는 것이 알맞다. 올바른 문장 순서는 "他哪能拿那么多东西?"이다.

단어 哪能 nǎ néng 어디 그럴 수 있나(반어)
拿 ná 들다
东西 dōngxi 물건

92 정답 我很想给王老师写信。

왕 선생님께 정말 편지 쓰고 싶다.

해설 먼저 주어 "我", 동사 "写", 빈어 "信"을 확인한다. 그리고 개사 "给"는 사람과 관련된 명사를 수반해야 하는데, 이 문장에서는 "王老师"가 적합하다. "给…写信"은 많이 사용되는 조합이다. 꼭 알아둔다. '부사+조동사' 순서로 "很想"은 주어 뒤, 술어 앞에 위치시킨다. 그러므로 올바른 문장은 "我很想给王老师写信。"이다.

단어 给 gěi ~에게
写 xiě 쓰다
信 xìn 편지

93 정답 他考试的成绩非常不错。

그의 시험 성적은 정말 괜찮다.

해설 먼저 주어 "成绩", 형용사 술어 "不错"를 확인한다. 주어를 수식하는 "考试"는 동사이므로 주어를 가질 수 있다. 그러므로 "他"를 "考试" 앞에 위치시킨다. 즉 주어 "成绩"가 '주어+술어'의 수식을 받은 것이 된다. 그리고 부사 "非常"은 술어 "不错" 앞에 위치시킨다. 그러므로 올바른 문장은 "他考试的成绩非常不错。"이다.

단어 考试 kǎoshì 시험
成绩 chéngjì 성적

94 정답 我不愿意管那些事。

나는 그런 일을 상관하고 싶지 않다.

해설 먼저 주어 "我", 동사 "愿意"를 확인한다. 동사 "愿意"는 빈어이며 '주어+술어'로 된 '주술구' 혹은 '동사+빈어'로 된 '동빈구'를 가진다. 그러므로 제시어 속에 여러 동사가 보인다면 동사1 "愿意"를 먼저 앞에 놓는다. 그리고 빈어 속의 구조를 찾아주면 된다. 동사2 "管", 빈어 "那些事"은 동사1 "愿意"의 빈어인 셈이다. 그러므로 올바른 순서는 "我不愿意管那些事。"이다.

단어 不愿意 bú yuànyì 원하지 않다
管 guǎn 신경쓰다, 관여하다

95 정답 他一定要骑自行车去。

그는 분명 자전거 타고 갈 거야.

해설 먼저 주어, 술어, 빈어를 확인한다. 주어 "他", 동사1 "骑", 동사2 "去"를 확인한다. 동사가 연달아 나오는 연동구에서 '교통수단'을 뜻하는 동사가 먼저 위치한다. '부사+조동사' 순서에 맞게 "一定要"를 상황어 자리, 주어 뒤 술어 앞에 위치시킨다. 올바른 순서는 "他一定要骑自行车去。"이다.

단어 一定 yídìng 반드시
骑自行车 qí zìxíngchē 자전거를 타다

제2부분

제2부분은 총 5문항이다. 모든 문제에는 한 장의 그림과 하나의 단어가 제시된다. 응시자는 그림을 보고 주어진 단어를 사용하여 하나의 문장을 만든다.

96 참고답안 我把桌子上的东西整理好了。

책상 위의 물건들을 다 정리했다.

단어 把 bǎ ~을(를)
桌子 zhuōzi 탁자
整理 zhěnglǐ 정리하다

97 참고답안 这是我们全家的照片。

이 사진은 우리 가족 사진이다.

단어 全家 quánjiā 온 가족
照片 zhàopiàn 사진

98 참고답안 爷爷早上总是去公园运动。

할아버지는 아침마다 공원에서 운동을 하신다.

단어 总是 zǒngshì 늘
运动 yùndòng 운동하다

99 참고답안 真是对不起，请您原谅我吧。

정말 죄송합니다. 용서해 주세요.

단어 原谅 yuánliàng 용서하다

100 참고답안 我们参观了一家公司。

우리는 회사 한 곳을 둘러보았다.

단어 公司 gōngsī 회사, 기업
参观 cānguān 참관하다, 견학하다

新汉语水平考试

HSK
4级

모의고사 해설

HSK (四级) **4**회 모범답안

一、听力

第一部分	1. ✓	2. ✓	3. ×	4. ×	5. ×	6. ✓	7. ✓	8. ×	9. ×	10. ✓
第二部分	11. B	12. D	13. B	14. C	15. D	16. C	17. A	18. A	19. B	20. C
	21. A	22. B	23. D	24. C	25. C					
第三部分	26. D	27. A	28. D	29. B	30. C	31. C	32. D	33. A	34. A	35. B
	36. C	37. D	38. D	39. A	40. B	41. B	42. B	43. C	44. C	45. D

二、阅读

第一部分	46. E	47. F	48. B	49. A	50. C	51. F	52. E	53. A	54. B	55. D
第二部分	56. B C A		57. A B C		58. C B A		59. A B C		60. C B A	
	61. B A C		62. C B A		63. A B C		64. B A C		65. A C B	
第三部分	66. B	67. B	68. C	69. C	70. C	71. A	72. C	73. C	74. A	75. A
	76. D	77. C	78. A	79. B	80. C	81. C	82. C	83. A	84. A	85. B

三、书写

第一部分	86.	再等他十分钟吧。
	87.	桌子上的报纸是昨天的。
	88.	世界上没有完全相同的两个人。
	89.	他们俩长得特别像。
	90.	请大家在这儿等一会儿。
	91.	每个人都有自己的特点。
	92.	抽烟引起了一场大火。
	93.	祝你在新的一年里一切顺利。
	94.	你怎么会遇到这么麻烦的事情？
	95.	学校要组织留学生到北京旅行。
第二部分 参考答案	96.	这里的水果真够新鲜的。
	97.	他讲的笑话真有意思。
	98.	他走路不注意，撞到墙上了。
	99.	大家脱了鞋，然后才进去。
	100.	你猜他今年多大了？

1. 듣기(听力)

제1부분

제1부분은 총 10문항이다. 모든 문제는 한 번씩 들려준다. 모든 문제에서 한 사람이 한 단락의 문장을 읽으면, 다른 사람이 그 문장과 관련된 한 구절의 문장을 읽는다. 시험지에도 이 문장이 제시되어 있으며, 응시자는 들려주는 내용과 맞는지 판단한다.

모의고사 ①
모의고사 ②
모의고사 ③
모의고사 ❹
모의고사 ⑤

1

秋天是北京最好的旅游季节，气温不高也不低。可惜秋天太短，冬天很快就来了。

가을은 베이징을 여행하기 제일 좋은 계절로, 기온이 높지도 낮지도 않다. 하지만 안타깝게도 가을은 너무 짧고 바로 겨울이 온다.

베이징에서 가장 좋은 계절은 가을이다.

정답 ✓

해설 "是자문"의 주어와 빈어는 동격이거나 포함관계를 이루고 있어야 한다. 지문 처음에 언급된 지문은 전형적인 "是자문"으로 가을은 베이징의 제일 좋은 계절이고, 문제에는 베이징의 제일 좋은 계절은 가을이라고 하였으니, 문법적으로도 내용상으로도 일치하는 것이므로 답은 ✓이다.

단어
秋天 qiūtiān 가을
旅游季节 lǚyóu jìjié 여행 계절
气温 qìwēn 기운
可惜 kěxī 애석하다, 안타깝다
短 duǎn 짧다

2

他每周都要去超市买很多东西，蔬菜、水果、日用品什么的，他都要买。

그는 매주 슈퍼에서 많은 것을 사는데, 채소와 과일, 일용품 등을 다 사야 한다.

그는 자주 슈퍼에서 물건을 산다.

정답 ✓

해설 지문에 언급된 "每周都要去超市"는 문제에 언급된 "常去超市"와 같은 의미로 답은 ✓이다.

단어
每周 měizhōu 매주
超市 chāoshì 슈퍼마켓
蔬菜 shūcài 야채
日用品 rìyòngpǐn 일용품
什么的 shénme de 등등(나열)

3

早起和午睡是很多中国人的生活习惯。可现在越来越多的年轻人早起不了，一是因为他们现在工作紧张，二是因为现在年轻人的夜生活比以前丰富得多了。

일찍 일어나는 것과 낮잠을 자는 것은 많은 중국인의 생활습관이다. 하지만 최근 들어 갈수록 많은 젊은이들이 일찍 일어나지 못하는데, 첫 번째 이유는 일이 너무 바쁘기 때문이고, 두 번째 이유는, 요즘 젊은이들은 밤에 할 수 있는 것들이 예전보다 다양해졌기 때문이다.

요즘 젊은이들은 일찍 일어난다.

정답 ✗

해설 '요즘 젊은이들은 일찍 못 일어난다'고 지문에 언급되었는데, 문제에는 '요즘 젊은이는 일찍 일어난다'고 표현하고 있으므로 답은 ✗이다.

단어
早起 zǎoqǐ 일찍 일어나다
午睡 wǔshuì 낮잠을 자다
生活习惯 shēnghuó xíguàn 생활 습관
现在 xiànzài 지금

越来越 yuèláiyuè 점점

早起不了 zǎo qǐbuliǎo 일찍 일어날 수가 없다

一是~二是~ yī shì~èr shì~ 첫째 ~이고, 둘째 ~이다

工作紧张 gōngzuò jǐnzhāng 업무가 바쁘다

夜生活 yèshēnghuó 밤 문화

比 bǐ ~보다

丰富 fēngfù 풍부하다

普通话 pǔtōnghuà (중국어)표준어

4

> 我的家乡冬天经常下雪，所以一看到雪景，我就觉得好像回到自己的家乡了。
>
> 내 고향에는 겨울이면 눈이 자주 내려서 설경을 보고 있자면 나는 고향에 온 듯한 기분이 든다.

나는 고향으로 돌아왔다.

정답 X

해설 지문에 언급된 "好像"은 비유의 의미이지, 실제로 발생한 일은 아니다. 그러므로 문제에 언급된 내용은 틀린 내용으로 답은 ×이다.

家乡 jiāxiāng 고향

雪景 xuějǐng 설경

好像 hǎoxiàng 마치 ~인 듯하다

回到 huídào 되돌아오다

5

> 中国的地方很大，南方人听不懂北方话，北方人也听不懂南方话，要是说普通话，大家就都能听懂了。
>
> 중국은 땅이 넓어서 남부 사람은 북부지역 말을 못 알아듣고 북부 사람도 남부지역 말을 못 알아듣는다. 하지만 표준어라면 모두 알아들을 수 있다.

남부 사람들은 표준어를 못 알아듣는다.

정답 X

해설 남. 북부 지역 사람들은 서로의 사투리를 못 알아듣는 것이고, 표준어라면 다 알아듣는다고 하였는데, 문제는 '남부 사람이 표준어를 못 알아듣는다'고 하였으니, 답은 ×이다.

南方人 nánfāngrén 남부 사람

听不懂 tīng bu dǒng 못 알아듣다

北方话 běifānghuà 북부 사투리

要是 yàoshi 만약 ~라면

6

> 我们第一场比赛就输了，其实第一次失败了也好，知道了不足，以后才会更努力。
>
> 우리는 첫 시합에서 졌는데, 사실 첫 패배도 괜찮기는 하다. 부족한 점을 깨달은 후 더 노력할 수 있기 때문이다.

우리는 첫 번째 경기에서 졌다.

정답 ✓

해설 지문은 첫 패배에 관한 긍정적인 면을 서술하고 있다. '첫 시합에 패배하였다'는 문제 지문은 맞는 내용으로 답은 ✓이다.

단어 第一场 dì yì chǎng 첫번째

比赛 bǐsài 시합, 경기

输 shū 지다

其实 qíshí 사실

失败 shībài 실패하다

不足 bùzú 부족

更 gèng 더욱, 더

努力 nǔlì 노력하다

7

> 今天来面试的大学生，虽然有点儿紧张，不过问题回答得很好，看起来对自己也很有信心。
>
> 오늘 면접 보러 온 대학생은 조금 긴장하긴 했지만 질문에 대답을 잘 했다. 보기에 자신감도 꽤 있는 것 같았다.

면접을 보러 온 대학생의 인상이 좋았다.

정답 ✓

해설 면접에서 중요한 것은 대답을 잘 하는 것과 자신감이라고 볼 수 있으며, 면접 본 대학생은 이를 다 갖추었다. 그리고 지문에는 부정적인 면을 강조한 것은 없다. 그러므로 문제에 언급된 '면접 보러 온 대학생에 대한 이미지가 좋다'는 맞는 것이라 볼 수 있다.

단어 面试 miànshì 면접 보다

有点儿 yǒudiǎnr 약간

紧张 jǐnzhāng 긴장하다

回答 huídá 대답하다
看起来 kàn qǐlái 보기에
信心 xìnxīn 자신감

8

> 办公室李老师打电话说，因为王老师的孩子突然住院，所以我们今天下午的听力课不上了。

> 사무실에 리 선생님께서 전화하셔서 '왕 선생님 아이가 병원에 갑작스럽게 입원을 하게 되어서 오늘 오후 듣기 수업은 취소되었다'고 말씀하셨다.

선생님께서 병이 나서서 오후에는 수업을 하지 않는다.

정답 ✕

해설 왕 선생님의 아이가 입원을 하게 된 것이지, 왕 선생님이 병이 난 것이 아니다. 그러므로 문제 지문은 틀린 것이다.

단어 突然 tūrán 갑자기
住院 zhùyuàn 입원하다

9

> 我觉得没有什么最理想的工作。职业好不好，关键要看两个方面。一是收入，因为工作是为了生活；二是工作环境，比如跟同事、领导的关系等。

> 내 생각에 가장 이상적인 직업이란 없는 것 같다. 좋은 직업인지 아닌지는 두 가지를 봐야 한다. 한 가지는 수입인데, 직업이란 생계를 위한 것이기 때문이다. 나머지 하나는 업무 환경으로, 동료나 상사와의 관계 등을 말한다.

고소득 직업이 가장 이상적인 직업이다.

정답 ✕

해설 '수입'과 '업무환경' 두 가지가 중요하고, 수입이 생계를 위한 것이기 때문에 중요하다는 것이지, 고소득이 중요한 것이 아니다. 고소득이 아니라도 생계는 유지할 수 있다. 그러므로 답은 ✕이다.

단어 理想 lǐxiǎng 이상적이다
职业 zhíyè 직업
关键 guānjiàn 중요한 것, 관건
方面 fāngmiàn 방면
一是～二是～ yī shì~èr shì~ 첫째는 ～이고, 둘째는 ～이다
收入 shōurù 수입
为了 wèile 위하여
生活 shēnghuó 생활하다, 살아가다
比如 bǐrú 예를 들면
跟同事 gēn tóngshì 동료와

10

> 父母应该多理解孩子，孩子也要去了解父母，特别是年老的父母。当他们年老的时候，更需要孩子们的尊敬和照顾。

> 부모는 자녀를 이해해야 하고, 자녀 역시 부모님, 특히 나이 든 부모님을 이해해야 한다. 부모님은 나이가 들면 자녀들의 존경과 보살핌을 더욱 필요로 한다.

부모와 아이는 서로 이해해야 한다.

정답 ✓

해설 지문 첫 부분에 언급한 내용. '부모와 자녀는 서로 이해해야 한다'는 의미를 문제는 간단히 줄여서 "互相理解"라고 표현하였다.

단어 应该 yīnggāi 마땅히
理解 lǐjiě 이해하다
了解 liǎojiě 잘 알다
特别是 tèbié shì 특히나
年老 nián lǎo 연로하다
当～时候 dāng~shíhou ～할 때
需要 xūyào 필요하다
尊敬 zūnjìng 존중하다
照顾 zhàogù 돌보다

모의고사 1
모의고사 2
모의고사 3
모의고사 4
모의고사 5

제2부분

제2부분은 총 15문항이다. 모든 문제는 한 번씩 들려준다. 모든 문제는 두 사람의 대화로 이루어져 있으며, 두 문장으로 구성되어 있다. 세 번째 사람이 이 대화와 관련된 질문을 한다. 응시자는 시험지에 주어진 4개의 선택 항목 중에서 정답을 고른다.

11

男：您要点儿什么？
女：就来一碗面条吧。

问：这段话最有可能在哪儿听到？

남 : 무엇을 드시겠습니까?
여 : 국수 한 그릇 주세요.

문 : 이 대화는 어디에서 들을 수 있는 것인가요?

A 상점
B 음식점
C 서점
D 은행

정답 B

해설 지문에 언급된 "一碗面条"에서 음식점임을 알 수 있다. 상점에도 물론 국수를 팔기는 하지만, 상품으로 파는 것에는 묶음 혹은 봉지 등의 양사를 사용하고, "碗"을 사용하지 않는다. 그러므로 답은 보기 B이다.

단어 一碗面条 yì wǎn miàntiáo 국수 한 그릇

12

女：听说快车比慢车贵10块钱。
男：所以我不坐这趟快车，再等20分钟坐9：38分的那趟慢车。

问：男人打算坐几点的车？

여 : 듣자하니, 고속열차는 완행열차보다 10위안이 더 비싸대.
남 : 그래서 우리는 이 열차를 안 타고 20분 더 기다렸다가 9시 38분에 완행열차를 탈 거야.

문 : 남자는 몇 시 열차를 타려고 하나요?

A 9：10
B 9：20
C 9：28

D 9：38

정답 D

해설 '20분을 기다려서 9시38분 차를 탄다'고 한 것이므로 답은 보기 D이고, 나머지들은 언급된 시간이 아니다. 중국어 시간 표시 형식은 아주 기본적인 내용이므로 이에 익숙해야 한다.

단어 听说 tīngshuō 듣자하니
快车 kuàichē 고속열차
慢车 mànchē 완행열차
趟 tàng 회차(열차 운행)

13

男：小王，太感谢你了，这件事没有你的帮忙肯定办不成。
女：看你说到哪儿去了，咱们都是朋友。

问：女人的意思是：

남 : 샤오왕, 정말 고마워. 이 일은 네 도움이 없었으면 분명 성사되지 못했을 거야.
여 : 무슨 말을, 우린 친구잖아.

문 : 여자가 뜻하는 바는 무엇인가요?

A 나는 당신을 돕지 않았다
B 당신은 이렇게 예의를 차릴 필요 없다
C 내 친구가 당신을 도왔다
D 당신의 말을 난 못 알아 들었다

정답 B

해설 지문에 여자가 언급한 "看你说到哪儿去了"는 상대방의 고맙다는 인사에 건네는 답례이다. 상대방 말에 완곡한 부정을 담고 있다. 이는 고맙다는 표현에, '무슨 말씀이세요? 이 정도는 당연한 거지요.'의 뜻을 가지는 회화상용구이다. 부정이라고 보기 A에 눈길이 갈 수도 있지만, 도와준 자체를 부정하는 것이 아니라 고맙다는 인사에 건넨 표현이므로 혼동하지 않도록 주의한다. 또 친구 사이임을 언급하였으니 답은 보기 B '너무 예의 차리지 마라'가 좋다.

단어　帮忙 bāngmáng 돕다
　　　肯定 kěndìng 반드시
　　　办不成 bàn bu chéng 이룰 수 없다

14

> 女：你看我新买的这条裙子怎么样？
> 男：你要是问我，我就实话实说，你买的这
> 　　条裙子不怎么样。
>
> 问：男人觉得裙子：

여 : 네가 보기에 새로 산 이 치마 어때?

남 : 나한테 묻는 거라면, 솔직히 말해서 네가 산 그
　　치마 별로야.

문 : 남자는 치마가 어떻다고 여기나요?

A　싸다
B　약간 크다
C　그다지 좋지 않다
D　너무 비싸다

정답　C

해설　지문에 언급된 남자가 한 말 "不怎么样"은 보기 C "不太
好"와 같은 의미며, 다른 보기들은 언급된 내용이 아니다.

단어　条 tiáo 치마의 양사
　　　裙子 qúnzi 치마
　　　要是 yàoshi 만약 ～라면
　　　实话实说 shíhuà shíshuō 솔직히 말하다
　　　不怎么样 bù zěnmeyàng 별로이다

15

> 男：您能参加今天的演出吗？
> 女：我很想参加，可是你知道，我太忙了。
>
> 问：女人的意思是：

남 : 오늘 공연에 참가하실 수 있습니까?

여 : 저도 참가하고 싶지만 아시다시피 제가 너무 바
　　빠서요.

문 : 여자가 뜻하는 바는 무엇인가요?

A　공연에 참가할 수 있다
B　반드시 공연에 참가한다
C　공연에 참가하고 싶지 않다
D　공연에 참가할 시간이 없다

정답　D

해설　지문에 언급된 "忙"은 보기 D에 언급된 "没时间"과 같은 의
미이며, 지문 중간에 사용된 전환을 나타내는 "可是" 앞의
내용은 사실을 뜻한다. 그러므로 여자는 가고 싶어한다. 보기
C는 틀린 내용이며, 보기 A, B는 같은 의미의 보기들이다.

단어　参加 cānjiā 참가하다
　　　演出 yǎnchū 공연
　　　可是 kěshì 그러나
　　　忙 máng 바쁘다

16

> 女：请问8路汽车经过火车站吗？
> 男：对不起，我是第一次来这里。
>
> 问：男人为什么说"对不起"？

여 : 실례지만 8번 버스가 기차역을 지나나요?

남 : 죄송합니다. 저도 여기가 처음이에요.

문 : 남자는 왜 '죄송합니다'라고 말하였나요?

A　그가 바빠서
B　그가 분명히 알아 듣지 못했으므로
C　그가 몰라서
D　그가 대답하고 싶지 않아서

정답　C

해설　상대방의 질문에 이곳에 처음 와 잘 몰라서 대답을 해 줄 수
없으므로 예의상 '죄송하다'고 표현한 것이므로, 보기 D '대
답하고 싶지 않다'는 틀린 내용이다. 보기 A, B는 언급된 내
용이 아니고, 보기 C가 지문에 언급된 "第一次来这里"와
가장 근접한 내용이 되겠다.

단어　经过 jīngguò 경유하다
　　　第一次 dì yí cì 처음, 첫번째

17

> 男：我们周末去长城，你和我们一起去吧。
> 女：没别的安排的话，我就去。
>
> 问：女人的意思是：

남 : 우리 주말에 만리장성 가는데, 너도 같이 가자.

여 : 다른 일정 없으면 갈게.

문 : 여자가 뜻하는 바는 무엇인가요?

A　정하지 않았다

B 반드시 간다
C 갈 수 없다
D 가고 싶지 않다

정답 A

해설 여자의 말은 '다른 일정이 없으면 가고, 있으면 못 간다'의 뜻으로, 이는 분명히 '간다', '못 간다'를 표현한 것이 아니므로 답은 보기 A '정할 수가 없다'가 제일 좋은 답이다. 나머지 보기들은 분명한 의사표현을 한 것들이다.

단어 周末 zhōumò 주말
和~一起 hé~yìqǐ ~와 같이
别的 bié de 다른
安排 ānpái 스케줄, 일정
的话 de huà ~라면

18

| 男：排了半天队才帮你买到这次音乐会的票，就是座位不太好。 |
| 女：可以了，能买到就不错了，谢谢你。 |
| 问：关于音乐会的票，下面哪一项是正确的？ |

남 : 한참을 줄 서서 겨우 음악회 티켓을 샀네. 그런데 자리가 별로 안 좋아.

여 : 그 정도면 됐어. 표 산 것만으로도 다행이야. 고마워.

문 : 음악회 티켓에 관하여 다음 중 맞는 내용은 무엇인가요?

A 사기가 쉽지 않다
B 티켓이 비싸다
C 자리가 좋다
D 사지 못했다

정답 A

해설 남자가 한 말 "排了半天队才帮你买到…"에 사용된 시간 부사 "才"를 통해서 많은 시간을 사용해 티켓을 구매했음을 알 수 있다. 그러므로 보기 D는 틀린 내용이고, 보기 A가 맞는 내용임을 알 수 있다. 보기 B는 언급되지 않았고, 대화에서 '자리가 별로 좋지 않다'고 언급하였으므로 보기 C도 틀렸다는 것을 알 수 있다.

단어 排 pái 줄을 서다
座位 zuòwèi 좌석
关于 guānyú …에 관해서

19

| 女：小李怎么能这样，太不像话了！ |
| 男：谁说不是呢。 |
| 问：男人的意思是： |

여 : 샤오리가 어떻게 이럴 수 있어, 말도 안 돼!

남 : 누가 아니래.

문 : 남자가 뜻하는 바는 무엇인가요?

A 나는 동의하지 않는다
B 당신 말이 맞다
C 누가 그래요?
D 나는 그를 모른다

정답 B

해설 "谁说不是"는 의문사를 사용한 반어용법으로 상대방 말이나 의견에 동의하는 표현이다. 그러므로 답은 보기 B이다.

단어 怎么能 zěnme néng 어떻게 그럴 수 있나?(반어)
不像话 bú xiànghuà 말도 안 된다, 심하다
谁说不是 shuí shuō búshì 누가 아니래(동의)

20

| 男：这件事你和小王一起干，怎么样？ |
| 女：不行，这件事有他没我，有我没他，你看着办吧！ |
| 问：女人的意思是： |

남 : 네가 샤오왕과 같이 이 일을 해 보는 게 어때?

여 : 싫어. 샤오왕이 하면 내가 안 할 거고, 내가 하면 그가 하면 안돼. 네가 알아서 해.

문 : 여자가 뜻하는 바는 무엇인가요?

A 나 혼자서도 충분하다
B 그가 하도록 하는 것이 제일 좋다
C 나는 그와 같이 일하고 싶지 않다
D 나는 이미 그와 약속을 했다

정답 C

해설 같이 일을 해보라는 제안에 여자는 "不行"이라고 거절을 하였고, 이어서 둘 중에 한 사람만 할 것이란 의미로 '같이 하기 싫다'는 것을 강조하였다. 그러므로 답은 보기 C이다. 나머지 보기들은 언급된 내용이 아니다.

단어 一起 yìqǐ 같이
干 gàn 하다
看着办 kànzhe bàn 알아서 처리하다

21

女：看你的脸色就知道你昨天晚上又开夜
车了。

男：还真让你说着了。

问：男人的意思是：

여 : 네 얼굴색을 보니 어제 또 밤 새워 일했구나?

남 : 어떻게 알았어?

문 : 남자가 뜻하는 바는 무엇인가요?

A 당신 말이 맞다

B 뭐라고?

C 당신 나한테 신경 쓰지 마

D 당신 어디 가?

정답 A

해설 남자가 말한 "说着了"는 '말한 말이 맞다'란 뜻으로 보기 A
와 같은 뜻이다. 나머지 보기들은 언급된 내용이 아니다.

단어 脸色 liǎnsè 안색

开夜车 kāiyèchē (업무, 공부로) 밤새우다

说着了 shuōzháole 말한 말이 맞다

22

男：你的爱好是什么？

女：跳舞、游泳、弹钢琴等我都喜欢。

问：下面哪一项录音中没有提到：

남 : 넌 취미가 뭐야?

여 : 춤추기, 수영, 피아노 연주, 다 좋아해.

문 : 다음 중 지문에 언급되지 않은 것은 무엇인가
요?

A 춤

B 노래

C 수영

D 피아노

정답 B

해설 보기 A, C, D 다 언급되었으며, '노래 부르기'는 언급되지 않
았다. 이런 나열식의 문제는 문제를 들으면서 보기 옆에 하
나하나 기록을 해야 쉽게 답을 찾을 수 있다. 나열식의 문제
는 일반적으로 난이도가 낮은 편이므로 꼭 점수를 따야 하
는 문제들이다.

단어 爱好 àihào 취미

跳舞 tiàowǔ 춤

游泳 yóuyǒng 수영

弹钢琴 tán gāngqín 피아노 연주

都 dōu 모두

23

女：听说今天晚上的比赛可精彩了，你不想
看看吗？

男：怎么不想，可在哪儿都买不到票啊。

问：男人的意思是：

여 : 오늘 저녁에 있을 시합 정말 멋질 거라는데, 볼
생각 없어?

남 : 왜 안 보고 싶겠어, 그렇지만 어디서도 표를 구
할 수가 없어.

문 : 남자가 뜻하는 바는 무엇인가요?

A 보고 싶지 않다

B 시간이 없다

C 이미 보았다

D 표를 못 샀다

정답 D

해설 남자가 말한 "怎么不想"은 반어용법으로 '보고 싶다'는 의
미라서, 보기 A는 틀린 것이고, 뒤에 의미가 전환되어 "买
不到"라고 표현하였다. 전환의 관계에서 화자의 포인트는 뒤
쪽에 있다. 그러므로 남자가 하고자 하는 말은 보기 D가 되
겠다.

단어 听说 tīngshuō 듣자하니

比赛 bǐsài 시합, 경기

可 kě 정말로

精彩 jīngcǎi 훌륭하다, 멋있다

不想~吗？ bù xiǎng~ma? 하고 싶지 않니?(반어)

怎么不想 zěnme bù xiǎng 어떻게 아니겠어(반어)

哪儿都 nǎr dōu 어디에서나, 모든 장소

买不到 mǎi bu dào 살 수 없다

24

男：妈妈，我把邻居家的玻璃打破了。

女：你呀，总是给我找麻烦。

问：女人的语气是：

남 : 엄마, 제가 이웃집 유리를 깼어요.

여 : 넌 항상 엄마를 골치 아프게 하는구나.

문 : 여자의 말투는 무엇인가요?

A 기쁘다
B 놀래다
C 골치아프다
D 의기양양하다

정답 C

해설 아이가 옆 집 유리창을 깼다는 점에 기뻐하거나 득의 양양해 하는 사람은 없을 것이다. 그러므로 보기 A, D는 제거하고, 지문에 언급된 "总是"의 의미에서 보기 B '놀래다'는 어색하다. 늘상 있는 일이 새삼스럽게 놀라울 것도 없다. 이 세가지 보기들을 제거하고 나면, 보기 C만 남는데, 이것이 답으로 적당하다. "烦恼"는 골치 아픈 문젯거리에 대한 태도로 어색함이 없다.

단어 把 bǎ ~을, ~를
邻居家 línjūjiā 이웃
玻璃 bōlí 유리
打破 dǎpò 깨다
总是 zǒngshì 늘
给我找麻烦 gěi wǒ zhǎo máfan 나를 골치아프게 하다

25
> 男 : 听说这个电视剧很好看?
> 女 : 好看什么, 看它还不如去睡觉呢。

问 : 女人的意思是 :

남 : 이 드라마 재미있다면서?
여 : 재미는 무슨, 이걸 볼 바엔 잠자는 게 낫겠다.

문 : 여자가 뜻하는 바는 무엇인가요?

A 그녀는 드라마를 안 봤다
B 그녀는 잠을 자고 싶어한다
C 그녀는 이 드라마를 좋아하지 않는다
D 그녀는 드라마 내용을 모른다

정답 C

해설 여자가 말한 "好看什么"는 의문사를 사용한 반어용법으로 재미 없음을 나타내고 있고, 'A 不如 B'는 선택의 관계에서 '차라리 B를 선택하겠다'는 뜻이다. 그러나 좋아서 B를 하겠다는 뜻보다는 A가 훨씬 기대치에 못 미친다는 의미이다. 그러므로 보기 B를 답으로 혼동하면 안 된다. 드라마를 안 보았거나, 내용을 모르면 여자가 어떻게 재미없다고 논하겠는가? 그러므로 보기 A, D는 어불성설이고, 답은 보기 C이다.

단어 电视剧 diànshìjù 드라마
好看什么 hǎokàn shénme 뭐가 보기 좋아?(반어)
不如 bùrú ~만 못하다

제3부분

제3부분은 총 20문항이다. 모든 문제는 한 번씩 들려준다. 모든 문제는 4-5 문장으로 구성된 대화 또는 단문이며, 이 내용을 들려준 후 관련된 1-2개의 질문을 한다. 응시자는 시험지에 주어진 4개의 선택 항목 중에서 정답을 고른다.

26
> 男 : 你看那件白毛衣怎么样? 你穿一定合适。
> 女 : 挺好看的, 不过白的容易脏, 那件蓝的怎么样?
> 男 : 蓝的有点儿深, 我喜欢浅色的。
> 女 : 那就买这件黄色的吧。
> 男 : 不错, 挺漂亮的, 就买它吧。

问 : 男人要买哪种颜色的毛衣?

남 : 그 하얀색 스웨터 어때? 네가 입으면 분명 잘 어울릴 거야.
여 : 정말 예쁘긴 한데, 흰색은 금방 더러워져. 저 파란색은 어때?
남 : 파란색은 약간 짙어. 난 밝은 색이 좋아.
여 : 그럼 이 노란색으로 하지 뭐.

남 : 그래, 정말 예쁘다. 그걸로 사.

문 : 남자는 어떤 색 스웨터를 사려고 하나요?

A 파란색
B 흰색
C 검은색
D 노란색

정답 D

해설 보기 C는 언급된 색이 아니고, 보기 B 흰색이 때를 잘 타서 싫고, 보기 A는 짙은 색이라 싫고, 밝은 색 보기 D '노란색을 산다'고 하였으므로 답은 보기 D이다.

단어 白毛衣 bái máoyī 흰색 스웨터
一定 yídìng 반드시
合适 héshì 적합하다
挺~的 tǐng~de 매우 ~하다
不过 búguò 그러나
容易 róngyì 쉽다
脏 zāng 더럽다
蓝的 lán de 파란색
深 shēn 짙다
浅色 qiǎnsè 옅은색, 밝은색

27

男：你的脸色不好，是不是身体不舒服？
女：不是。邻居家刚生了孩子，夜里天天哭，吵得我睡不好觉。
男：睡不好觉可是一个大问题啊。
女：谁说不是呀。

问：女人为什么脸色不好？

남 : 얼굴색이 안 좋아 보여, 어디 아픈 거 아니야?
여 : 아니야. 옆 집에 아기가 생겼는데 밤마다 울어대서 시끄러워 잠을 못 잤어.
남 : 잠을 잘 못 자는 건 큰 문제인데.
여 : 누가 아니래.

문 : 여자는 무엇 때문에 안색이 좋지 않나요?

A 잠을 잘 못 잤다
B 영양불량
C 이사해서 피곤하다
D 건강이 좋지 않다

정답 A

해설 남자가 '얼굴색이 안 좋아 보인다'는 걱정에 여자는 '옆집 아이가 울어대서 잠을 못 이루었다'고 하였으므로 답은 보기 A 이다. 나머지는 보기들은 언급된 것이 아니다.

단어 脸色 liǎnsè 안색
身体 shēntǐ 몸, 건강
不舒服 bù shūfu 불편하다
邻居家 línjūjiā 이웃
刚 gāng 막, 방금
生孩子 shēng háizi 아이를 낳다
天天 tiāntiān 매일
哭 kū 울다
吵 chǎo 시끄럽다
睡不好觉 shuì bu hǎo jiào 잠을 잘 수가 없다
谁说不是 shéi shuō bú shì 누가 아니래(동의)

28

男：他们踢得真没意思。
女：这些队员根本不像在比赛，倒像在散步。
男：看这样的比赛，还不如在家看看书，上上网呢。
女：就是，快别看了。

问：说话人可能在做什么？

남 : 이 경기 참 재미없다.
여 : 이 팀은 시합을 하는 게 아니라 산책하는 것 같아.
남 : 이런 경기를 볼 바엔 집에서 책이나 읽고 인터넷이나 하는 게 나아.
여 : 맞아, 그만 보자.

문 : 화자는 무엇을 하고 있나요?

A 책을 본다
B 산책 한다
C 인터넷 한다
D 시합을 본다

정답 D

해설 축구 경기를 보면 재미없어서 운동선수들이 공을 차는 것이 아니라 산책하는 듯하다고 한 것이고, 이런 경기를 볼 바에는 다른 것을 하겠다는 대화내용이었다. 그러므로 이들은 '지금 축구 경기를 보고 있다'라는 보기 D가 답이다.

단어 踢 tī 차다
没意思 méi yìsi 재미없다

队员 duìyuán 선수
根本 gēnběn 전혀
不像 bú xiàng ~같지 않다
倒像 dào xiàng 도리어 ~같다
不如 bùrú ~만 못하다

29

男：网上有个调查，说有70%的人表示老了
　　以后不和子女住在一起。
女：是吗？我还以为只有我这样想呢。
男：现在一个家庭只有一个孩子，总不能四
　　个老人都和孩子住在一起吧！
女：对，我想老人还是自己住更好。

问：对这个问题，女的是什么态度？

남 : 한 인터넷 조사를 보니 늙으면 자녀와 같이 안
　　산다는 사람이 70%나 된대.
여 : 그래? 난 나만 그렇게 생각하는 줄 알았는데.
남 : 요샌 한 집에 아이가 하나밖에 없는데, 노인 네
　　명이 전부 아이랑 같이 살 수는 없잖아.
여 : 맞아, 내가 볼 때 늙으면 혼자 사는 게 더 나아.

문 : 이 문제에 대하여, 여자는 어떤 태도를 취하고
　　있나요?

A 자녀와 같이 살아야 한다
B 자녀와 같이 살지 않는다
C 이 문제를 아직 고려해 보지 않았다
D 같이 살아도, 같이 살지 않아도 다 괜찮다

정답 B

해설 여자가 마지막에 언급한 "老人还是自己住更好"는 보기 B
와 같은 의미이다. 여자가 언급한 "我还以为只有我这样想
呢"에서 생각해 보았음을 알 수 있으므로 보기 C는 모순되
는 내용이다.

단어 网上 wǎngshàng 인터넷에서
调查 diàochá 조사
表示 biǎoshì 밝히다, 표시하다
住 zhù 살다
以为 yǐwéi ~라 (잘못) 여기다
还是~好 háishì~hǎo ~하는 것이 좋다
自己住 zìjǐ zhù 혼자 살다

30

女：看你一脸高兴的样子，有什么好事？
男：今天上午考试成绩出来了，我口语59
　　分，不及格。
女：不及格就要补考，你怎么还这么高兴？
男：我还没说完呢。下午我去找老师，老师
　　一看我的成绩就说弄错了，结果把我的
　　成绩改成95了。

问：男人为什么这么高兴？

여 : 얼굴이 기쁨에 찬 걸 보니, 무슨 좋은 일 있나
　　봐?
남 : 오늘 오전에 시험 성적이 나왔는데, 회화 성적
　　이 59점이라 불합격이야.
여 : 불합격이면 재시험 봐야 하는데, 뭐가 그렇게
　　신나?
남 : 내 말 아직 안 끝났잖아. 오후에 선생님을 찾아
　　갔는데, 선생님께서 내 성적을 보시더니 잘못됐
　　다고 하시면서 95점으로 고쳐주셨어.

문 : 남자는 무엇 때문에 그렇게 기쁜가요?

A 불합격이다
B 재시험 볼 수도 있다
C 성적이 아주 좋다
D 선생님을 만났다

정답 C

해설 남자의 성적이 처음의 59점에서 95점으로 바뀌어서 기뻐함
을 알 수 있다. 그러므로 답은 보기 C이다. 보기 A는 사실이
아니며, 그러므로 남자는 재시험을 볼 필요도 없다.

단어 一脸 yì liǎn 온 얼굴
成绩 chéngjì 성적
不及格 bù jígé 불합격하다
补考 bǔkǎo 재시험보다
弄错 nòngcuò 착오가 생기다, 잘못하다
改成 gǎichéng ~으로 고치다

31

女：师傅，您看看我们家的空调吧！正是热
　　的时候，空调坏了，真倒霉。
男：好像是电机坏了，换一个吧，1000块。
女：修理要1000？那我还不如买台新空调
　　呢。
男：1000元可买不了新的空调。

问：女的是什么意思？
여 : 아저씨, 저희 집 에어컨 좀 봐 주세요. 이렇게 더울 때 에어컨이 고장 나서 정말 속상해요.
남 : 기계가 고장 난 것 같으니 바꾸세요. 1000위안 이에요.
여 : 고치는 데 1000위안이라고요? 차라리 새 걸 사는 게 낫겠어요.
남 : 1000위안 가지고는 새 에어컨 못 사죠.
문 : 여자가 뜻하는 바는 무엇인가요?

A 새 에어컨은 싸다
B 새 에어컨은 비싸다
C 수리비가 너무 비싸다
D 수리비가 많이 싸다

정답 C

해설 지문은 고장 난 에어컨을 수리하는 내용이다. '수리비 1000 위안을 쓰느니, 새 에어컨을 사겠다'는 것은 '수리비가 비싸다'는 것을 우회적으로 표현한 것이다. 그러므로 답은 보기 C가 적합하다.

단어 师傅 shīfu 아저씨
家 jiā 집
空调 kōngtiáo 에어컨
坏了 huàile 망가지다
倒霉 dǎoméi 운이 없다, 속상하다
换 huàn 바꾸다
不如 bùrú ~만 못하다
买不了 mǎibuliǎo 살 수 없다

32

男 : 小王，老师上午讲的语法你都记下来了吗？
女 : 记下来了。
男 : 能不能把你的本子借我看看？
女 : 你上课没带本子吗？
男 : 带了，只是有一点儿没记下来。
问 : 男的为什么要借女人的本子？
남 : 샤오왕, 오전에 선생님이 어법 가르쳐주신 거 다 필기했어?
여 : 필기했지.
남 : 그럼 공책 좀 빌려줄 수 있어?
여 : 수업하는데 공책 안 가지고 왔어?

남 : 가지고 왔는데 못 적은 부분이 있어서 그래.
문 : 남자는 무엇 때문에 여자의 공책을 빌리려 하나요?

A 그는 공책이 없다
B 그는 수업을 듣지 않았다
C 그는 공책을 가져오지 않았다
D 그는 필기를 다 하지 못했다

정답 D

해설 '공책 안 가져오냐'는 질문에 '가져왔다'고 하였으므로 보기 A, C는 틀린 내용이고, 지문 마지막에 언급된 "有一点儿没记下来"에서 보기 D "没有记全"임을 알 수 있다. 그럼 수업을 하였다는 것을 알 수 있으므로 보기 B는 틀린 내용이다.

단어 语法 yǔfǎ 어법, 문법
记下来 jì xiàlái 적다
本子 běnzi 공책, 노트
借 jiè 빌리다

33

女 : 听说你家在青岛，放假时能不能和你一起去那儿玩玩儿？
男 : 当然欢迎，从天津去青岛交通很方便，飞机、火车、汽车、船都有。
女 : 那咱们坐飞机吧，又快又舒服。
男 : 坐飞机只要一个小时，可是太贵了，我每次都是坐船。
女 : 那也好，我还没坐过船呢。
问 : 他们打算怎么去青岛？
여 : 듣자 하니, 너 고향이 칭다오라면서? 방학 때 놀러가도 돼?
남 : 물론 환영이지. 텐진에서 칭다오까지는 교통도 편리해. 비행기, 기차, 버스, 배 다 있거든.
여 : 그럼 우리 비행기 타자. 빠르고 편하잖아.
남 : 비행기는 한 시간이면 가지만 너무 비싸. 난 집에 갈 때마다 배를 타.
여 : 배도 좋아. 한 번도 타 본 적 없거든.
문 : 이들은 어떻게 칭다오에 갈 예정인가요?

A 배를 타다
B 자동차를 타다
C 기차를 타다
D 비행기를 타다

정답 A

해설 '톈진에서 칭다오로 가는 교통편은 다양하게 많다'고 언급하였다. 지문 마지막에 언급된 "那也好"는 상대방이 매번 배를 타고 고향에 돌아간다는 말에 긍정한 표현으로, 배를 타고 가는데 동의했음을 알 수 있다. '한 번도 타 본 적이 없으니 배를 타는 것도 좋겠다'의 뜻으로 이들이 배를 타고 갈 것이라는 것을 알 수 있다. 그러므로 답은 보기 A이다.

단어 听说 tīngshuō 듣자하니
青岛 Qīngdǎo 칭다오, 청도(지명)
放假 fàngjià 방학하다
当然 dāngrán 물론
天津 Tiānjīn 톈진, 천진(지명)
交通 jiāotōng 교통
方便 fāngbiàn 편리하다
船 chuán 배
舒服 shūfu 편하다

34

> 男：喂，中国旅行社吗？请问去美国旅行的签证怎么办？
> 女：我们可以为您提供一条龙服务。
> 男：不好意思，什么是"一条龙服务"？
> 女：就是我们可以帮您办签证、买机票、找旅馆和导游。
> 男：我只想请你们帮我办签证。
>
> 问：男的想打听哪方面事情？

남 : 여보세요, 중국 여행사죠? 미국 여행 가려면 비자는 어떻게 하죠?
여 : 저희가 원스톱 서비스로 도와드립니다.
남 : 죄송한데, '원스톱 서비스'가 뭐죠?
여 : 저희가 비자, 비행기표 구매, 숙소 예약에 가이드까지 다 책임지는 거죠.
남 : 저는 비자 수속만 도와주시길 원하는데요.

문 : 남자는 어떤 분야의 일을 문의하고 있나요?

A 어떻게 비자 수속을 하는지?
B 어떻게 비행기 표를 사는지?
C 어떻게 호텔을 찾는지?
D 어떻게 가이드를 찾는지?

정답 A

해설 여행사에서 손님을 위해 제공하는 여러 가지 서비스 항목을 나열하였으므로 혼동하지 않도록 한다. 남자 고객은 처음에 자기가 원하는 바 "签证怎么办"을 문의했고, 지문 맨 마지막에도 다른 서비스는 필요 없고 "只想请你们帮我办签证"이라고 언급하였다. 그러므로 답은 보기 A이다.

단어 签证 qiānzhèng 비자
为~提供 wèi~tígōng ~에게 제공하다
一条龙服务 yìtiáo lóng fúwù 원스톱 서비스
导游 dǎoyóu 가이드

35

> 男：别生气，到底怎么了？
> 女：一上午来了6个人，从袜子到电脑，卖什么的都有，结果我一上午什么也没干。
> 男：能不能想办法不让他们进来？
> 女：对，我这就去写个纸条贴在门上。
>
> 问：女的为什么要在门上贴纸条？

남 : 화내지 마, 대체 어떻게 된 거야?
여 : 오전에 6명이나 왔는데, 양말에서 컴퓨터까지, 별걸 다 팔더라. 그 바람에 아무것도 못 했어.
남 : 그 사람들 못 들어오게 할 방법 없어?
여 : 맞아, 쪽지를 써서 문에 붙여야겠어.

문 : 여자는 무엇 때문에 문에 쪽지를 붙이려 하나요?

A 사람보고 문 앞에서 그녀를 기다리게 한다
B 계속 방해 받고 싶지 않다
C 다른 사람더러 조금 기다리라고 한다
D 본인의 전화번호를 적는다

정답 B

해설 '오전에 잡상인들이 들락거려서 아무 일도 못했다'는 여자의 말 "结果我一上午什么也没干"에서 다른 사람들의 방해로 업무에 지장이 있었음을 알 수 있다. 그러므로 보기 B "不想总被人打扰"하고 싶은 심정에 문에 쪽지를 붙인다는 것을 알 수 있다. 답은 보기 B이다.

단어 到底 dàodǐ 도대체
从~到~ cóng~dào~ ~에서 ~까지
袜子 wàzi 양말
电脑 diànnǎo 컴퓨터
一上午 yí shàngwǔ 오전 내내

36-37 第36到37题是根据下面一段话:

> 王医生家有4口人，她丈夫今年52岁，是一名律师，她有两个女儿，大女儿在商店工作是售货员，二女儿今年考上了大学，专业是数学。

의사인 왕 선생님 댁의 가족은 네 명인데, 남편은 올해 쉰두 살의 변호사이고, 두 딸 중 큰 딸은 매장 판매원이고, 둘째는 올해 대학에 합격했고, 수학 전공이다.

 단어 律师 lǜshī 변호사
　　　 售货员 shòuhuòyuán 판매원
　　　 考上 kǎoshàng 시험에 합격하다
　　　 专业 zhuānyè 전공
　　　 数学 shùxué 수학

36

> 王医生的丈夫是:

왕 의사의 남편은 무엇을 하는 사람인가요?

A 선생님
B 요리사
C 변호사
D 판매원

정답 C

 해설 '남편은 변호사'라고 언급되었고, 보기 D는 큰 딸의 직업이다. 그러므로 답은 보기 C이다.

37

> 关于王医生一家，下面哪一项是错误的?

왕 의사 가족들에 관하여, 다음 중 틀린 것은 무엇인가요?

A 그녀는 딸이 두 명 있다
B 가족이 모두 네 명이다
C 둘째 딸은 대학생이다
D 남편은 올 해 55살이다

정답 D

해설 남편은 '52세'인데, '55세'라고 표기한 보기 D가 틀린 내용임을 알 수 있고, 나머지 보기들은 다 맞는 내용이다. 36-37 번은 한 지문에 대한 문제로, 지문을 들을 때 보기 옆에 반드시 기록을 잘 해야 한다.

38-39 第38到39题是根据下面一段话:

> 下个月总经理要去英国和德国，公司让我当翻译陪着去，我真有点儿紧张。我大学时学的是德语专业，可好多年不用，都要忘光了，英语因为每天都用，倒没问题。

다음 달에 사장님이 영국과 독일을 가시는데, 회사에서 나를 통역으로 같이 데리고 갈 계획이어서 정말 좀 긴장된다. 나는 대학에서 독일어를 전공했지만 안 쓴 지 오래 돼서 다 잊어버렸다. 그러나 영어는 매일 쓰기 때문에 오히려 별 문제가 없다.

 단어 总经理 zǒngjīnglǐ 사장님, 총경리
　　　 英国 Yīngguó 영국
　　　 德国 Déguó 독일
　　　 让 ràng ~하게 하다
　　　 当翻译 dāng fānyì 통역으로 삼다
　　　 陪 péi 대동하다, 모시고 가다
　　　 有点儿 yǒudiǎnr 약간
　　　 紧张 jǐnzhāng 긴장하다
　　　 专业 zhuānyè 전공
　　　 可 kě 그러나
　　　 忘光 wàngguāng 다 잊었다
　　　 倒 dào 오히려
　　　 没问题 méi wèntí 문제없다

38

> 我大学时学的是什么专业?

대학 시절 나의 전공은 무엇인가요?

A 영어
B 중국어
C 프랑스어
D 독일어

정답 D

해설 지문에는 '영어'와 '독일어' 두 가지 언어만 언급되었다. 그러므로 나머지 보기들은 제거하고, '나의 전공은 독일어지만 많이 사용하지 않아서 다 잊었다'고 지문에 언급되었다. 답은 보기 D이다.

39

> 现在我哪种语言比较好?

지금 나는 어떤 언어를 잘 구사하나요?

모의고사 1
모의고사 2
모의고사 3
모의고사 4
모의고사 5

A 영어
B 중국어
C 프랑스어
D 독일어

정답 A

해설 '영어는 자주 사용하여 문제 없다'고 하였으므로 잘 구사하는 언어라고 볼 수 있다. 답은 보기 A이다.

40-41 第40到41题是根据下面一段话：

> 一个城市是不是成熟不是看它的楼有多高、看它有多现代，而是看它有没有特点。如果一个城市缺少特点，看起来和别的城市没什么不一样，怎么会有人记得它呢？

도시의 발전 성숙단계를 보려면 그 도시의 건물이 얼마나 높은지, 도시가 얼마나 현대화되었는지를 볼 게 아니라 특징이 있는지를 봐야 한다. 만약 특징이 없어서, 보기에 다른 도시와 별 차이가 없다면 어떻게 그 도시를 기억할 수 있겠는가?

단어
城市 chéngshì 도시
成熟 chéngshú (발전)성숙단계
不是~而是~ búshì~érshì~ ~이 아니라, ~이다
楼 lóu 건물
现代 xiàndài 현대화
特点 tèdiǎn 특징
缺少 quēshǎo 결핍되다, 적다
看起来 kàn qǐlái 보기에
怎么会有 zěnme huì yǒu 어떻게 있을 수 있나?(반어)
记得 jìde 기억하다

40

一个城市是不是成熟的关键是看它：

도시 발전 성숙단계의 관건은 무엇을 봐야 하나요?

A 현대화 되었는지 아닌지?
B 특징이 있는지 없는지?
C 고층 빌딩이 있는지 없는지?
D 다른지 아닌지?

정답 B

해설 지문에 사용한 관련사 "不是~, 而是~"은 '~이 아니라,

~이다'로 뒤의 내용을 긍정하는 것이다. 그러므로 도시발전 성숙단계는 그 도시에 상징적인 특색이 있느냐 없느냐이다. 그러므로 보기 A, C는 제거한다. 보기 D는 혼동의 여지가 있으나, '특징이 있어야 한다'고 지문에 분명히 언급되었으므로 답으로 부적절하다. 답은 보기 B이다.

41

这段话主要想告诉我们什么？

이 지문에 말하고자 하는 바는 무엇인가요?

A 도시가 성숙해야 한다
B 도시가 특색이 있어야 한다
C 도시에 어떤 특징이 있는지?
D 도시는 현대적인 특징이 있어야 한다

정답 B

해설 '도시발전 성숙단계를 볼 때는 마땅히 그 도시의 특징이 있는지 없는지를 신경 써서 봐야 한다'는 것이 이 지문의 내용이다. 그러므로 보기 A, D는 제거한다. 보기 C는 혼동의 여지가 있으나, '그 도시를 대표할 만한 상징이 있어야 그 도시를 기억하기 쉽다'는 지문의 내용에서, '어떤 특징이 있느냐'는 약간 거리가 있는 내용이다. 그래서 답은 보기 B이다.

42-43 第42到43题是根据下面一段话：

> 昨天晚上女朋友发脾气把我的手机扔到楼下去了，当时找回来还能用，今天早上发现我的手机不能打电话了，没办法，只好再去买一个吧。

어젯밤 여자친구가 화가 나서 내 휴대전화를 건물 아래로 던져 버렸다. 주워왔을 때는 사용할 수 있었는데, 오늘 아침에 보니 전화를 걸 수가 없었다. 새로 사는 수밖에 없었다.

단어
发脾气 fā píqi 성질내다, 화를 내다
把 bǎ ~을(를)
扔 rēng 버리다
楼下 lóuxià 아래층
当时 dāngshí 당시
发现 fāxiàn 발견하다, 알아채다
没办法 méi bànfǎ 방법이 없다
只好 zhǐhǎo 어쩔 수 없이

42

我什么时候发现手机坏了？

나는 언제 휴대전화가 망가진 것을 알았나요?

A 어제 밤
B 오늘 아침
C 찾아올 때
D 모른다

 B

해설 '어제 밤에 던진 후 주어왔을 때는 사용가능 했는데, 오늘 아침에 통화를 할 수 없음을 알았다'고 언급되었으니, 답은 보기 B이다. 보기 A, C는 사용 가능 했을 때이고, 보기 D는 언급된 내용이 아니다.

43

手机坏了, 我:

휴대전화가 망가졌다. 나는 어떻게 하나요?

A 본인이 가서 수리 맡긴다
B 여자 친구에게 수리 맡기러 가라고 한다
C 본인이 가서 하나 구매한다
D 여자 친구에게 가서 사라고 한다

 C

해설 지문 마지막에 언급된 "没办法, 只好"에서 남자의 어쩔 수 없는 심정을 읽어낼 수 있다. 그러므로 여자친구에게 어떻게 하라는 보기 B, D는 우선 제외시킨다. 그리고 '수리하겠다'는 언급된 내용이 아니므로 답은 보기 C이다.

44-45 第44到45题是根据下面一段话:

今天我中午就回家了, 下午没去上班。家里人都以为我身体不舒服了, 其实, 我没感冒, 也没发烧, 就是不想去上班。我这个月都加了六次班了, 为什么不能给自己放一次假呢？

내가 오늘 점심 때 집에 돌아와서 오후에도 회사에 안 갔더니 식구들은 다 내가 몸이 안 좋은 줄 안다. 사실은 나는 감기에 걸리지도, 열이 나지도 않았고, 그냥 출근하기 싫었을 뿐이다. 이번 달에 야근을 여섯 번이나 했는데, 나는 쉴 기회 한 번 가져도 된다.

단어 没去 méi qù 가지 않다
以为 yǐwéi ~라 (잘못) 여기다
不舒服 bù shūfu (몸이) 불편하다
其实 qíshí 사실은
感冒 gǎnmào 감기걸리다
发烧 fāshāo 열이 나다
不想去 bù xiǎng qù 가고 싶지 않다
加班 jiābān 초과근무하다
为什么不能~呢？ wèishénme bù néng~ne? 왜 ~할 수 없나?(반어)
假 jià 휴가, 휴식

44

我下午为什么没去上班?

나는 오후에 무엇 때문에 회사에 출근하지 않았나요?

A 감기 걸렸다
B 열 난다
C 가고 싶지 않다
D 몸이 불편하다

 C

해설 '회사에 안 간 것을 집안 식구들은 내가 불편한 줄로 여긴다'는 부분에 "以为"를 사용함으로써 몸이 불편한 것이 사실이 아님을 알 수 있다. 그래서 보기 A, B, D는 답이 아니다. 그리고 전환 관계 "其实"를 사용하여 사실 원인을 설명하고 있다. 가고 싶지 않아서 안 갔음을 알 수 있으니 답은 보기 C이다.

45

我这个月加了几次班?

나는 이번 달에 몇 번 야근을 하였나요?

A 1번
B 3번
C 5번
D 6번

 D

해설 "加班"은 '근무시간 이외에 초과근무를 하였다'는 뜻이며, 이합사이다. 그래서 몇 회를 하였는지 동량 보어는 "加"와 "班" 사이에 위치한다. 지문에 "加了六次班"이라고 언급하였으니, 답은 보기 D이고, 나머지들은 언급된 것이 아니다.

2. 독해(阅读)

제1부분

제1부분은 총 10문항이다. 모든 문제는 1-2개의 문장으로 구성되어 있으며, 문장 가운데에는 하나의 빈칸이 있다. 응시자는 선택 항목 중, 빈칸에 들어갈 알맞은 단어를 선택한다.

46-50

A	意见 의견	B	互相 서로
C	观众 관객	D	坚持 꾸준히 하다
E	改 고치다	F	祝贺 축하하다

46 잘못 없는 사람이 누가 있겠는가, 잘못이 있다고 걱정할 필요 없다. 고치면 그만이다.

> **정답** E
>
> **해설** 빈칸 뒤의 "过来"는 방향보어 파생의 뜻으로 나쁜 것에서 좋은 것으로 넘어오는 것을 뜻한다. 잘못을 고친다고 할 때 "改+过来"라고 쓴다. "过来"를 동사라고 생각해서 빈칸에 주어를 할 수 있는 명사 보기 C를 넣으면, "观众过来不就行了"는 쓸 수 있는 말이나, 앞의 내용과 연결이 되지 않는다. 그러므로 빈칸에는 보기 E가 들어가야 한다.
>
> **단어** 错误 cuòwù 잘못
> 不要紧 búyàojǐn 괜찮다

47 베이징 대학에 합격했다면서? 정말 대단하다. 축하해.

> **정답** F
>
> **해설** 빈칸 뒤 빈어인 "你"에 알맞은 동사를 찾아야 한다. '일류 대학에 합격했으니 축하해 준다'는 것이 제일 적합하다. 그러므로 답은 보기 F이다.
>
> **단어** 听说 tīngshuō 듣자하니
> 考上 kǎoshàng 합격하다
> 真不简单 zhēn bù jiǎndān 대단하다

48 '척(尺)도 짧을 때가 있고, 촌(寸)도 길 때가 있다'는 말이

있듯이 우리는 서로에게 배워야 한다.

> **정답** B
>
> **해설** 빈칸 앞, 뒤의 "大家"와 "学习"는 주어와 술어 관계로 이 사이에는 상황어가 들어가는 것이 제일 적합한데, 보기 중에서는 부사 B가 제일 적합하다. 때에 따라서는 부사가 종종 조동사 뒤에 놓일 때도 있으므로 이 점을 명심하자.
>
> **단어** 尺 chǐ 척, 33.3센티미터
> 有所 yǒusuǒ ～한 바 있다
> 短 duǎn 짧다
> 寸 cùn 촌, 3, 3센티미터
> 长 cháng 길다

49 우리는 모두 오늘 가는 게 좋을 거라고 보는데, 네 생각은 어때?

> **정답** A
>
> **해설** 빈칸 앞의 "的"로 빈칸에 명사가 들어가는 것이 적합하다는 것을 미루어 짐작할 수 있다. 문장의 내용이 '모두들 ～여기는데, 너는?'하고 묻는다면 무엇을 묻는 것인가? 당신의 의향, 생각을 묻는 것 아니겠는가? 그러므로 빈칸에는 보기 A가 가장 적합하다.
>
> **단어** 比较 bǐjiào 비교적
> 合适 héshì 적합하다

50 그는 유명한 영화 감독으로, 관객이 좋아하는 영화를 많이 찍었다.

> **정답** C
>
> **해설** 빈칸 앞 "不少"는 수량사 개념으로 영화 "电影"을 수식하는

단어이다. 그럼 빈칸의 단어와 "喜欢"도 영화를 수식하는 한 정어인데. "喜欢"이란 동사 앞에는 행위자가 올 수 있다. 그러므로 보기 C '관중'이 적합하다.

단어 有名 yǒumíng 유명하다
演员 yǎnyuán 연기자, 배우
拍 pāi 찍다

51-55

A 邀请 초대하다		B 按时 제때에	
C 温度 온도		D 值得 ~할 만한 가치가 있다	
E 引起 야기하다		F 马虎 대충하다	

51 A : 우리 아들은 시험 볼 때마다 <u>대충대충</u>이어서, 오늘 나한테 한 대 맞았어.
B : 아직 어린애잖아, 때릴 건 또 뭐야?

정답 F

해설 시험을 아들이 어떻게 보았길래 맞았을까를 생각해 보고, 보기를 한 번 쭉 훑어보면 답이 의외로 금방 보인다. 공부를 열심히 했는데도 성적이 안 나오면 어쩔 수 없는 일이지만, 덤벙거려서 대충해서 성적이 안 좋다면 교육을 제대로 받아야 하는 것이 아닌가? 빈칸 앞에 부사 "很"이 있고, 앞 지문에는 술어가 없다. 그러므로 빈칸에는 보기 F 형용사가 들어가야 내용상 문법상 문맥에 알맞다.

단어 考试 kǎoshì 시험
让 ràng ~의하여(피동)
顿 dùn 동량사, 한차례

52 A : 어제 공장에 불이 났다는데, 당신 알고 있나요?
B : 듣자하니, 직원이 담배 피우다 <u>발생된</u> 거라네.

정답 E

해설 "由~ 引起"는 '~로 야기되다. 발생하다'의 뜻으로 원인이나 이유를 설명할 때 많이 사용되는 개사구이다. 평소에 개사는 단어 단독으로 공부하기 보다는 같이 사용되는 명사나 동사들. 이들과 짝을 이루어 외우도록 한다. 그래야 활용도가 높다.

단어 工厂 gōngchǎng 공장
着火 zháohuǒ 불이 붙다
听说 tīngshuō 듣자하니
由 yóu ~로 인하여
工人 gōngrén 공장근로자, 직원
抽烟 chōuyān 담배를 피우다

53 A : 중국 친구가 주말에 자기 집에 놀러 오라고 <u>초대했어</u>.
B : 그래? 나도 같이 가고 싶다.

정답 A

해설 중국어에서 동격도 아니고. 나열의 의미도 아닌데. 서로 다른 뜻의 명사를 연달아 사용하지 않는다. 그러므로 빈칸 앞 뒤의 친구와 나 사이에는 동사나 개사가 들어가야 한다. 내용상 친구 집에 가서 노는 것이므로 친구가 나를 초청했다라고 생각하는 것이 제일 적합하겠다. 그러므로 답은 보기 A이다.

단어 周末 zhōumò 주말
跟~一起 gēn~yìqǐ ~와 함께

54 A : 너 만약 <u>제때에</u> 못 올 것 같으면 우리한테 미리 알려줘.
B : 별 일 없으니, 반드시 갈 수 있을 거야.

정답 B

해설 주어 "你". 술어 "来" 사이에 들어갈 단어로, "不能"과도 같이 사용할 수 있는 단어는 부사 보기 B이다. 실은 빈칸에 꼭 단어를 넣어야만 하는 것은 아니다. 없어도 문법적으로 아무런 문제가 없다. 부사는 문장에서 뼈대 역할을 하는 것이 아니라 수식의 역할을 하는 것으로 있어도 없어도 상관없을 때가 있다.

단어 最好 zuìhǎo 제일 좋다
提前 tíqián 먼저, 시간을 앞당기다
通知 tōngzhī 통지하다
肯定 kěndìng 반드시

55 A : 샤오왕은 늘 남을 도와줘.
B : 맞아, 그런 정신은 우리가 배울 <u>만한 점이야</u>.

정답 D

해설 조동사 "值得"는 '~할 만한 가치가 있다'의 뜻으로 사용법이 약간 특이하다. '정신/추상적 사물/사람+值得+주어+동사' 형태로 사용된다. 그러므로 '샤오왕의 그런 남을 돕는 정신은 우리가 배울 만 하다'가 되려면 보기 D가 가장 적합하다. "母亲值得我们爱她一辈子"는 시험 독해 지문에 자주 등장하는 문구이다.

단어 总是 zǒngshì 늘
帮助 bāngzhù 돕다
精神 jīngshén 정신

제2부분

제2부분은 총 10문항이다. 모든 문제는 3개의 문장으로 구성되어 있다. 응시자는 3개의 문장을 순서대로 나열한다.

56
A 그의 집에 간 건 오늘이 처음이다
B 친구가 아파서 오늘 수업에 못 왔다
C 그래서 방과 후 친구 집에 병문안을 갔다

> B 我朋友病了，今天没来上课，C 下课后我到他家去看他，A 这是我第一次去他的家。

정답 B C A

해설 사건 발생을 시간의 흐름대로 나열하면 된다. '친구가 수업에 안 와서, 내가 병문안 갔다'이므로 보기 BC순서로 엮어 주고, 보기 A의 "这"가 가리키는 것은 보기 C의 "到他家去"이므로, 올바른 순서는 BCA이다.

단어 第一次 dì yí cì 처음
病 bìng 병나다
下课 xiàkè 수업이 끝나다

57
A 지난 주말에 중국 남부 지역으로 여행 갔었다
B 풍경이 수려하고 사계절이 모두 봄 같았다
C 특히 구이린의 풍경이 너무 아름다웠다

> A 我上星期去中国南方旅行，B 那里山美水美，四季如春，C 特别是桂林，风景美极了。

정답 A B C

해설 보기 B "那里"는 보기 A "中国南方"을 가리키는 말이므로 순서는 AB가 되어야 하고, 보기 C "特别"는 무리 속에서 한두 개를 부각시키는 것이다. 아름다운 것들 중에서 '특히나 구이린이 아름다웠다'이므로 보기 C는 보기 B뒤에 붙어야 한다. 그래서 올바른 순서는 ABC이다.

단어 南方 nánfāng 남부
旅行 lǚxíng 여행하다
山美水美 shān měi shuǐ měi 경치가 아름답다
四季如春 sì jì rú chūn 사계절이 봄과 같다
特别是 tèbié shì 특히나
桂林 Guìlín 구이린, 계림(지명)
风景 fēngjǐng 경치

极了 jíle 매우 ~하다

58
A 차를 즐기는 사람이 늘어나고 있다
B 미국, 일본 등에서도
C 차의 고향인 중국뿐 아니라

> C 不仅在茶的故乡——中国，B 即使在美国、日本等国家，A 喜欢喝茶的人也越来越多。

정답 C B A

해설 '중국은 차의 고향이니 말할 것도 없고, 설령 미국이나 일본이라도 (차를 좋아한다)'의 뜻으로 사용되려면 "不仅在~，即使在~" 형태가 되어야 하므로 순서는 CB이다. 그리고 맨 마지막에 '차를 좋아하는 사람들이 점점 늘어나고 있다'를 배열하면 된다. 그러므로 올바른 순서는 CBA이다.

단어 喝茶 hēchá 차를 마시다
越来越 yuèláiyuè 점점
即使~也 jíshǐ~yě 설령 ~라 하더라도
不仅 bùjǐn ~일 뿐만 아니라
故乡 gùxiāng 고향

59
A 전국의 대도시 가운데
B 물 부족 도시는 400여 곳에 달하고
C 그 중 물 부족이 심각한 도시는 114곳이다

> A 全国的大中城市中，B 缺水的城市竟有400多个，C 其中严重缺水城市有114个。

정답 A B C

해설 "~中" 개사구를 상황어로 문장 맨 앞에 위치시켜 주고, 보기 C의 "其中"은 '그 중에서'란 뜻으로, 400여 개 중에서, 그 중에 114개가 되어야 하므로, BC 순서가 되어야 한다. 그래서 올바른 순서는 ABC이다.

단어 城市 chéngshì 도시
缺水 quēshuǐ 물 부족
竟 jìng 뜻밖에, 의외로

其中 qízhōng 그중에

严重 yánzhòng 심각하다

60 A 그의 일생 중 4, 50년을 교육자로 보냈다
B 또한 저명한 교육가이다
C 공자는 사상가일 뿐 아니라

> C 孔子不但是一位思想家，B 还是一位著名的教育家，A 他的一生中有四、五十年在从事教育工作。

정답 CBA

해설 주어 "孔子"가 맨 앞에 나와야 하고, 관련사 "不但是～, 还是～"의 구조가 되어야 하니, CB의 순서가 되겠다. 그리고 보기 A의 "他"는 공자를 지칭하는 말이므로 맨 뒤에 위치시킨다.

단어 从事 cóngshì 종사하다
教育工作 jiàoyù gōngzuò 교육업계
不但～还 búdàn～hái ～일 뿐만 아니라, 게다가 ～
著名 zhùmíng 저명하다, 유명하다
孔子 Kǒngzǐ 공자
思想家 sīxiǎngjiā 사상가

61 A 예를 들어 물건을 살 때에는 대형 마트와 슈퍼마켓, 작은 가게도 있다
B 최근 베이징에서 살기가 갈수록 편리해지고 있다
C 또 다양한 시장이 있다

> B 现在在北京生活越来越方便了，A 比如买东西吧，有大商场，有超市，有小商店，C 还有各种各样的自由市场。

정답 BAC

해설 보기 A "比如"는 보기 B에 대한 예이므로 BA 순서가 되어야 하고, 나열을 할 때는 "有～, 有～, 有～, 还有～" 이렇게 나열을 한다. 그러므로 AC 순서가 알맞다. 올바른 순서는 BAC이다.

단어 比如 bǐrú 예를 들면
商场 shāngchǎng 상점
超市 chāoshì 슈퍼마켓
生活 shēnghuó 생활
越来越 yuèláiyuè 점점
方便 fāngbiàn 편리하다
各种各样 gèzhǒng gèyàng 각종
自由市场 zìyóu shìchǎng 자유시장

62 A 어떤 선물을 들고 가는 것이 적합하다
B 그럼, 먼저 친구의 가족을 어떻게 불러야 할지 알아야 한다
C 만일 중국 친구의 집에 초대받아 손님으로 가게 되면

> C 如果你打算去中国朋友家里做客，B 那么你首先要了解怎么称呼朋友的家人，A 带什么礼物合适。

정답 CBA

해설 가정 호응관계는 "如果～, 那么～"이므로 CB순서가 되어야 하고, 그리고 보기 A는 친구 집에 갈 때 어떤 선물을 가져갈지 미리 알고 있어야 하는 내용이므로 이것은 보기 B의 연장선상에 놓여 있는 것이다. 그러므로 올바른 순서는 CBA이다.

단어 带礼物 dài lǐwù 선물을 가져가다
合适 héshì 적합하다
首先 shǒuxiān 먼저
了解 liǎojiě 이해하다, 잘알다
称呼 chēnghū 부르다, 호칭
如果～那么 rúguǒ～nàme 만약 ～라면, 그럼 ～
打算 dǎsuàn ～할 생각이다
做客 zuòkè 손님이 되다

63 A 사람들이 모두 가고 난 후에
B 사장님이 그제서야 그 일을 나에게 말씀해 주셨다
C 듣고 난 후에 내 마음이 복잡해졌다

> A 等大家都走了以后，B 经理才对我说了那件事，C 听了以后，我的心情很复杂。

정답 ABC

해설 "等～以后，才/再～"는 시간의 흐름을 나타낼 때 자주 사용하는 형식이다. 그러므로 보기 AB 순서가 되어야 하고, 보기 B는 보기 C의 마음이 심란해진 원인이다. 그래서 BC 순서가 되어야 한다. 올바른 순서는 ABC이다.

단어 等～以后, 才 děng～yǐhòu, cái ～이후에, 비로소
心情 xīnqíng 마음
复杂 fùzá 복잡하다

64 A 이 참고서를 집필했습니다
B 여러분이 순조롭게 시험을 통과할 수 있도록 돕기 위해
C 응시생들이 HSK 시험을 준비하는데 도움이 되기를

희망합니다

> B 为了帮助大家顺利通过考试，A 我们写了这本复习书，C 希望能对同学们准备HSK考试有帮助。

정답 B A C

해설 목적을 나타내는 "为了"는 방법 앞에 위치한다. 그래서 목적 보기 B는 방법 보기 A 앞에 위치하고, 마지막으로 화자의 희망 "希望"을 위치시키면 된다. 그래서 올바른 순서는 BAC이다.

단어 复习书 fùxíshū 참고서
为了 wèile 위하여
帮助 bāngzhù 돕다
顺利 shùnlì 순조롭다
通过 tōngguò 통과하다
考试 kǎoshì 시험
希望 xīwàng 희망하다
准备 zhǔnbèi 준비하다

65
A 사회 경제가 발전하고
B 애완동물을 키우는 집도 늘어나고 있다
C 사람들의 생활 수준이 점차 높아지다

> A 随着社会经济的发展，C 人们的生活水平逐渐提高，B 养小动物的家庭也越来越多。

정답 A C B

해설 일반적으로 "随着"는 문장의 맨 앞에 위치하여, 어떤 변화의 발전들을 나타낸다. 그래서 "随着~发展，提高"의 순서가 되어야 한다. 그리고 이런 발전에 따라 나타나는 현상, 보기 B를 위치시키면 된다. 올바른 순서는 ACB이다.

단어 随着 suízhe ~함에 따라
社会 shèhuì 사회
经济 jīngjì 경제
发展 fāzhǎn 발전하다
养 yǎng 기르다
家庭 jiātíng 가정
越来越 yuèláiyuè 점점
水平 shuǐpíng 수준
逐渐 zhújiàn 점차
提高 tígāo 향상되다

제3부분

제3부분은 총 20문항이다. 이 부분의 문제는 하나의 단문과 그에 따른 1~2개의 질문이 제시된다. 응시자는 시험지에 주어진 선택 항목 4개 중에서 정답을 고른다.

66 너 마침 때맞추어 잘 왔다. 1분이라도 늦었으면 난 갔을 거야.

★ 이 말이 뜻하는 바는 무엇인가요?

A 너는 너무 늦게 왔다
B 너는 때맞춰 잘 왔다
C 너는 오지 말았어야 했다
D 너는 오늘 지각했다

정답 B

해설 지문에 언급된 "来得正是时候"는 보기 B의 "来得正好"와

같은 의미이다. 그러므로 답은 보기 B이다. 지문의 의미 파악 문제는 비슷한 단어를 잘 알아두면 쉽게 답을 찾을 수 있다.

단어 正是时候 zhèng shì shíhou 때마침, 때를 잘 맞추다
晚来 wǎn lái 늦게 오다

67 몇 번이나 말했는데 고치지를 않는구나. 좋아한다고 한번에 그렇게 많이 먹지 말라고 했잖아. 봐라, 배탈이 나지.

★ 지문에 따르면 이 사람은 어떠한가요?

A 늘 실수를 한다
B 너무 많이 먹었다
C 배에 상처를 입었다
D 맛있는 것을 보았다

정답 B

해설 좋지 못한 습관을 못 고친다고 "出错误"라고는 표현하지 않는다. "吃坏肚子"는 '배탈 나다'는 표현으로 보기 C '배에 상처를 입다'와 전혀 다른 개념이다. 그러므로 이것도 틀린 내용이다. 폭식하는 습관 때문에 또 배탈이 나고, 핀잔을 받고 있는 내용에서 답이 보기 B임을 알 수 있다.

단어 改 gǎi 고치다
爱吃 àichī 먹기 좋아하다
一下子 yíxiàzi 한번에
肚子 dùzi 배
吃坏 chīhuài 먹어서 탈이 나다

68 여기는 우리 과수원이고, 과수원 안에는 포도가 한 가득이야. 사양 말고 먹고 싶은 만큼 따 먹어.

★ 화자가 뜻하는 바는 무엇인가요?

A 포도를 따지 마라
B 포도는 남의 것이다
C 여기 포도가 많다
D 너무 많은 포도를 먹지 마라

정답 C

해설 지문에 언급된 "有的是"는 '많다'의 뜻으로 보기 C와 같은 뜻이다. 남의 포도밭이 아니고 우리 포도밭이니 사양 말고 맘껏 포도를 따 먹으라고 하였으니 보기 A, B, D는 다 틀린 내용임을 알 수 있다.

단어 果园 guǒyuán 과수원
有的是 yǒu de shì 많다
葡萄 pútao 포도
自己 zìjǐ 자기, 본인
摘 zhāi 따다
千万 qiānwàn 제발
客气 kèqi 예의를 차리다

69 어제 사장님께 휴가를 신청했다. 당연히 허락해주실 줄 알았는데, 생각지도 못하게 거절당했다.

★ 화자가 뜻하는 바는 무엇인가요?

A 그가 다쳐서 휴가를 신청했다
B 사장은 그를 혼냈다
C 사장은 그가 쉬는 것에 동의하지 않는다

D 그는 건강이 좋지 않아서 일을 할 수 없다

정답 C

해설 이 지문에서 보기 A, B, D를 확인 할 수 있는 단서들은 부족하다. 지문에 언급된 "碰钉子"는 '거절당하다'의 뜻으로 보기 C "不同意"와 같은 의미이다. 그러므로 답은 보기 C이다.

단어 经理 jīnglǐ 사장
请假 qǐngjià 휴가를 내다
原来 yuánlái 이전에
以为 yǐwéi ~라고 (잘못) 여기다
一定 yídìng 반드시
同意 tóngyì 동의하다
没想到 méi xiǎngdào ~인 줄 생각지 못하다
结果 jiéguǒ 결과
碰钉子 pèng dīngzi 거절당하다

70 난 알지도 못하는 사람과 만나서 밥 먹는 거 싫어. 갈 거면 너 혼자 가. 난 안 갈래.

★ 화자의 태도는 어떠한가요?

A 기쁘다
B 고맙다
C 화나다
D 믿지 못하다

정답 C

해설 지문에 "不喜欢"이라고 언급하였고, '안 간다'고 하니, 보기 A, B는 제거하고, 답에 가장 가까운 것은 보기 C이다.

단어 总是 zǒngshì 늘
跟 gēn ~와
认识 rènshi 알다
怀疑 huáiyí 믿지 못하다

71 당신은 다른 사람은 안중에도 없군요. 다른 사람의 장점은 못 본 채 남들이 다 자기보다 못하다고 여기지 말아요.

★ 이 말을 통해 볼 때 이 사람은 어떠한가요?

A 오만하다
B 유머러스하다
C 덜렁대다
D 행복하다

정답 A

해설 '다른 사람은 안중에도 없고, 남들도 다 자기보다 못하다고 여긴다'고 하니 이 사람은 매우 오만한 사람임을 알 수 있다. 그러므로 답은 보기 A이다.

단어 不要 bú yào ~하지 마라
眼里 yǎnli 눈에
长处 chángchù 장점
认为 rènwéi 여기다
不如 bùrú ~만 못하다
骄傲 jiāo'ào 자만하다
幽默 yōumò 재미있다

72 비록 신문에 자세히 소개되지는 않았지만 최근에 대학생이 경찰한테 맞아 죽은 사건을 모르는 사람은 거의 없다.

★ 대학생이 경찰한테 맞아 죽은 일은 얼마나 알려졌나요?

A 누구도 모른다
B 아는 사람이 없다
C 사람들은 다 안다
D 대부분의 사람들이 모른다

정답 C

해설 지문에 언급된 "没有人不知道"는 이중 부정으로 강한 긍정을 나타낸다. 그러므로 보기 C '모두가 다 안다'가 맞는 내용이다.

단어 虽然~但 suīrán~dàn 비록 ~이지만
报纸 bàozhǐ 신문
详细 xiángxì 자세하다
介绍 jièshào 소개하다
几乎 jīhū 거의
最近 zuìjìn 최근
发生 fāshēng 발생하다
警察 jǐngchá 경찰
打死 dǎsǐ 때려죽이다

73 샤오장은 아주 성실하고 기술도 좋아서 모두들 그를 좋아하는데, 그런데 입만 열면 여자아이처럼 얼굴이 빨개진다.

★ 샤오장은 어떤 사람인가요?

A 재미있다
B 더위를 타다
C 부끄러워하다
D 여자 아이를 좋아하다

정답 C

해설 지문에 언급된 "一说话就脸红"은 "一~就~"용법을 사용하여 표현한 '말만 하면 여자아이처럼 얼굴이 붉어진다'. 즉 '부끄러움을 많이 탄다'란 "害羞"와 같은 의미이다. 그러므로 답은 보기 C이다. 나머지 보기들은 언급된 내용이 아니다.

단어 特别 tèbié 매우
认真 rènzhēn 열심히 하다, 진지하게 하다
技术 jìshù 기술
就是 jiùshì 그러나
一~就 yī~jiù ~하기만 하면, ~하다
像~一样 xiàng~yíyàng 마치 ~인 듯하다
害羞 hàixiū 부끄러워하다

74 다른 사람 집에 처음 갈 때는 선물을 가져가는 게 좋다. 그렇지 않으면 스스로도 예의 없다고 생각하게 된다. 선물이라고 꼭 비쌀 필요는 없고, 적당한 선에서 준비하면 된다.

★ 처음 다른 사람 집에 갈 때 선물을 안 가져 가면 본인은 무엇을 느끼나요?

A 예의 없다
B 상관없다
C 좋은 친구다
D 문에 들어설 수 없다

정답 A

해설 지문에 언급된 "要不"는 '앞에 언급된 것처럼 하지 않는다면'의 가정의 뜻으로, 앞에는 선물을 가져가라고 하였으니, "要不"는 '가져가지 않는다면'이 되는 것이다. 그러므로 그 뒤에 언급된 "没有礼貌"와 비슷한 의미를 보기 중에서 찾아주면 된다. 답은 보기 A이다.

단어 觉得 juéde 여기다
礼貌 lǐmào 예의
不一定 bù yídìng 꼭 그런 것은 아니다
合适 héshì 적합하다

75 모두들 업무 환경이 좋고 수입도 높고 일도 편하고 또 자기가 좋아하는 일을 하기를 꿈꾸지만, 이런 일은 하늘에나 겨우 있을 법 하다.

★ '하늘에나 겨우 있다'는 말은 무슨 뜻인가요?

A 있을 수 없다
B 매일 가서 찾아야 한다
C 높은 곳에나 겨우 있다
D 제일 좋은 회사에 겨우 있다

정답 A

해설 지문에 언급된 '누구나 다 바라지만, 그러나 하늘에나 있다'
의 앞 뒤 전환의 의미를 나타내는 관련사 "可"를 기준으로
내용을 잘 살펴보면 "天上才有"가 '현실에는 없어 불가능하
다'는 뜻임을 알 수 있다. 답은 보기 A가 적당하다.

단어 环境 huánjìng 환경
收入 shōurù 수입
轻松 qīngsōng 편하다, 수월하다
恐怕 kǒngpà 아마도
天上才有 tiānshang cái yǒu 하늘에나 있다

76 샤오장이 곧 결혼한다는데, 남자친구와 알고 지낸 지는
한 달도 채 안됐다. 그래서 친구들이 다시 잘 생각해 보
라고 하는데도 샤오장은 생각할 필요 없다고 하니 정말
걱정된다.

★ 샤오장이 결혼한다는데 친구들은 왜 걱정하나요?

A 그녀의 남자친구가 좋은 사람이 아니다
B 그녀의 남자친구는 그녀 보다 한 달 어리다
C 그녀는 결혼할 나이가 아직 안 되었다
D 그녀가 남자친구와 알고 지낸 시간이 짧다

정답 D

해설 지문에 분명한 인과 관계를 나타내는 관련사가 사용되지는
않았지만, 내용상 남자친구와 알고 지낸 지 한 달도 채 안되
어서 친구들이 고려해보라고 권유하는데, 듣지 않아서 친구
들이 걱정하는 것임을 알 수 있다. 그러므로 답은 보기 D이
다. 나머지 보기들은 언급된 내용이 아니다.

단어 要~了 yào~le 곧
结婚 jiéhūn 결혼하다
却 què 의외로
不用 bú yòng ~할 필요없다
让 ràng ~하게 하다
担心 dānxīn 걱정하다

77 사이가 좋은 이웃은 어떤 때는 정말 가족과도 같다. 중
국에는 '이웃이 사촌보다 낫다'는 옛말이 있는데, 그 뜻
은 가까운 곳에 사는 이웃이 멀리 사는 친척보다도 중요
하다는 것이다.

★ '이웃이 사촌보다 낫다'는 말의 뜻은 무엇인가요?

A 이웃은 친척이 될 수 있다
B 친척은 같이 사는 것이 좋다
C 이웃이 먼 친척보다 중요하다
D 친척이 나의 이웃이 되었다

정답 C

해설 보기 C는 지문의 말을 그대로 옮겨다 놓은 것으로 답으로
손색이 없다. 나머지 보기들은 얼토당토 않은 보기들이며,
'이웃이 사촌보다 낫다'는 우리말에도 있는 옛말로 의미 파악
에는 어려움이 없는 문제이다.

단어 关系 guānxi 관계
邻居 línjū 이웃
一家人 yìjiārén 한 가족
老话 lǎohuà 옛말
远亲 yuǎnqīn 먼 친척
不如 bùrú ~만 못하다
近邻 jìnlín 가까운 이웃

78 '교통법'에서는 운전하면서 전화하는 것을 금하고 있는
데, 운전 중 전화통화가 교통안전에 영향을 미치기 때문
이다. 운전할 때 주의를 기울이지 않다가 어떤 상황이 발
생되면 이미 늦는다.

★ 이 말이 주로 뜻하는 바는 무엇인가요?

A 운전시 전화하지 마라
B 전화는 교통에 영향을 준다
C 운전시 조심해야 한다
D 교통법은 전화를 금지하고 있다

정답 A

해설 보기를 하나하나 잘 체크해야 한다. 지문은 운전시 전화하는
것을 금지하는 것이지, 평소 전화하는 것 등 전화하는 자체
를 금지하는 것이 아니다. 그러므로 답은 보기 A이다.

단어 禁止 jìnzhǐ 금지하다
一边~一边~ yìbiān~yìbiān~ ~하면서, ~하다
开车 kāichē 운전하다
因为 yīnwèi 때문에
影响 yǐngxiǎng 영향을 주다
交通安全 jiāotōng ānquán 교통안전
不注意 bú zhùyì 주의하지 않다, 조심하지 않다
来不及 láibují 늦다, 시간에 댈 수 없다

79 조사 결과, 요즘 초·중·고등학생들의 TV 시청 시간이
일주일에 20시간 이상이라고 한다. 내가 생각할 때 TV
를 덜 보면 학생들의 눈 건강에도 좋을 뿐 아니라 성적
도 지금보다 훨씬 좋아질 것이다.

★ 화자가 볼 때 초·중·고등학생은 어떠한가요?

A 눈 건강에 주의해야 한다
B TV보는 시간이 너무 길다

117

C 학습 성적이 매우 중요하다

D 매주 운동을 많이 해야 한다

정답 B

해설 지문에 언급된 "我认为"에서 화자의 생각을 엿볼 수 있다. TV를 조금 본다면 눈과 성적에 다 좋을 것이라는 화자의 의견에서 답이 보기 B임을 유추할 수 있다.

단어
调查 diàochá 조사

发现 fāxiàn 알아내다, 발견하다

超过 chāoguò 초과하다

少看 shǎo kàn 조금 보다

不但~也 búdàn~yě ~일 뿐만 아니라, ~도

眼睛 yǎnjing 눈

有好处 yǒu hǎochù 좋은 점이 있다

学习成绩 xuéxí chéngjì 학습 성적

~得多 ~de duō 많이 ~하다

80-81

마틴은 요 며칠 일찍 자는데도 수업시간에 계속 졸려 한다. 친구들은 무슨 일이 있는지 몰라 이상하게 생각하는데, 사실 베이징에 (앞으로) 있을 시간이 얼마 없어서 마틴은 다시 여행 올 기회가 없을지도 모른다는 생각에 베이징을 떠나기 전에 한 곳이라도 더 둘러보고 싶어한다.

단어
总是 zǒngshì 늘

困 kùn 졸립다

奇怪 qíguài 이상하다

发生 fāshēng 발생하다

原来 yuánlái 알고 보니

怕 pà ~일까 싶어 두렵다

旅游 lǚyóu 여행하다

机会 jīhuì 기회

离开 líkāi 떠나다

参观 cānguān 견학하다, 참관하다

80 ★ 마틴은 수업시간에 어떤가요?

A 못 알아 듣는다

B 여행을 간다

C 자고 싶어 한다

D 문제를 묻는다

정답 C

해설 지문 첫 줄에 언급된 "上课的时候还是很困"의 "困"은 '졸

립다'의 뜻으로 보기 C와 같은 의미며, 답은 보기 C가 된다.

81 ★ 요즘 마틴은 어떤가요?

A 귀국하고 싶어하지 않는다

B 종종 오락을 한다

C 사방으로 구경 다닌다

D 매일 늦게 잔다

정답 C

해설 지문에 언급된 "多参观几个地方"은 '몇 군데를 더 둘러보다'의 뜻으로 보기 C와 같은 의미이다. 보기 A, B는 언급된 내용이 아니고, 지문 처음에 '매일 일찍 잔다'고 언급하였으므로 보기 D는 틀린 내용이다.

82-83

베이징의 가을은 기온이 너무 높지도 너무 낮지도 않아 여행하기에 가장 좋은 계절이다. 산에 올라 산 정상에서 아래를 내려다 본다면 여기 저기 빨강, 노랑, 초록 등 여러 색깔의 꽃과 풀, 나무가 가득해 너무도 아름답다. 안타깝게도 가을은 너무 짧고 겨울이 금방 닥쳐온다. 추운 겨울이 오면 사람들은 봄이 빨리 오길 바라지만 봄에는 바람이 너무 심하게 불어 어떨 때는 눈도 제대로 못 뜰 지경이다.

단어
季节 jìjié 계절

气温 qìwēn 기온

要是 yàoshi ~라면(가정)

山顶 shāndǐng 산 꼭대기

往下 wǎngxià 아래로

到处 dàochù 사방에

颜色 yánsè 색

花草树木 huācǎo shùmù 꽃과 풀

极了 jíle 매우

可惜 kěxī 애석하다

寒冷 hánlěng 춥다

到来 dàolái 도래하다, 오다

不过 búguò 그러나

风沙 fēngshā 황사

吹 chuī 불다

连~都 lián~dōu ~조차도

睁不开 zhēng bu kāi (눈을) 뜰 수가 없다

82 ★ 이 짧은 글을 통해 볼 때 그가 가장 좋아하는 계절은 언제인가요?

A 봄

B 여름

C 가을

D 겨울

 정답 C

해설 지문에 감정과 관련되어 언급된 "可惜秋天太短"에서 가을이 짧음을 아쉬워하니, 가을을 좋아한다는 것을 유추해 낼수 있다. 그리고 지문 전체가 '가을은 여행하기에 좋은 계절'이라고 언급하고서, 다른 계절들에 대해서는 부정적인 면을부각시키고 있다. 그러므로 직접적으로 '가을을 좋아한다'고언급하지는 않았지만 답이 보기 C임을 알 수 있다.

83 ★ 다음 보기 중 어떤 계절에 황사가 심하게 부나요?

A 봄

B 여름

C 가을

D 겨울

정답 A

해설 지문 마지막 부분에 "春天风沙太大"라고 직접 언급이 되었으므로 답이 A임을 쉽게 알 수 있다.

84-85

조사 결과에 따르면 지구 온난화로 인해 적지 않은 조류가 점차 작아지고 있지만, 조류의 수는 아직 줄지 않았다. 어떤 새는 무게가 별로 줄지 않았는데, 예를 들면 아메리카솔새류의 경우 1.3% 정도밖에 줄지 않았다. 반면 몸무게가많이 줄어든 새도 있는데, 흰죽지 솔잣새의 경우 몸무게가약 4% 줄어들었고, 홍관조와 붉은 풍금새는 각각 3.3%와2.3% 줄었다. 현재, 사람들은 지구온난화가 왜 새의 신체적변화를 가져오는지 모른다.

단어 根据 gēnjù ~에 따라서

调查 diàochá 조사

随着 suízhe ~함에 따라

地球 dìqiú 지구

气候 qìhòu 기후

变暖 biànnuǎn 따뜻해지다

鸟类 niǎolèi 조류

逐渐 zhújiàn 점차

变小 biànxiǎo 작아지다

不过 búguò 그러나

数量 shùliàng 수량

减少 jiǎnshǎo 감소하다

体重 tǐzhòng 체중

比如 bǐrú 예를 들면

林莺 línyīng 아메리카 솔새류

大约 dàyuē 대략

下降 xiàjiàng 내려가다, 떨어지다

降低 jiàngdī 떨어지다, 내려가다

白翅斑雀 báichì bānquè 흰죽지 솔잣새

肯塔基莺 kěntǎjīyīng 홍관조

猩红比蓝雀 xīnghóng bǐlánquè 붉은 풍금새

分别 fēnbié 각각

引起 yǐnqǐ 야기하다, 불러일으키다

变化 biànhuà 변화

84 ★ 다음 보기 중 몸무게가 비교적 적게 줄어든 새는 무엇인가요?

A 아메리카 솔새

B 홍관조

C 붉은 풍금새

D 흰죽지 솔잣새

 정답 A

해설 백분율로 표시된 것 중 1.3%가 제일 적은 수치이다. 이 1.3%는 아메리카 솔새류에 관한 것이므로 답은 보기 A이다. 보기B는 '3.3%', 보기 C는 '2.3%', 보기 D는 '4%정도 줄었다'고언급되었다.

85 ★ 이 글에 비춰볼 때 조류의 몸무게가 줄어든 이유는무엇인가요?

A 먹거리가 줄었다

B 기후 온난화

C 조류의 크기가 작아지다

D 조류 수량이 감소했다

 정답 B

해설 지문 처음에 '온난화로 조류들의 체구가 작아졌다'고 언급이되었고, 지문 마지막에 '현재 사람들은 기후 온난화가 왜 조류의 신체적 변화를 야기하는지 모른다'고 언급하였다. 그러므로 답은 보기 B이다.

3. 쓰기(书写)

제1부분

제1부분은 총 10문항이다. 모든 문제는 여러 개의 단어가 제시되어 있다. 응시자는 주어진 단어를 사용하여 하나의 문장을 만든다.

86 **정답** 再等他十分钟吧。

그를 십 분만 더 기다리자.

해설 먼저 주어, 술어, 빈어를 확인한다. 주어를 "他"로 삼으려 했더니, 권유의 의미를 나타내는 어기조사 "吧"가 있다. 이런 권유의 의미를 나타내는 어기조사가 사용된 지문의 주어는 보통 "你"이거나 생략을 많이 한다. 그러므로 이 지문에서 "他"는 주어가 아니라 빈어로 사용된 것이다. 주어는 생략되었고, 술어 "等", 빈어 "他"를 확인한다. 부사 "再"는 동사 앞에 위치시키고, 시량보어 "十分钟"는 동사 뒤 보어자리에 위치시키는 것이 일반적인 순서이나, 빈어가 인칭대명사일 경우에는 예외이다. '동사+인칭대명사+시량보어/동량보어'의 형식으로 사용된다. 그러므로 올바른 순서는 "再等他十分钟吧。"이다.

단어 再 zài 더
等 děng 기다리다
十分钟 shí fēnzhōng 10분
吧 ba ~하자(권유)

87 **정답** 桌子上的报纸是昨天的。

책상 위 신문은 어제 것이다.

해설 먼저 주어, 술어, 빈어를 확인한다. 주어 "报纸", 술어 "是" 확인한다. 주어나 빈어와 관계깊은 구조조사 "的"가 붙어 있는 "桌子上的"는 주어 앞 한정어 자리에 위치시킨다. '是자문'에서 주어와 빈어의 관계는 동격이거나 포함의 관계가 되어야 한다. "昨天"은 시간명사로 주어 앞이나 주어 뒤에 놓일 수 있는데, 이 지문에서는 나머지 '的'와 같이 결합하여 뒤에 '신문'이라는 명사가 생략된 형태가 될 수 있다. "昨天的"는 '어제 신문'이란 뜻이 되는 것이다. 뒤에 같은 명사가 중복되어 사용되면 생략 가능하다. 즉 "桌子上的报纸是昨天的报纸"이란 뜻이다. 그러므로 올바른 순서는 "桌子上的报纸是昨天的。"이다.

단어 报纸 bàozhǐ 신문
昨天的 zuótiān de 어제 것

88 **정답** 世界上没有完全相同的两个人。

세상에 완전히 똑같은 두 사람은 없다.

해설 "有"가 사용된 존재문의 기본형식은 '장소+有+사물/사람'이므로 "世界上没有两个人"을 먼저 확인한 후, '부사+형용사'인 "完全相同"을 "没有" 뒤에 위치시킨다. 부사는 개성이 강해서 자기가 꾸미고 싶은 동사나 형용사 앞에 위치한다는 공식도 알아둬야 한다. 그러므로 올바른 순서는 "世界上没有完全相同的两个人。"이다.

단어 世界上 shìjièshàng 세계에서, 세상에서
完全相同 wánquán xiāngtóng 완전히 같다

89 **정답** 他们俩长得特别像。

그 둘은 정말 닮았다.

해설 먼저 주어, 술어, 빈어를 확인한다. 주어 "他们俩", 술어 "长"을 확인한다. 그리고 정도보어 "得"는 술어 뒤에 붙어서 '생김새가 어떻다'란 표현이다. 그 뒤에 부사와 형용사를 배치하면 된다. 그러므로 올바른 문장은 "他们俩长得特别像。"이다.

단어 长得 zhǎng de 생기다
特别 tèbié 매우, 아주
像 xiàng 닮다

90 **정답** 请大家在这儿等一会儿。

여러분, 여기서 좀 기다려 주세요.

해설 먼저 주어, 술어, 빈어를 확인한다. 주어 "大家", 술어 "等"을 확인한다. 그리고 장소를 나타내는 개사구 "在这儿"을 동사

앞에 위치시키고, 시량보어 "一会儿"은 동사 뒤에 놓는다.
올바른 문장은 "请大家在这儿等一会儿."이다.

단어 请 qǐng ~해 주세요, ~하세요

91 **정답** 每个人都有自己的特点。
누구나 자신만의 특징이 있다.

해설 먼저 주어, 술어, 빈어를 확인한다. 주어 "每个人", 술어 "有", 빈어 "特点"을 확인한다. 부사 "都"는 동사 술어 앞에 있으니, "自己的"는 빈어를 수식하는 한정어 위치에 놓는다. 올바른 순서는 "每个人都有自己的特点."이다.

단어 特点 tèdiǎn 특징

92 **정답** 抽烟引起了一场大火。
담배 때문에 큰 불이 났다.

해설 먼저 주어, 술어, 빈어를 확인한다. 주어 "抽烟", 술어 "引起", 빈어 "大火"를 확인한다. 양사 "一场"은 빈어 앞에 놓는다. 빈어가 수량사를 가지면 "了"는 동태조사로 올바른 순서는 "抽烟引起了一场大火."이다.

단어 抽烟 chōuyān 담배를 피우다
引起 yǐnqǐ 야기하다
一场 yìchǎng 한차례
大火 dàhuǒ 큰불

93 **정답** 祝你在新的一年里一切顺利。
새해에 하시는 일 다 잘 되시길 바랍니다.

해설 먼저 주어, 술어, 빈어를 확인한다. 축복의 말을 할 때는 "祝"가 먼저 위치한다. 그 다음 주어 "你", 술어 "顺利"를 확인한다. 그 후에 시간과 범위가 같이 있으면 시간이 먼저 위치한

다. 그러므로 "在新的一年里一切"가 되어야 한다. 올바른 순서는 "祝你在新的一年里一切顺利."이다.

단어 祝 zhù 축하하다
一切 yíqiè 모든 것
顺利 shùnlì 순조롭다

94 **정답** 你怎么会遇到这么麻烦的事情?
어떻게 이런 골치 아픈 일을 만났어?

해설 먼저 주어, 술어, 빈어를 확인한다. 주어 "你", 술어 "遇到", 빈어 "事情"을 확인한다. 의문사+조동사 순서로 주어 뒤 상황어 자리에 있기 때문에, "这么麻烦的"는 빈어를 수식하는 한정어 자리에 놓는다. 올바른 순서는 "你怎么会遇到这么麻烦的事情?"이다.

단어 怎么会 zěnme huì 어떻게 그럴 수 있나?
遇到 yùdào 부딪히다, 당면하다, 만나다
麻烦 máfan 골치 아프다, 수월하지 않다

95 **정답** 学校要组织留学生到北京旅行。
학교에서 유학생들의 베이징 여행을 계획했다.

해설 먼저 주어 "学校", 동사1 "组织"를 확인한다. 동사1 "组织"은 빈어로 '주어+술어'로 된 '주술구' 혹은 '동사+빈어'로 된 '동빈구'를 가진다. 그러므로 제시어 속에 동사가 여럿 보인다면 동사1 "组织"를 먼저 앞에 놓는다. 그리고 빈어 속의 구조를 찾아주면 된다. "留学生"은 빈어 속의 주어인 셈이고, "到…旅行" 구조를 떠올려 순서를 바로 잡아주면 된다. 그러므로 올바른 순서는 "学校要组织留学生到北京旅行."이다.

단어 组织 zǔzhī 조직하다
留学生 liúxuéshēng 유학생
旅行 lǚxíng 여행하다

제2부분

제2부분은 총 5문항이다. 모든 문제에는 한 장의 그림과 하나의 단어가 제시된다. 응시자는 그림을 보고 주어진 단어를 사용하여 하나의 문장을 만든다.

96 **참고답안** 这里的水果真够新鲜的。
여기 과일은 정말 신선하다.

단어 够~的 gòu~de 꽤 ~하다
新鲜 xīnxiān 신선하다

97 **참고답안** 他讲的笑话真有意思。
그의 농담은 정말 재미있다.

단어 笑话 xiàohuà 농담, 재미있는 이야기
有意思 yǒuyìsi 재미있다

98 **참고답안** 他走路不注意，撞到墙上了。
그는 걸을 때 조심하지 않아서 벽에 부딪혔다.

단어 走路 zǒulù 길을 걷다
不注意 bú zhùyì 조심하지 않다
撞 zhuàng 부딪히다, 들이받다
墙 qiáng 벽

99 **참고답안** 大家脱了鞋，然后才进去。
모두들 신발을 벗은 후에 들어갈 수 있다.

단어 然后才 ránhòu cái 후에
脱鞋 tuōxié 신발을 벗다

100 **참고답안** 你猜他今年多大了？
네가 볼 때 저 사람 올 해 몇 살인 것 같아?

단어 猜 cāi 추측하다
多大 duō dà (나이가) 몇인지?

新汉语水平考试

HSK
4级

모의고사 해설

⑤

HSK (四级) 5회 모범답안

一、听力

第一部分	1. ✕	2. ✓	3. ✓	4. ✕	5. ✓	6. ✓	7. ✓	8. ✕	9. ✕	10. ✕
第二部分	11. C	12. A	13. D	14. C	15. D	16. D	17. B	18. A	19. C	20. D
	21. A	22. C	23. A	24. D	25. A					
第三部分	26. B	27. A	28. C	29. C	30. C	31. D	32. D	33. B	34. C	35. A
	36. A	37. C	38. D	39. C	40. C	41. B	42. C	43. B	44. B	45. D

二、阅读

第一部分	46. E	47. A	48. F	49. B	50. C	51. D	52. E	53. B	54. F	55. A
第二部分	56. A C B		57. A B C		58. B A C		59. B A C		60. A B C	
	61. B C A		62. B C A		63. B A C		64. C B A		65. C B A	
第三部分	66. C	67. A	68. D	69. A	70. C	71. C	72. A	73. B	74. C	75. B
	76. D	77. D	78. C	79. B	80. ?	81. A	82. C	83. B	84. B	85. C

三、书写

第一部分	86.	自己做的礼物最好。
	87.	时间过得真快!
	88.	你能解释这个词吗?
	89.	我不喜欢看京剧。
	90.	这场雨来得太突然了。
	91.	这本书的内容很有意思。
	92.	他也写过很多小说。
	93.	小王被经理批评了一顿。
	94.	对这里的生活习惯了。
	95.	我没有时间陪你买礼物。
第二部分 参考答案	96.	他正在认真地学习。
	97.	这件衣服很暖和,我一点儿也不冷。
	98.	昨天我睡得很好,还做了个好梦。
	99.	他们跳舞跳得太精彩了。
	100.	出去旅游,可一定别忘了带地图。

1. 듣기(听力)

제1부분

제1부분은 총 10문항이다. 모든 문제는 한 번씩 들려준다. 모든 문제에서 한 사람이 한 단락의 문장을 읽으면, 다른 사람이 그 문장과 관련된 한 구절의 문장을 읽는다. 시험지에도 이 문장이 제시되어 있으며, 응시자는 들려주는 내용과 맞는지 판단한다.

1

> 这是什么车呀？才骑两天就坏了，质量也太差了吧！
>
> 무슨 자전거가 이래? 겨우 이틀 탔는데 고장 나버리다니 품질이 너무 안 좋아!

나는 이 차가 어떤 차인지 궁금하다.

정답 ✕

해설 지문에 언급한 "这是什么车呀？"는 반어용법으로 품질에 대한 불만을 표시하는 것이다. 그러므로 문제 지문과는 일치하지 않는다.

단어 才 cái 겨우
坏 huài 망가지다
质量 zhìliàng 품질
差 chà 나쁘다, 떨어지다

2

> 老王申请去北京的分公司工作，公司负责人经过商量，最后答应了。
>
> 라오왕이 베이징의 지사 업무를 신청했는데, 회사 책임자는 논의를 거쳐 결국 신청을 수락했다.

회사측은 라오왕의 신청을 승낙하였다.

정답 ✓

해설 지문에 언급한 "答应"은 문제의 "同意"와 같은 의미로 '수락하다, 동의하다'의 뜻이다. 녹음 지문과 문제 내용은 일치하는 것으로 답은 ✓이다.

단어 申请 shēnqǐng 신청하다

分公司 fēngōngsī 지사
负责人 fùzérén 책임자
经过 jīngguò 통하여
商量 shāngliang 상의하다
最后 zuìhòu 결국에는
答应 dāying 수락하다, 동의하다

3

> 经理通知得也太晚了，要不是会议推迟了两天，我真来不及准备这3000份材料。
>
> 사장님이 너무 늦게 통지하셨네. 만일 회의가 이틀 연기되지 않았다면 내가 3000부나 되는 이 자료를 준비할 시간이 정말 없었을 것이다.

나는 회의 자료 준비 책임을 맡았다.

정답 ✓

해설 지문의 '이틀 연기되지 않았다면 내가 3000부나 되는 자료를 준비할 시간이 없었을 것이라는 가정형에서 '이틀 연기되어서 내가 3000부의 자료를 겨우 준비하였다'는 사실을 알수 있으며, 자료 준비는 말하는 이가 한 행동임을 알 수있다. 지문 내용은 문제 내용과 일치하는 것으로 답은 ✓이다.

단어 通知 tōngzhī 통지하다
要不是 yào bú shì ~이 아니라면
推迟 tuīchí 미루다
来不及 láibují 시간에 댈 수 없다
准备 zhǔnbèi 준비하다
材料 cáiliào 자료

4

> 我觉得白毛衣也可以，蓝色的也很漂亮，但是我朋友说蓝的颜色太深，白的太容易脏，她非要买黄色的。
>
> 내 생각에 흰색 스웨터도 괜찮은 것 같고, 파란색 스웨터도 예쁘긴 한데, 그러나 내 친구들은 파란색은 너무 짙고, 흰색은 더러워지기가 쉽기 때문에 그녀가 꼭 노란색을 사야만 한다고 말했다.

친구는 흰 스웨터를 사려고 한다.

정답 ✕

해설 '흰색은 더러워지기가 쉬운 색이라고 노란색을 사야 한다'고 언급되었으므로 문제 내용과 일치하지 않는다. 답은 ✕이다.

단어 觉得 juéde 여기다
毛衣 máoyī 스웨터
颜色 yánsè 색
深 shēn 짙다
脏 zāng 더럽다
非要 fēiyào 반드시

5

> 南方的春天到处是绿树红花，景色美极了。但是五六两个月总是不停地下雨，有时一连一个星期一直下雨，人们每天都得打着雨伞出门。
>
> 남쪽 지역은 봄이 되면 곳곳에 푸른 나무와 빨간 꽃들을 볼 수 있어 그 풍경이 정말 아름답다. 그러나 5, 6월 두 달 동안은 종일 비가 그치지 않고 내리는데, 어떤 때는 1주일 내내 비가 와서 사람들은 매일 우산을 쓰고 외출해야 한다.

남부 지역은 봄에 자주 비가 내린다.

정답 ✓

해설 지문에 언급된 "总是不停地下雨"와 문제에 언급된 "常下雨"는 같은 개념으로 답은 ✓이다.

단어 到处 dàochù 사방에
绿树红花 lǜ shù hóng huā 푸른 나무와 붉은 꽃
不停地 bù tíng de 끊임없이
一连 yìlián 연이어
一直 yìzhí 줄곧
打着雨伞 dǎzhe yǔsǎn 우산을 쓰고서

6

> 老师总是这样告诉我们:考试不是学习的目的，大家能说一口流利的汉语才是我们的目的，所以不要只想一次考试得了多少分，因为大家不是为了分数学习。
>
> 선생님은 항상 우리들에게 시험이 공부의 목적이 아니라 모두가 중국어를 유창하게 말할 수 있는 것이야말로 우리의 목적이기 때문에 시험 한 번 볼 때 점수를 몇 점 받느냐만을 생각하지 말아야 한다고 말씀하신다. 왜냐하면 모두가 점수를 위해서 공부하는 것은 아니기 때문이다.

선생님은 시험 점수가 그다지 중요하지 않다고 여긴다.

정답 ✓

해설 지문에 마지막에 언급한 "大家不是为了分数学习"에서 문제에 언급된 "分数不太重要"를 알 수 있다. 그러므로 답은 ✓이다.

단어 告诉 gàosu 알리다
目的 mùdì 목적
一口 yì kǒu 구사할 줄 아는 외국어의 양사
流利 liúlì 유창하다
汉语 Hànyǔ 중국어
才是 cáishì 비로서
分数 fēnshù 점수

7

> 真对不起，我昨天感冒了，今天开始发烧，实在没精神去看电影了，晚上你找别人陪你去吧。
>
> 정말 미안해. 어제 감기에 걸리더니 오늘은 열이 나기 시작해서 정말 영화 보러 갈 정신이 없어. 오늘 저녁에 다른 사람이랑 같이 영화 보러 가.

나는 저녁에 영화를 보러 가고 싶지 않다.

정답 ✓

해설 지문에 언급된 '몸이 불편해서 영화 보러 가지 못하겠다'는 의미와 '다른 사람과 같이 가라'는 곳에서 문제에 언급된 '영화를 보러 가고 싶지 않다'는 의향을 알 수 있다. 그러므로 답은 ✓이다.

단어 感冒 gǎnmào 감기 걸리다
发烧 fāshāo 열이 나다
实在 shízài 정말로

精神 jīngshén 정신
别人 biérén 다른 사람
陪 péi 모시고 같이 가다

8

> 以前我以为中国每个地方的人说话都差不多，后来才知道不同地方有不同地方的语言，有些地方的话还和普通话差得很远。

> 예전에 나는 중국의 각 지역 사람들이 하는 말이 크게 다를 것이 없다고 생각했었다. 나중에서야 서로 다른 지역에는 서로 다른 언어가 존재하며 일부 지역의 말은 표준어와 매우 큰 차이가 있다는 사실을 알았다.

중국의 서로 다른 지역 사람들이 하는 말은 큰 차이가 없다.

정답 ✕

해설 지문에 언급된 "以为"는 '~인 줄 알았는데'의 뜻이며, 잘못 알고 있는 내용을 언급할 때 사용하는 것으로, "以为" 다음 내용은 사실이 아니다. 그러므로 문제내용은 틀린 것이 되는 것이다.

단어 以为 yǐwéi ~인 줄 알았는데 (아니다)
每 měi 매
差不多 chàbuduō 비슷하다
地方的语言 dìfāng de yǔyán 사투리
普通话 pǔtōnghuà 표준어
差得很远 chà de hěn yuǎn 차이가 많이 나다

9

> 去中国人家里做客，一般要带一点儿礼物。当主人问客人喝什么饮料的时候，客人常说"随便"，意思是喝什么都行。

> 중국인의 집에 손님으로 가게 될 때, 보통은 선물을 사가지고 간다. 집 주인이 손님에게 어떤 것을 마시겠냐고 물을 때, 손님은 항상 '아무거나'라고 말하는데 그 뜻은 뭘 마셔도 다 괜찮다는 뜻이다.

중국인 집에 갈 때는 음료수를 사가는 것이 제일 좋다.

정답 ✕

해설 지문에 '선물로 무엇을 사가라'고 언급된 것은 없고, '주인이 손님을 접대할 때 음료수를 드린다'는 부분이 있다. 지문 내용과 문제 내용은 틀린 것으로 답은 ✕이다.

단어 做客 zuòkè 손님으로 초대받다
一般 yìbān 일반적으로
当~的时候 dāng~de shíhou ~일 때
饮料 yǐnliào 음료
随便 suíbiàn 아무거나, 편한 대로
都行 dōu xíng 다 좋다

10

> 几乎所有的爸爸、妈妈都批评"垃圾食品"不够健康，可是因为孩子喜欢吃，他们也就带孩子去吃了。

> 거의 모든 아버지, 어머니들이 '정크푸드'가 건강에 좋지 않다고 비난하지만 아이들이 좋아하기 때문에 아이들을 데리고 가서 먹기도 한다.

젊은 부모들은 자녀들에게 정크푸드를 사주지 않는다.

정답 ✕

해설 지문에 언급된 전환 관계 "可是" 다음을 주의해서 들어야 한다. '아이들이 좋아해서 어쩔 수 없이 아이들을 데리고 가서 먹는다'고 하였으므로 답은 ✕이다.

단어 几乎 jīhū 거의
批评 pīpíng 비난하다, 질책하다
垃圾食品 lājī shípǐn 쓰레기음식, 정크푸드
不够 búgòu 충분하지 않다
带 dài (사람을) 데리고 가다

제2부분

제2부분은 총 15문항이다. 모든 문제는 한 번씩 들려준다. 모든 문제는 두 사람의 대화로 이루어져 있으며, 두 문장으로 구성되어 있다. 세 번째 사람이 이 대화와 관련된 질문을 한다. 응시자는 시험지에 주어진 4개의 선택 항목 중에서 정답을 고른다.

11

女：老王，您慢走，我就不远送了。
男：留步，快请回吧。

问：他们在干什么？

여 : 라오왕, 살펴 가세요. 멀리 나가지 않겠습니다.
남 : 나오지 마시고 얼른 들어가세요.

문 : 이들은 무엇을 하고 있나요?

A 사람을 맞이하다
B 식사를 하다
C 헤어지다
D 여행하다

정답 C

해설 지문에 언급된 "慢走", "不远送"은 손님을 배웅할 때, "留步"는 떠나가는 사람이 배웅하는 사람보고 그만 배웅 나오라고 하는 인사말이다. 이 몇 개의 관련 핵심단어에서 이들이 지금 헤어지고 있다는 것을 알 수 있다. 답은 보기 C이다.

단어 慢走 mànzǒu 살펴 가세요
不远送 bù yuǎn sòng 멀리 안 나갑니다
留步 liúbù 그만 나오세요

12

男：不是九点出发吗？现在已经过了10分钟了，司机怎么还没来？
女：你的表快了，现在还差五分才到九点呢。

问：现在几点了？

남 : 9시 출발 아니야? 지금 이미 10분이나 지났는데 기사는 왜 아직도 안 와?
여 : 네 시계가 빨라서 그래. 지금 아직 5분 전 9시밖에 안됐어.

문 : 지금은 몇 시인가요?

A 8:55
B 9:05
C 9:10
D 9:15

정답 A

해설 많은 시간이 언급되는데, 지금은 "差五分才到九点"이라고 하였으므로 답은 보기 A이다. "差"를 사용한 시간표시법에 익숙해져야 한다.

단어 不是~吗？ bú shì~ma？ 아닌가요?(반어)
司机 sījī 기사
表快 biǎo kuài 시계 시간이 빠르다

13

女：小李怎么还不来？
男：别等了，他这么晚还没到，十有八九是不会来了。

问：男人的意思是：

여 : 샤오리는 왜 아직도 안 오는 거야?
남 : 기다리지 마. 이렇게 늦었는데도 안 오는걸 보면 십중팔구 오지 않을 거야.

문 : 남자가 뜻하는 바는 무엇인가요?

A 샤오리를 조금 더 기다리자
B 샤오리는 오늘 반드시 온다
C 샤오리가 왜 지각했는지
D 샤오리는 오늘 오지 않을 것이다

정답 D

해설 지문에 언급된 "十有八九"는 '십중팔구'라는 뜻으로, 답은 보기 D이다.

단어 十有八九 shí yǒu bā jiǔ 십중팔구
不会 bú huì ~하지 않을 것이다

14

男：出了什么事？你快点儿说话呀，哭有什么用？
女：我，我，我考试没通过。

问：男人是什么语气？

남 : 무슨 일이야? 빨리 말해봐. 울어봐야 무슨 소용이야?

여 : 나… 나… 시험에 떨어졌어.

문 : 남자는 어떤 말투인가요?

A 동정하다
B 믿지 않다
C 조급하다
D 상심하다

정답 C

해설 남자의 말 "你快点儿说话呀"에서 상대방을 재촉하는 조급해하는 말투임을 알 수 있다. 답은 보기 C이다.

단어 出事 chūshì 사고가 나다
哭 kū 울다
有什么用 yǒu shénmeyòng 무슨 소용 있나?(반어)
通过 tōngguò 통과하다, 합격하다

15

女：请问，活动中心在图书馆的东边还是西边？
男：都不对，活动中心在图书馆的北边。

问：活动中心在图书馆的哪边？

여 : 말씀 좀 묻겠습니다. 학생회관이 도서관 동쪽에 있나요, 서쪽에 있나요?

남 : 둘 다 아니에요. 학생회관은 도서관 북쪽에 있습니다.

문 : 학생회관은 도서관의 어느 쪽에 있나요?

A 동쪽
B 서쪽
C 남쪽
D 북쪽

정답 D

해설 '동쪽이냐? 서쪽이냐?'라는 여자의 질문에 남자는 "北边"이라고 대답하였다. 그러므로 답은 보기 D이다.

단어 活动中心 huódòng zhōngxīn 학생회관
图书馆 túshūguǎn 도서관
还是 háishi ~아니면

16

男：您要点儿什么？
女：请给我拿两个本子和一支钢笔。

问：这段话我们可能在哪儿听到？

남 : 어떤 걸 사시겠습니까?

여 : 공책 두 권하고 만년필 한 자루 주세요.

문 : 이 대화는 어디에서 들을 수 있는 것인가요?

A 음식점
B 지하철역
C 교실
D 문방구

정답 D

해설 지문에 언급된 "本子", "钢笔"에서 문구점임을 알 수 있다. 보기를 통해 장소 문제임을 빨리 인지하고 관련 핵심어를 잘 들어야 한다. 답은 보기 D이다.

단어 拿 ná 꺼내주다
本子 běnzi 공책
一支 yì zhī 한 자루
钢笔 gāngbǐ 만년필

17

女：小黄病了，咱们去看看他吧。
男：病什么呀，我刚才还看见他左操场上打球呢。

问：男的是什么意思？

여 : 샤오황이 아프다는데, 우리가 가 보자.

남 : 병은 무슨 병이야, 내가 방금 운동장에서 공 가지고 노는 걸 봤는데.

문 : 남자가 뜻하는 바는 무엇인가요?

A 그는 샤오황이 병이 난 줄 알고 있다
B 그는 샤오황이 병이 나지 않았다고 여긴다
C 그는 샤오황이 무슨 병에 걸렸는지 묻는다
D 그는 병원에서 샤오황을 봤다

정답 B

해설 남자가 말한 "病什么呀"는 반어용법으로 '병에 걸리지 않았다'를 뜻하며, '운동장에서 놀고 있는 것을 보았다'고 하였다. 그래서 보기 A, C를 제외시키면 답은 보기 B가 가장 적합하다.

단어 病什么 bìng shénme 병이 나기는?(반어)
刚才 gāngcái 방금
操场 cāochǎng 운동장
打球 dǎqiú 공놀이하다

18

男：听说你儿子今年考上北京大学了?
女：哪儿呀, 他早都大学毕业了。

问：女人的意思是:

남 : 듣자 하니, 댁의 아드님이 올해 베이징 대학에 붙었다면서요?
여 : 어디요, 진작에 대학도 졸업했는걸요.

문 : 여자가 한 말이 뜻하는 바는 무엇인가요?

A 아들이 대학을 졸업했다
B 아들이 대학에 붙었다
C 아들이 어디로 갔는지 모른다
D 아들이 베이징에서 돌아왔다

정답 A

해설 '올해 대학에 붙었다고 들었다'는 남자의 말에 여자는 "哪儿呀"란 반어용법으로 부정을 하면서 '진작에 졸업을 했다'고 하였다. 그러므로 답은 보기 A이다. 나머지 보기 C, D는 언급되지 않은 내용이다.

단어 听说 tīngshuō 듣자 하니
考上 kǎoshàng 시험에 합격하다

19

女：你看这件事我们该怎么办?
男：这事情我说了不算, 你问经理吧!

问：男人的意思是:

여 : 이 일은 우리가 어떻게 처리해야 한다고 보세요?
남 : 이 일은 나한테 결정권이 없어, 사장님께 여쭤봐!

문 : 남자가 뜻하는 바는 무엇인가요?

A 나는 잘 모르겠다

B 나는 아직 생각 좀 더 해봐야겠다
C 내가 결정할 수 있는 것이 아니다
D 나는 아직 결정하지 못했다

정답 C

해설 지문에 언급된 "说了不算"은 '말에 결정권이 없다' 혹은 '말한대로 이루어지지 않는다'의 뜻이다. 이것은 보기 C의 "决定不了"와 같은 의미이다. "说了不算"은 시험에 자주 등장하는 관용어이므로 꼭 외우도록 한다.

단어 该 gāi 마땅히
怎么办 zěnme bàn 어떻게 하나?
不算 bú suàn 인정하지 않다
经理 jīnglǐ 사장, 매니저

20

男：老张怎么说出这样的话?
女：我看老张的话不无道理, 我们真得好好考虑考虑。

问：女的认为老张的话:

남 : 라오장은 어떻게 그런 말을 하지?
여 : 내가 볼 때는 라오장의 말이 전혀 말도 안 되는 건 아니야. 우리가 정말 꼼꼼하게 따져봐야 해.

문 : 여자는 라오장의 말이 어떻다고 여기나요?

A 믿으면 안된다
B 완전히 쓸모가 없다
C 근거가 없다
D 일리가 있다

정답 D

해설 여자가 한 말 "不无道理"는 이중 부정으로 긍정을 뜻하는 것이다. 즉 "有道理"이다. 그러므로 답은 보기 D이다.

단어 不无 bùwú 아닌 것이 아니다, ~이다(이중부정)
道理 dàolǐ 도리, 일리, 이치
考虑 kǎolǜ 고려하다

21

女：没什么事看看杂志吧, 要不咱们出去逛逛商店。
男：下午我要和小明一起去看比赛, 没有时间翻这些报纸、杂志。

问：男的下午要去干什么?

여 : 할 일 없으면 잡지나 봐. 아니면 우리 쇼핑하러 가자.

남 : 오후에 샤오밍이랑 같이 경기 보러 가야 돼서 여기 신문이나 잡지들 볼 시간도 없어.

문 : 남자는 오후에 무엇을 하러 가나요?

A 경기를 보다
B 쇼핑 가다
C 잡지를 보다
D 신문을 읽다

정답 A

해설 보기 네 개가 다 지문에 언급되었지만, 남자는 경기를 보러 가야 하기 때문에 나머지들을 할 시간이 없다고 하는 것이다. 그러므로 답은 보기 A이다.

단어 杂志 zázhì 잡지
要不 yàobù 아니면
逛商店 guàng shāngdiàn 쇼핑하다
比赛 bǐsài 시합, 경기
翻 fān 뒤적이다, 넘기다
报纸 bàozhǐ 신문

22
男 : 你怎么往那边走? 图书馆在这边。
女 : 我突然想起来我的信用卡忘在食堂对面的小卖部了, 得赶快去拿。

问 : 女的要去哪儿?

남 : 너 왜 그쪽으로 가? 도서관은 이쪽인데.

여 : 내가 신용카드를 식당 맞은편 매점에 깜빡 놓고 온 게 갑자기 생각나서 빨리 가지러 가야 돼.

문 : 여자는 어디에 가려고 하나요?

A 도서관
B 식당
C 편의점
D 우체국

정답 C

해설 이 문제는 보기 D를 제외한 여러 장소들이 다 언급되었고, 여자가 신용카드를 깜빡 놓고 온 곳은 "忘在小卖部"이다. 그러므로 답은 보기 C이다.

단어 怎么 zěnme 왜
往 wǎng 향하여

突然 tūrán 갑자기
想起来 xiǎng qǐlái 생각나다
信用卡 xìnyòngkǎ 신용카드
忘 wàng 잊다
对面 duìmiàn 맞은편
小卖部 xiǎomàibù 매점
赶快 gǎnkuài 서둘러

23
女 : 昨天你看电影了吗?
男 : 吃完饭后, 他们都看电影去了, 我很累, 就睡了。

问 : 男的昨天晚饭后做什么?

여 : 어제 영화 봤어?

남 : 밥 먹고 다들 영화 보러 갔는데, 나는 너무 피곤해서 그냥 잤어.

문 : 남자는 어젯밤 밥 먹고 무엇을 하였나요?

A 잠을 자다
B TV를 보다
C 영화를 보다
D 친구와 이야기를 나누다

정답 A

해설 보기 B, D는 언급된 내용이 아니므로 우선 제거한다. 남자는 '피곤해서 잤다'고 하였으므로 영화를 보러 가지 않았다. 답은 보기 A이다.

단어 累 lèi 피곤하다
睡 shuì 자다

24
男 : 现在到处都不让抽烟, 除了在家里, 你说我还能在哪儿抽呢?
女 : 在哪儿都不能抽烟!

问 : 女的觉得在哪儿可以抽烟?

남 : 요즘 곳곳이 다 금연 구역이야. 집 말고 어디서 피울 수 있을까?

여 : 어디서도 피우면 안 돼지!

문 : 여자는 어디에서 담배를 피울 수 있다고 여기나요?

A 집에서 가능하다

B 흡연실에서 가능하다

C 어디에서든지 다 가능하다

D 어디에서도 안 된다

정답 D

해설 의문사와 부사 "都"가 같이 사용되면 '모든'을 뜻한다. 그러므로 여자가 한 말 "哪儿都不能抽烟"은 '어느 장소에서도 담배를 피울 수 없다'이다. 그러므로 답은 보기 D이다.

단어 不让 bú ràng 못하게 하다

抽烟 chōuyān 담배를 피우다

除了 chúle ~말고, ~을 제외하고

哪儿都 nǎr dōu 어디든지 다

25

女：新买的房子不能离我家太远，因为爸爸年龄大了，如果生了病，我也好照顾。

男：我已经看好了一处房子，我带你去看看。

问：女的关心房子的什么？

여 : 새로 살 집은 우리 집에서 너무 멀면 안돼. 우리 아버지가 연세가 있으셔서 만에 하나 편찮으시기라도 하면 내가 보살펴드려야 하니까.

남 : 이미 집 하나 봐 놨어. 같이 보러 가자.

문 : 여자는 집의 어떤 면을 중요시 여기나요?

A 장소

B 크기

C 주인

D 가격

정답 A

해설 "不能离我家太远"은 '우리 집에서 너무 멀면 안돼'란 뜻으로 거리의 개념을 언급한 것이다. 그러므로 답은 장소에 관련된 보기 A가 된다. 나머지 보기들은 언급되지 않았다.

단어 离 lí ~로부터 ~까지

年龄 niánlíng 연령

大 dà (나이가) 많다

好 hǎo ~하기에 좋다(목적)

照顾 zhàogù 돌보다

제3부분

제3부분은 총 20문항이다. 모든 문제는 한 번씩 들려준다. 모든 문제는 4~5 문장으로 구성된 대화 또는 단문이며, 이 내용을 들려준 후 관련된 1~2개의 질문을 한다. 응시자는 시험지에 주어진 4개의 선택 항목 중에서 정답을 고른다.

26

男：听说你对画画儿很感兴趣。

女：谁说的？我对画画儿兴趣不大，但对音乐很有兴趣。

男：那咱们差不多。

女：你也喜欢音乐？

男：我喜欢一边听音乐一边跳舞。

问：女人的爱好是：

남 : 그림에 굉장히 관심 많다면서?

여 : 누가 그래? 그림에는 별로 관심 없지만 음악에는 매우 관심이 많지.

남 : 그림 우리 둘이 비슷하네.

여 : 너도 음악 좋아해?

남 : 나는 음악 들으면서 춤 추는 걸 좋아하거든.

문 : 여자의 취미는 무엇인가요?

A 그림을 그리다

B 음악을 듣다

C 노래를 부르다

D 춤을 추다

정답 B

여자가 한 말 "谁说的?"는 반어용법으로 상대방의 말을 부정하는 것이다. 그림에 취미가 없음을 뜻하고, 여자는 본인이 음악에 관심이 있다고 친절하게 설명하였다. 그러므로 답은 보기 B가 된다. 보기 C는 언급되지 않았다.

단어　听说 tīngshuō 듣자하니
对~感兴趣 duì~gǎnxìngqù ~에 흥미가 있다
谁说的 shéi shuō de 누가 그래?(반어)
一边~一边~ yìbiān~yìbiān~ ~하면서 ~하다

27

女：新娘真漂亮呀。你们是大学同学吧？
男：是呀，我爱人可是我们学校的一朵花。
女：那你是怎么追到的，快给我们说说。
男：这个嘛，是秘密。

问：新郎和新娘是怎么认识的?

여 : 신부가 정말 예쁘다. 너희 둘 대학 동창이지?
남 : 네, 제 아내가 저희 학교 퀸카였죠.
여 : 그럼 넌 어떻게 성공한 거야? 빨리 우리들한테 말 좀 해줘.
남 : 그건 말이지, 비밀이야.

문 : 신랑과 신부는 어떻게 알게 되었나요?

A 예전 동창이다
B 지금은 동료이다
C 종종 같이 꽃을 샀다
D 종종 같이 단련한다

정답　A

해설　이 문제는 관계를 묻는 질문이다. 지문에 언급된 "大学同学"에서 이 둘이 학교에서 알게 되었음을 알 수 있다. 답은 보기 A이다. 보기 B, D는 언급된 내용이 아니고, "퀸카"라는 뜻의 "学校的一朵花"는 꽃을 구매하는 것과 상관없는 내용이다.

단어　新娘 xīnniáng 신부
一朵花 yì duǒ huā 퀸카, 메이퀸
追 zhuī 구애하다
到 dào 결과보어(목적달성)
秘密 mìmì 비밀

28

男：你每天学习多长时间？
女：差不多学习5个小时。

男：这么长时间，我说你的汉语怎么那么好呢。
女：哪的话，还差得远呢。

问：女的每天学习多长时间?

남 : 너는 매일 얼마나 공부해?
여 : 5시간 정도.
남 : 그렇게 오래 공부하니까 중국어를 그렇게 잘하는구나.
여 : 잘하기는, 아직 멀었는걸.

문 : 여자는 매일 얼마나 공부하나요?

A 2시간
B 3시간
C 4시간
D 5시간

정답　D

해설　지문에 언급된 시간은 '5시간'이라는 말밖에 없다. 나머지 보기들은 언급된 내용이 아니므로 답은 의외로 쉽게 고를 수 있다. 5시간 앞에 언급된 "差不多"는 '거의'란 뜻으로 5시간 정도임을 설명하는 것이다.

단어　差不多 chàbuduō 비슷하다
哪的话 nǎ de huà 어디요?(반어)

29

女：慢点儿吃，吃饭太快对身体不好。
男：没事，我们班同学比我吃得更快。
女：你别什么都不在乎，等病了就晚了。
男：好了，知道了，妈妈。

问：女的认为吃饭速度快会怎么样?

여 : 좀 천천히 먹어. 빨리 먹는 건 건강에 안 좋아.
남 : 괜찮아. 우리 반 애들은 나보다 훨씬 더 빨리 먹어요.
여 : 너 그렇게 아무것도 신경 안 쓰다가 나중에 병 들고나면 그땐 이미 늦은 거야.
남 : 네, 알겠어요. 엄마.

문 : 여자는 식사 속도가 빠르면 어떨 것이라 여기나요?

A 쉽게 뚱뚱해진다
B 밥과 반찬을 많이 먹을 수 있다
C 건강에 안 좋다

D 시간을 줄일 수 있다

정답 C

해설 대화 처음부분에 "吃饭太快对身体不好"라고 언급이 되었다. 이 문제는 처음부터 신경 써서 들어야 하는 문제이다. 일반적으로는 중간이나 뒷부분에 언급되기도 하지만 처음부분을 문제화하기도 한다. 이 지문 중간에 언급된 "等病了就晚了"에서 건강과 관련되어 있음을 추측할 수 있다. 그러므로 답은 보기 C이며, 나머지 보기들은 언급된 내용이 아니다.

단어 对~不好 duì~bù hǎo ~에 안 좋다
不在乎 bú zàihu 신경쓰지 않다

30

男：下午你有什么计划?
女：我想去买点儿东西。
男：你买什么? 吃的、穿的还是用的?
女：我只想买台电脑，我的电脑坏了。
男：好，我陪你去。

问：女的想买什么?

남 : 오후에 무슨 계획 있어?
여 : 뭣 좀 사러 가려고.
남 : 뭐 살건데? 먹을 거? 입을 거? 아니면 생활용품?
여 : 나는 그냥 컴퓨터만 사고 싶은데, 내 컴퓨터가 고장 났거든.
남 : 그래. 내가 같이 가 줄게.

문 : 여자는 무엇을 사고 싶어 하나요?

A 식품
B 옷
C 컴퓨터
D 휴대전화

정답 C

해설 보기 D는 언급되지 않았고, 남자가 이것저것 물어 본 질문에, 여자는 "电脑"라고 분명히 언급하였다. 그러므로 보기 C가 답이다.

단어 计划 jìhuà 계획
吃的 chī de 먹는 것
穿的 chuān de 입는 것
还是 háishi 아니면
用的 yòng de 사용하는 것
坏 huài 망가지다
陪 péi 데리고 같이 가다

31

女：我就看不出住在大城市有什么好。
男：可不是，住房贵得要命，交通也拥挤。
女：到处都是人，另外还有各种环境问题。
男：是啊，可是为什么还有那么多人非要搬到大城市来住呢。

问：下面哪一方面问题是对话中没提到的?

여 : 난 대도시에 사는 게 뭐가 좋은지 모르겠는 걸.
남 : 글쎄 말이야. 집 값도 무지무지 비싸고, 교통도 복잡하고.
여 : 사람도 많은데다가, 또 환경 문제도 있잖아.
남 : 맞아. 그런데 왜 아직도 그렇게 많은 사람들이 대도시로 와서 살려고 하는지, 참.

문 : 다음 중 대화에 언급되지 않은 내용은 무엇인가요?

A 교통
B 환경
C 주택
D 수입

정답 D

해설 보기 A, B, C 다 언급되었고, 보기 D '수입'에 관련해서는 언급된 바가 없다.

단어 看不出 kàn bu chū 보고 알아 낼 수 없다
要命 yàomìng 엄청, 아주
拥挤 yōngjǐ 혼잡하다
搬 bān 이사하다

32

女：您看一下，这是我的材料。
男：我们公司需要有经验的工作人员，不招聘刚毕业的大学生。
女：我有工作经验，暑假的时候就做过这样的工作。
男：对不起，我们要三年以上工作经验。

问：男的为什么不同意女的来公司工作?

여 : 한번 봐 주세요. 제 자료들입니다.
남 : 우리 회사는 경력이 있는 직원이 필요합니다. 이제 막 졸업한 대학생은 모집하지 않습니다.
여 : 저도 경력이 있습니다. 여름 방학 때 관련 업무를 한 적이 있습니다.

남 : 죄송합니다. 저희는 3년 이상 경력자가 필요합니다.

문 : 남자는 무엇 때문에 여자를 채용하지 않나요?

A 그녀는 대학생이 아니다
B 그녀는 대학을 아직 졸업하지 않았다
C 회사는 여자를 뽑지 않는다
D 그녀는 정식 업무 경력이 없다

정답 D

해설 남자가 마지막에 한 말 "对不起，我们要三年以上工作经验"은 여자가 정식 업무 경력이 3년이 안 되었으므로 여자를 거절하는 것을 알 수 있다. 그러므로 답은 보기 D임을 알 수 있고, 보기 C는 전혀 엉뚱한 보기이므로 제거한다. 대화 내용에서 '그녀가 대학을 졸업하였다'는 사실을 알 수 있으니, 보기 A, B는 주의한다.

단어 材料 cáiliào 자료
需要 xūyào 필요하다
经验 jīngyàn 경력
招聘 zhāopìn 직원을 모집하다
刚 gāng 방금, 막

33

女 : 老大爷，您多大岁数了？
男 : 就快九十了。
女 : 九十岁还骑得这么快，您身体真好！
男 : 我每天骑车，人不活动不行，就像这车，你不能总不骑它。

问 : 根据录音可以知道，老人每天：

여 : 할아버지, 올해 연세가 어떻게 되세요?
남 : 이제 곧 아흔이지.
여 : 아흔이신데도 이렇게 자전거를 빨리 타시고 정말 건강하시네요!
남 : 난 매일 자전거를 타지. 사람은 움직이지 않으면 안 되거든. 이 자전거처럼 계속 안 타면 안 되는 법이야.

문 : 다음 중 할아버지가 매일 하는 것은 무엇인가요?

A 조깅을 하다
B 자전거를 타다
C 수영을 하다
D 여행을 하다

정답 B

해설 할아버지가 맨 마지막에 언급한 "我每天骑车"에서 답이 보기 B임을 알 수 있고, 나머지 보기들은 언급되지 않았다.

단어 岁数 suìshù 나이
就快〜了 jiùkuài〜le 곧 〜이다

34

男 : 你下午去哪儿了，一直不在房间。
女 : 我和小王去"华城"买衣服去了。
男 : 你怎么去"华城"，那儿的东西多贵啊。
女 : 那儿的环境好啊，所以我特别常常去，虽然多花点儿钱，但在那儿买东西是一种享受。

问 : 女人为什么常常去"华城"买东西？

남 : 오후에 어디 갔어? 방에 줄곧 없던데.
여 : 샤오왕하고 '화청'에 옷 사러 갔어.
남 : 왜 '화청'에 갔니? 거기 물건 얼마나 비싼데.
여 : 거기 환경이 좋잖아. 그래서 종종 가거든. 비록 돈을 좀 더 쓰더라도, 거기서 쇼핑하는 것은 일종의 즐거움이지.

문 : 여자가 '화청'에 쇼핑하러 자주 가는 이유는 무엇인가요?

A 물건이 많다
B 거리가 가깝다
C 환경이 좋다
D 가격이 저렴하다

정답 C

해설 보기 A, B, D는 언급된 내용이 아니며, 보기 C는 직접적으로 언급되었다. 그러므로 답은 보기 C이다.

단어 房间 fángjiān 방
花钱 huāqián (돈을) 쓰다
享受 xiǎngshòu 누리다, 즐기다
距离 jùlí 거리

35

女 : 你不是考上研究生了吗？怎么工作了？
男 : 这次机会难得，即使研究生毕业也不一定找得到这么好的工作。
女 : 可是考上研究生却不上，太可惜了！

男 : 我已经决定了，下个月就上班。

問 : 男的为什么不上研究生？

여 : 너 석사 시험에 합격하지 않았어? 그런데 왜 일을 하는 거야?

남 : 이번 기회를 정말 어렵게 잡은 거라서 그래. 설사 석사 졸업한다고 해도 이렇게 좋은 직업을 구한다는 보장은 없으니까.

여 : 그래도 석사 시험에 합격해 놓고 다니지를 않는다니, 정말 아깝다!

남 : 난 이미 결정했어. 다음 달부터 곧바로 출근이야.

문 : 남자는 무엇 때문에 대학원 과정을 밟지 않나요?

A 좋은 직장을 구했다
B 대학원 시험에 떨어졌다
C 대학원을 이미 졸업했다
D 대학원 학비를 낼 수 없다

정답 A

해설 남자가 말 한 "即使研究生毕业也不一定找得到这么好的工作"에서 답이 보기 A이고, 보기 C가 틀렸다는 것을 알 수 있다. '대학원 시험에 합격했다'고 지문에 언급되었으므로 보기 B는 틀린 내용이다. 보기 D는 언급된 내용이 아니다.

단어 不是~吗？ bú shì~ma? 아닌가?(반어)
机会 jīhuì 기회
难得 nándé 얻기 어렵다
即使~也 jíshǐ~yě 설령 ~라 하더라도
不一定 bù yídìng 꼭 그런 것은 아니다
可惜 kěxī 애석하다
决定 juédìng 결정하다

36-37 第36到37题是根据下面一段话:

　　最近老马去出差，住宾馆的时候遇到一个小麻烦。宾馆的冰箱里有各种水果、饮料，还有酒，所以老马就喝了一瓶啤酒。他知道这些东西要另外给钱，可没想到会比商店里的贵10倍。

최근 라오마는 출장을 가서 호텔에 머물 때 작은 문제에 부딪히게 되었다. 호텔 냉장고 안에는 각종 과일, 음료 그리고 술이 들어 있어서 라오마는 그냥 맥주 한 병을 마셨다. 그는 이 물건들은 별도로 돈을 지불해야 한다는 사실은 알

고 있었지만 상점에서 파는 것보다 10배나 비쌀 줄은 상상도 못했다.

단어 出差 chūchāi 출장하다
住宾馆 zhù bīnguǎn 호텔에 묵다
遇到 yùdào 맞닥들이다, 부딪히다
麻烦 máfan 문제, 번거로움
各种 gèzhǒng 각종
另外 lìngwài 그밖에
倍 bèi 배

36

下面哪一项录音中没有提到？

다음 중 지문에 언급되지 않은 것은 무엇인가요?

A 과자
B 과일
C 음료
D 맥주

정답 A

해설 이런 나열식의 문제는 녹음 지문을 들으면서 보기 옆에 하나하나 기록을 잘 해 둬야 정답을 수월하게 고를 수 있다. 보기 B, C, D는 다 언급되었고, 보기 A는 언급되지 않았다.

37

老马去出差时遇到了什么麻烦？

라오마는 출장 가서 어떤 문제에 부딪혔나요？

A 호텔을 찾을 수 없다
B 숙박비가 너무 비싸다
C 호텔의 술이 너무 비싸다
D 호텔에는 냉장고가 없다

정답 C

해설 전환의 의미 "可" 다음을 주의해서 들어야 하며, "没想到"는 생각지 못한 사실을 말한다. 그러므로 '비싼 줄은 알았지만 상점보다 10배나 비쌀 줄은 몰랐다'는 것이 부딪힌 문제가 되겠다. 그래서 답은 보기 C가 적당하며, 보기 A, B는 언급된 내용이 아니며, 보기 D는 틀린 내용이다.

38-39 第38到39题是根据下面一段话：

> 　　再过两天孩子就要放暑假了，我的麻烦也来了。把孩子一个人放在家里，实在不放心。可是，我也不能请两个月的假啊。为了解决我们的困难，学校办了暑假班，可儿子又不愿意去。

이틀만 지나면 아이가 곧 방학을 하게 되는데 그러면 내게도 번거로운 일거리들이 생기게 된다. 아이 혼자 집 안에 두고는 마음이 정말 불편하지만, 그렇다고 2개월이나 휴가를 낼 수도 없다. 우리들의 문제를 해결하기 위해 학교측에서는 여름방학 보충수업 반을 개설했지만 아이들은 가고 싶어하지 않는다.

 就要~了 jiùyào~le 곧 ~이다
　　放暑假 fàng shǔjià 여름방학하다
　　实在 shízài 정말로
　　为了 wèile 위하여
　　解决 jiějué 해결하다
　　困难 kùnnan 어려움
　　办 bàn 개설하다
　　暑假班 shǔjiàbān 여름방학 반

38

> 说话人最可能是：
>
> 화자는 누구일까요？

A 학생
B 선생님
C 교장선생님
D 학부모

정답 D

해설 '방학한 아이를 집에 혼자 놔둬야 해서 불안하다'는 표현과 '학교측에서 문제 해결을 위해 보충 수업반을 만들었다'는 부분에서 학부모임을 알 수 있다. 답은 보기 D이다.

39

> 孩子为什么不参加学校的暑假班？
>
> 아이들은 무엇 때문에 학교 여름방학 보충 수업반에 참가하지 않나요？

A 학비가 비싸다
B 아이가 시간이 없다
C 아이가 가고 싶어 하지 않는다
D 집에 어려움이 있다

정답 C

해설 지문 마지막 부분에 학교 측에서 여름 보충수업 반을 개설했지만, 전환의 의미 "可" 뒤에 '아이들이 가고 싶어하지 않는다'고 언급하였다. 화자가 말하고자 하는 것은 전환 관련사 "可"뒤에 있으므로 답은 보기 C이고, 나머지 보기들은 언급된 내용들이 아니다.

40-41 第40到41题是根据下面一段话：

> 　　长时间的工作会使人感觉精神紧张，压力大的时候人特别容易发脾气，影响和同事的关系。在这时候，停下工作，去听听音乐，喝喝咖啡，或者去办公室外走走都是不错的方法。

오랜 시간 동안 일을 하게 되면 사람은 정신적으로 스트레스를 받게 되고, 스트레스가 커지면 특히 화를 내기 쉬워서 직장 동료와의 관계에 영향을 미칠 수 있다. 이때는 일을 멈추고 음악을 듣거나 커피를 마시거나 혹은 사무실 밖을 거니는 것도 좋은 방법이다.

단어 使 shǐ ~하게 하다
　　感觉 gǎnjué 느끼다
　　精神紧张 jīngshén jǐnzhāng 정신적 스트레스를 받다
　　压力 yālì 스트레스
　　特别 tèbié 특히
　　容易 róngyì 쉽다
　　发脾气 fā píqi 화를 내다
　　影响 yǐngxiǎng 영향을 주다
　　关系 guānxì 관계
　　停 tíng 멈추다
　　不错 búcuò 괜찮다

40

> 录音中没有提到的方法是：
>
> 다음 중 지문에 언급되지 않은 방법은 무엇인가요？

A 음악을 듣다
B 커피를 마시다
C 이야기를 나누다
D 나가 산책하다

정답 C

해설 보기 A, B, D는 다 언급이 된 내용이고, '이야기를 나눈다'는 보기 C는 언급되지 않은 내용이다.

41

<table>
<tr><td>这段录音主要想告诉我们什么?</td></tr>
<tr><td>이 지문이 우리에게 알려 주고자 하는 것은 무엇인가요?</td></tr>
</table>

A 업무 시간이 너무 길면 안 된다
B 정신적으로 긴장했을 때는 어떻게 해야 하나
C 화를 내면 동료관계에 영향을 준다
D 시간이 있으면 여행을 많이 가야 한다

 B

해설 지문은 오랜 시간 일을 하게 되면 스트레스를 받게 되고, 이것이 미치는 안 좋은 영향을 언급하면서, 이 스트레스를 풀어버릴 수 있는 방법을 제시하고 있다. 보기 A, C는 지문에 언급된 내용이기는 하지만 지문이 주로 언급하고 있는 내용이라고 하기에는 부족하다. 보기 D는 언급된 내용이 아니다. 그러므로 답은 보기 B가 적합하다.

42-43 第42到43题是根据下面一段话:

> 为了让牙更白、更美丽,很多人选择了去牙科医院"洗牙"。可洗后的效果却大不相同,一样的牙,有时洗了以后特别疼,有时却完全没有不舒服的感觉。这主要是医生的技术不同,所以洗牙应该首先选医生,其次才是选医院。

치아를 더욱 하얗고 아름답게 하기 위해서 많은 사람들은 치과에 가서 스케일링을 받는다. 그러나 스케일링을 받고 난 후의 효과는 오히려 제각각이다. 같은 치아인데도 어떤 때는 스케일링 후에 너무 아프거나 시리고, 또 어떤 때는 전혀 불편한 느낌이 없기도 하다. 이는 주로 의사의 기술이 다르기 때문이어서 스케일링을 받을 때는 반드시 의사를 먼저 선택해야 하고 병원을 선택하는 것은 그 다음이어야 한다.

단어 让 ràng ~하게 하다
牙 yá 치아
更 gèng 더욱더, 더
选择 xuǎnzé 선택하다
牙科医院 yákē yīyuàn 치과
洗牙 xǐyá 스케일링하다
效果 xiàoguǒ 효과
不舒服 bù shūfu 불편하다
技术 jìshù 기술
首先 shǒuxiān 먼저

其次 qícì 그 다음

42

<table>
<tr><td>根据录音,"洗牙"效果不同是因为:</td></tr>
<tr><td>지문에 따르면 스케일링 효과가 다른 이유는 무엇인가요?</td></tr>
</table>

A 치아의 상태가 다르다
B 병원의 상황이 다르다
C 의사의 기술이 다르다
D 날씨의 영향을 받는다

 C

해설 지문에는 "这主要是医生的技术不同"이라고 원인을 설명하고 있다. 그러므로 답은 보기 C이며, 나머지 보기들은 언급된 내용이 아니다.

43

<table>
<tr><td>根据录音,"洗牙"前首先要:</td></tr>
<tr><td>지문에 따르면 스케일링하기 전에 먼저 해야 하는 것은 무엇인가요?</td></tr>
</table>

A 자주 스케일링을 한다
B 의사를 선택한다
C 병원을 선택한다
D 영양제를 먹는다

 B

해설 지문 마지막 부분에 "首先~, 其次~" 구문을 활용하여, '의사를 먼저 선택하고, 그 다음 병원을 선택하라'고 언급하고 있다. 그러므로 답은 보기 B이다. 보기 A, D는 언급된 내용이 아니다.

44-45 第44到45题是根据下面一段话:

> 有报道说,和农村的老人相比,生活在城市中的老人可能更有钱,生活环境也更好,但也比农村老人孤单得多。而且越是文化水平高的人,越感觉孤单。这也提醒年轻人要多关心老人的精神生活。

보도에 따르면, 농촌의 노인과 비교해 보았을 때, 도시에 살고 있는 노인은 금전적으로 더 풍요로우며, 생활 환경도 더 나을 가능성이 크다. 그러나 농촌의 노인보다 더 외롭고

고독하다고 한다. 게다가 교육수준이 더 높은 사람일수록
고독함을 더 강하게 느낀다. 이는 젊은이들에게 노인의 정
신적인 생활에 더 많은 관심을 기울여야 한다는 것을 일깨
우고 있다.

44

> 这段录音主要是说生活在城市里的老人:
>
> 지문은 도시에 살고 있는 노인이 어떠하다고 말하고
> 있나요?

A 돈이 더 있다
B 더 외롭다
C 생활환경이 더 좋다
D 교육수준이 더 높다

정답 B

해설 질문은 이 지문이 전달하고자 하는 메시지가 무엇인지를 묻
는 것이다. 이 지문은 도시와 농촌의 노인의 상태를 비교하
고 있다. 지문의 전환 관련사 "但" 뒤 부분을 신경 써서 들어
야 한다. 화자가 말하고자 하는 것은 도시 노인이 많이 외롭
다는 것이다. 보기 A, C, D가 틀려서 답이 안 되는 것이 아니
라, 화자가 전달하고자 하는 부분이 아닌 것이다. 예를 들어
'당신 집이 부자이나, 절약해야 한다'라는 말에서 '이 말이 전
달하고자 하는 뜻은 무엇인가?'를 생각해 보면 된다. 당신이
부자라는 것을 알리고자 하는 것이 아니라, 절약해야 한다는
것을 알리는 것이다. 그러므로 답은 보기 B이다.

45

> 录音提醒年轻人要关心哪方面内容?
>
> 지문은 젊은이들이 어떤 방면에 관심을 가져야 한다
> 고 일깨우고 있나요?

A 도시의 가난한 사람
B 농촌의 가난한 사람
C 노인의 건강
D 노인의 정신적인 생활

정답 D

해설 질문에 언급된 "提醒"은 지문 마지막 부분에 그대로 언급되
었다. 지문 마지막에 "提醒年轻人要多关心老人的精神生
活"라고 언급하였으므로, '노인들의 정신생활에 신경을 써야
한다'는 보기 D가 답임을 알 수 있다. 보기 A, B, C는 언급
된 내용이 아니다.

2. 독해(阅读)

제1부분

제1부분은 총 10문항이다. 모든 문제는 1~2개의 문장으로 구성되어 있으며, 문장 가운데에는 하나의 빈칸이 있다. 응시자는 선택 항목 중, 빈칸에 들어갈 알맞은 단어를 선택한다.

46-50

A 适合 적합하다	B 吵 시끄럽다
C 后来 후에	D 坚持 꾸준히 하다
E 陪 같이 가다	F 从来 여태껏

46 나는 너와 <u>같이</u> 물건을 사러 갈 시간이 없으니 너 혼자 가는 게 좋겠다.

> **정답** E

> **해설** 빈칸 뒤 "你"와 같이 사용할 수 있는 동사는 보기 A, E 두 개이다. 동사 "陪"는 '대동하다. 모시고 같이 가다'의 뜻으로 뒤에 일반적으로 같이 가는 누군가를 언급한다. 빈칸 뒤 "你"는 "陪"와 조합을 이룸. "陪你"는 '당신과 같이 어디를 가준다'의 의미이다. 내용상 보기 E가 답으로 적합하다.

> **단어** 没时间 méi shíjiān 시간이 없다
> 买东西 mǎi dōngxi 물건을 사다
> 你自己 nǐ zìjǐ 너 혼자서

47 내 성격은 내성적이어서 이런 일을 하기에 그다지 <u>적합</u>하지 않다.

> **정답** A

> **해설** 빈칸 앞의 "不太"는 부사이고, 빈칸 뒤 "做工作"는 동사구로 빈어 역할을 한다. 그러므로 빈칸에는 술어가 들어가야 한다. 앞 절에는 성격이 내성적이라는 원인을 설명하고 있고, 그래서 이런 일 하는 것이 그다지 어떻다는 것을 설명하기에 제일 적합한 단어는 보기 A '적합하다'이다.

> **단어** 性格 xìnggé 성격
> 内向 nèixiàng 내성적이다

工作 gōngzuò 일

48 네가 만든 생선요리 정말 맛있네. <u>여태껏</u> 이렇게 맛있는 생선요리는 먹어본 적이 없어.

> **정답** F

> **해설** 주어 "我"와 술어 "吃过"사이에 들어갈 알맞은 단어는 상황어 역할을 할 수 있는 부사가 좋다. '从来+没+동+过'는 '여태껏 ~해 본적이 없다'의 뜻으로 자주 사용되는 형식이다. 꼭 외워두도록 한다.

> **단어** 做 zuò 만들다
> 鱼 yú 물고기, 생선
> 味道 wèidao 맛
> 没吃过 méi chīguo 먹어본 적 없다

49 밖이 너무 소란스럽고 <u>시끄러워</u> 잠을 잘 수가 없다.

> **정답** B

> **해설** 앞 절에 언급된 원인 "乱"과 비슷한 의미의 동사 "吵"가 비교적 적합하다. 그래서 잠을 못 잤다는 의미가 되어야 하므로 답은 보기 F이다.

> **단어** 外边 wàibiān 밖
> 乱 luàn 시끄럽다, 소란스럽다
> 睡不着觉 shuì bu zháo jiào 잠을 잘 수 없다

50 그녀는 한 달 전에 이 곳에 온 <u>후로</u> 다시는 오지 않았다.

> **정답** C

> **해설** '빈칸+再没来过'는 앞 절의 "以前来过"와 호응한 것이다. 그러므로 "以前"과 호응할 수 있는 시간의 개념 "后来"가

가장 좋다.

단어 以前 yǐqián 이전에
再 zài 다시, 또

51-55

A 主动 적극적이다	B 集合 모이다
C 温度 온도	D 到底 도대체
E 估计 추측하다	F 准时 제시간에

51 A : 그 사람들 왜 아직 안 오는 거야. 혹시 시간 깜박한 것 아니야?
B : 내가 그들을 찾아가서, 도대체 무슨 일이 생긴 건지 알아볼게.

정답 D

해설 빈칸에는 동사 "发生"앞에 사용할 수 있는. 그리고 의문사 "什么"와 같이 사용할 수 있는 부사 "到底"가 가장 적합하다. 부사 "到底"는 원인 추궁의 의미를 갖는다.

단어 怎么 zěnme 어떻게, 왜
还 hái 아직
忘 wàng 잊다
发生 fāshēng 발생하다
什么事 shénme shì 무슨 일

52 A : 내 추측으로는 이번 시합에서 우리 팀이 확실히 이겼을 것 같아.
B : 네 생각과는 정반대로 우리 팀이 이겼어.

정답 E

해설 '이번 시합 결과에 질 것이라고 한 너의 생각과는 정 반대로 우리 팀이 이겼다'가 후자가 한 말이다. 그럼 '너의 생각'은 어떤 사실 결과가 발생하기 전에 미리 짐작한, 추측한 것임을 알 수 있다. 그러므로 보기 속에서 '추측'을 나타내는 보기 E가 가장 적합하다.

단어 比赛 bǐsài 시합
队 duì 팀
肯定 kěndìng 반드시
输 shū 지다
正好相反 zhènghǎo xiāngfǎn 정반대다
赢 yíng 이기다

53 A : 우리 내일 학교 교문 앞에서 몇 시에 모일까?
B : 10시 어때? 너무 일찍 만나면 난 못 일어나.

정답 B

해설 주어 "我们"의 술어가 없다. 시간관련 "明天几点"과 장소관련 "在校门口" 상황어만 있다. 빈칸에 들어갈 알맞은 술어로는 동사 보기 B가 적합하다.

단어 校门口 xiào ménkǒu 교문
太早 tài zǎo 너무 이르다
起不来 qǐ bu lái 일어날 수 없다

54 A : 아가씨, 오늘 171 항공편 비행기 제시간에 도착하나요?
B : 죄송합니다. 현재로서는 아직 확실히 알 수가 없습니다.

정답 F

해설 주어 "航班"과 술어 "到达" 사이에 들어갈 성분은 상황어이다. 일반적으로 비행기 도착에 관련된 질문은 시간이 많다. 그러므로 시간부사 "准时"가 가장 적합하다.

단어 航班 hángbān 노선
到达 dàodá 도착하다
不太清楚 bú tài qīngchu 잘 모르다

55 A : 샤오장, 여자친구 사귈 때는 더 적극적이어야 되는 거야. 설마 샤오리가 너한테 관심 있는 걸 눈치 못 챈 거야?
B : 그럴 리가. 내가 왜 못 알아봤지?

정답 A

해설 빈칸 뒤의 사용된 보어 "点"에서 빈칸에 술어가 들어가야 한다는 것을 알 수 있다. '이성친구를 사귈 때는 적극적이어야 한다'는 것이 문맥상 가장 부드러우므로 답은 보기 A이다.

단어 在~方面 zài~fāngmiàn ~방면에 있어서
交女朋友 jiāo nǔpéngyou 여자친구를 사귀다
难道 nándào 설마하니(반어)
看不出 kàn bu chū 알아보지 못하다
对~有意思 duì~yǒuyìsi ~에 관심이 있다

제2부분

제2부분은 총 10문항이다. 모든 문제는 3개의 문장으로 구성되어 있다. 응시자는 3개의 문장을 순서대로 나열한다.

56
A 1년 사계절 중에
B 기온이 높지도 낮지도 않다
C 가을은 이곳에서 가장 좋은 계절이다

> A 在一年四季中，C 秋天是这里最好的季节，B 气温不高也不低。

정답 A C B

해설 개사구 "在~中"을 맨 앞에 위치시키고, "四季" 중에 가을이 있는 것이므로 AC 순서로 배열시킨다. 중국어에서는 같은 개념들이 나열될 때는 큰 개념이 먼저 온다. 계절의 개념이 나열될 때는 사계절이 가을보다는 큰 개념이므로 사계절을 먼저 위치시킨다. 보기 B는 보기 C의 제일 좋은 계절인 이유이다. 그러므로 올바른 순서는 ACB이다.

단어 四季 sìjì 사계절
气温 qìwēn 기온
高 gāo 높다
低 dī 낮다
秋天 qiūtiān 가을
季节 jìjié 계절

57
A 죄송합니다. 그녀는 방금 외출하였습니다
B 만일 당신이 원하신다면
C 제가 전해드리겠습니다

> A 对不起，她刚出去，B 如果你愿意的话，C 我可以帮你转告她。

정답 A B C

해설 이 문제는 사건 발생 순서로 나열하면 쉽게 풀린다. '그녀가 나가서, 당신이 원하신다면, 내가 그녀에게 대신 전달해 주겠다'가 되어야 하므로 순서는 ABC이다.

단어 刚 gāng 갓, 막
如果 rúguǒ 예를 들면
愿意 yuànyì 원하다
的话 de huà ~라면

帮 bāng 돕다
转告 zhuǎngào 전하다

58
A 그래서, 나는 설경을 보기만 하면
B 내 고향에는 겨울에 자주 눈이 내린다
C 마치 고향에 돌아온 것 같은 기분이 든다

> B 我的家乡冬天常下雪 A 所以，我一看到雪景 C 就觉得好像回到家乡了。

정답 B A C

해설 A의 "所以"는 결과를 나타내는데 이것의 원인은 보기 B이다. 그러므로 BA 순서가 되어야 하며, "一~就~" 용법에 착안하여 AC 순서가 되어야 한다. 그러므로 올바른 순서는 BAC이다.

단어 下雪 xiàxuě 눈이 내리다
雪景 xuějǐng 설경

59
A 오늘 나는 드디어 만리장성에 올랐다
B 중국인들은 자주 '만리장성에 가보지 않은 사람은 사내 대장부가 아니다'라고 말하곤 한다
C 나도 사내대장부가 된 것이다

> B 中国人常说:不到长城非好汉，A 今天我终于登上了长城，C 也是一条好汉了。

정답 B A C

해설 이 지문 전체의 근거가 될 수 있는 보기 B를 맨 앞에 위치시키고, 보기 A "我"와 보기 C의 동사 "是"는 '주어+술어' 관계가 된다. 그러므로 AC 순서로 배열해 준다. 올바른 순서는 BAC이다.

단어 终于 zhōngyú 드디어
登 dēng 오르다
长城 Chángchéng 만리장성
非 fēi 아니다
好汉 hǎohàn 사나이, 대장부

60
A 중국인에게 선물을 보내다
B 차, 술, 간식, 과일을 골라도 되고
C 꽃이나 초콜릿을 골라도 된다

> A 送给中国人的礼物，B 既可以选择茶、酒、点心、水果，C 也可以选择鲜花、巧克力。

정답 A B C

해설 '선물한다'는 상황설정 보기 A가 맨 앞에 위치하고, 관련사 "既~也~"순서로 배열한다. 올바른 순서는 ABC이다.

단어 送 sòng 선물하다
礼物 lǐwù 선물
既~也~ jì~yě~ ~이기도 하고, ~이기도 하다
选择 xuǎnzé 선택하다
点心 diǎnxīn 간식

61
A 돌아온 후에 다시 그녀를 보러 간다고
B 네가 샤오리에게 좀 전해 줘
C 내가 떠나기 전에는 그녀를 보러 갈 시간이 없다고 말해요

> B 请你告诉小李一下，C 就说我走以前没有时间去看她了，A 等回来后再去看她。

정답 B C A

해설 부탁의 의미를 가지는 "请"을 제일 앞에 위치시키고, 시간의 흐름인 "走以前", "等回来后"로 순서대로 나열한다. 올바른 순서는 BCA이다.

단어 等~后 děng~hòu ~후에
再 zài ~후에, 다음에
告诉 gàosu 알리다

62
A 남부 지역은 오히려 곳곳에 꽃이 핀다
B 중국의 남부지역과 북부지역의 기후 차이는 매우 크다
C 북부 지역에 폭설이 내릴 때

> B 中国南北气候差得很大，C 北方下大雪的时候，A 南方却到处都开着鲜花。

정답 B C A

해설 '남, 북부의 기후 차가 크다'는 사실 보기 B를 맨 앞에 위치시키고, 이 명제의 예를 들어주고 있는 보기 C, A를 뒤에 나열시킨다. A의 "却" 때문에 CA 순서임을 알 수 있다. 올바

른 순서는 BCA이다.

단어 却 què 도리어, 오히려
到处 dàochù 도처에, 사방에
开鲜花 kāi xiānhuā 꽃이 피다
南北气候 nán běi qìhòu 남, 북기후
差 chà 차이가 난다
下大雪 xià dàxuě 대설이 내리다

63
A 그 중에 인물화는 가장 먼저 등장하였다
B 내용에 따라 중국화를 크게 인물화, 화조화, 풍경화 세 종류로 나눌 수 있다
C 하지만 후에 가장 많은 영향을 끼친 것은 풍경화이다

> B 按照内容可以把中国画分为人物、花鸟、山水三大类，A 其中人物画出现最早，C 但后来影响最大的是山水画。

정답 B A C

해설 보기 A의 "其中"은 보기 B의 "人物,花鸟,山水三大类"를 가리키는 말이다. 그러므로 순서는 BA가 되며, 전환의 의미 "但"을 가진 보기 C가 맨 뒤에 온다. 올바른 순서는 BAC이다.

단어 其中 qízhōng 그 중
人物画 rénwùhuà 인물화
出现 chūxiàn 나타나다
按照 ànzhào ~에 따라서(기준)
内容 nèiróng 내용
把~分为 bǎ~fēnwèi ~을 ~으로 나누다
中国画 zhōngguóhuà 중국화(동양화)
后来 hòulái 후에
影响 yǐngxiǎng 영향

64
A 그러나 국민들의 생활은 확실히 많이 편리해졌다
B 경쟁도 심해졌다
C 베이징의 서비스 산업은 최근 몇 년 동안 빠르게 발전했다

> C 北京的服务业这些年发展很快，B 竞争得也很厉害，A 不过，老百姓的生活确实方便多了。

정답 C B A

해설 보기 B "竞争"의 주어는 보기 C의 "北京的服务业"이다. 그러므로 순서는 CB이고, 전환의 의미 "不过"는 맨 뒤에 위치시킨다. 올바른 순서는 CBA이다.

<table>
<tr><td>

단어 老百姓 lǎobǎixìng 국민, 시민
확실 确实 quèshí 정말로
方便 fāngbiàn 편리하다
竞争 jìngzhēng 경쟁하다
厉害 lìhai 심하다
服务业 fúwùyè 서비스업
发展 fāzhǎn 발전

</td><td>

정답 C B A

해설 목적을 나타내는 "为了"를 맨 앞에 위치시키고, 이 목적을 이루기 위한 방법 보기 B를 배열한다. 보기 A "所以"는 보기 B의 결과가 되므로, 올바른 순서는 CBA이다.

단어 所以 suǒyǐ 그래서
讨论 tǎolùn 토론하다
旅游的事 lǚyóu de shì 여행가는 일
组织 zǔzhī 조직하다
为了 wèile 위하여
让 ràng ~하게 하다
更加 gèngjiā 더욱이, 더
丰富 fēngfù 풍부하다

</td></tr>
</table>

65 A 그래서 최근 며칠 동안 학생들은 모두 여행에 대해서 이야기를 나누고 있다
B 학교측은 학생들의 타지 여행을 조직하고자 했다
C 유학생들의 유학생활을 더욱 풍부하게 하기 위해

> C 为了让留学生的学习生活更加丰富，B 学校要组织大家去外地旅游，A 所以这几天大家都在讨论旅游的事。

제3부분

제3부분은 총 20문항이다. 이 부분의 문제는 하나의 단문과 그에 따른 1–2개의 질문이 제시된다. 응시자는 시험지에 주어진 선택 항목 4개 중에서 정답을 고른다.

66 이번 학교 공연는 내가 가기 싫은 게 아니라 선생님이 못 가게 하셨어.

★ 이 말이 뜻하는 바는 무엇인가요?

A 선생님을 못 가게 하다
B 나는 갈 수밖에 없다
C 나는 가고자 한다
D 나는 갈 시간이 없다

정답 C

해설 지문에 사용된 "不是~是~"구조는 '~가 아니라, ~이다' 뜻이다. 그러므로 '안 가고 싶은 것이 아니다'에서 화자가 가고자 함을 알 수 있다. 보기 A는 혼동하지 않도록 한다. 선생님이 날 못 가도록 한 것이지, 선생님을 못 가게 하는 것이 아니다. 그리고 나머지 보기는 언급되지 않았다.

단어 演出 yǎnchū 공연하다
不是~是~ bú shì~shì~ ~이 아니라, ~이다

不愿意 bú yuànyì 하고 싶지 않다
不让 bú ràng 못하게 하다

67 만일 내가 얘기하는 이 에피소드를 들으면 정말 배꼽 빠질 걸.

★ 이 말이 뜻하는 바는 무엇인가요?

A 이 이야기는 무척 웃긴다
B 이 이야기는 무척 감동적이다
C 이 이야기는 무척 무섭다
D 이 이야기는 무척 간단하다

정답 A

해설 지문에 언급된 "笑掉大牙"는 '웃겨서 이가 빠진다'의 뜻으로 우리말로 표현하면, '너무 웃겨서 배꼽이 빠진다'는 뜻이다. 그러므로 답은 보기 A이다.

단어 要是 yàoshi ~라면

讲 jiǎng 말하다
故事 gùshi 이야기
保证 bǎozhèng 장담하다
让 ràng ~하게 하다
笑掉大牙 xiàodiào dàyá 웃겨서 배꼽이 빠지다

68 모두들 오늘은 꼭 열심히 준비해야 합니다. 누구에게도 휴가를 내드릴 수 없습니다. 내일은 시장님께서 참석하실 수도 있습니다.

★ 내일 시장님께서는?

A 반드시 온다
B 반드시 오지 않는다
C 일이 있어서 못 온다
D 올 가능성이 꽤 있다

정답 D

해설 지문에 언급한 "没准儿"은 '~일 수도 있다'의 뜻으로, 어느 정도의 가능성을 가지는 말이다. 그러므로 보기 A, B에 언급된 "肯定"은 우선 제거시킨다. 보기 C는 언급된 내용이 아니다. "有可能", "说不定"은 지문에 언급된 "没准儿"과 비슷한 단어들이다. 그러므로 답은 보기 D이다.

단어 认真 rènzhēn 열심히 하다
准备 zhǔnbèi 준비하다
请假 qǐngjià 휴가를 내다
没准儿 méizhǔnr ~일지도 모른다
市长 shìzhǎng 시장

69 처음에 라오왕이 도와주지 않았다면, 지금 내가 어떻게 됐을지 몰라.

★ 화자는 라오왕에게 어떤 태도를 가지고 있나요?

A 감사
B 미움
C 실망
D 의심

정답 A

해설 지문에 언급된 "要不是~. 不知道~"는 부정형으로 사용된 가정형태인데, 이 것을 긍정형으로 바꾸면 '라오왕의 도움으로 지금의 내가 있다' 의 뜻이 된다. 화자가 라오왕이 준 도움에 감사하는 태도가 제일 적합하므로 답은 보기 A이다.

단어 当初 dāngchū 처음에, 애당초
要不是 yào bú shì ~이 아니라면
帮忙 bāngmáng 돕다
不知道 bù zhīdao 모르다

70 내가 제일 좋아하는 연예인이 베이징에서 공연을 하는데 표를 구하기가 쉽지 않았지만 그래도 표를 살 수 있었다. 공연일이 빨리 왔으면 좋겠다.

★ 이 말을 통해 알 수 있는 것은 무엇인가요?

A 나는 표를 사러 갈 것이다
B 나는 공연을 봤다
C 나는 그 배우를 좋아한다
D 나는 영화를 보러 갈 것이다

정답 C

해설 지문 처음에 언급된 "我最喜欢的演员"에서 보기 C가 맞는 내용임을 알 수 있고, 지문의 "买到了"에서 보기 A가 틀린 내용임을 알 수 있다. 그리고 지문의 "盼望着"에서 공연을 아직 보지 않았음을 알 수 있으니 보기 C도 틀린 내용이다. "演出"와 보기 D의 "电影"을 혼동하지 말자.

단어 演员 yǎnyuán 배우, 연기자
演出 yǎnchū 공연하다
不好买 bù hǎo mǎi 사기 어렵다
还是 háishi 그래도
买到了 mǎidàole 샀다
盼望 pànwàng 희망하다
早点儿 zǎodiǎnr 일찍이
到来 dàolái 도래하다

71 오늘 회사에 중요한 손님 몇 분이 오는데 이분들이 좋아하는 음료가 다 달라요. 장 사장님은 따뜻한 차를, 미스터 왕은 블랙커피를, 미스 리는 우유를 넣지 않은 커피를 좋아한다고 하니 절대 헛갈리지 마세요.

★ 다음 중 올바른 것은 무엇인가요?

A 미스 리는 블랙커피를 좋아한다
B 미스터 왕은 우유를 좋아하지 않는다
C 장 사장은 따뜻한 차를 좋아한다
D 손님들은 모두 커피를 좋아한다

정답 C

해설 보기 A, B 내용은 서로 뒤바뀌어 있고, 보기 D는 틀린 내용이다. 보기 C가 맞는 내용이므로 답이다.

단어 重要 zhòngyào 중요하다
客人 kèrén 손님
饮料 yǐnliào 음료
千万 qiānwàn 절대, 제발
弄错 nòngcuò 헛갈리다, 혼동하다

72 몇몇 음식점에서는 손님이 직접 술이나 음료수를 가지고 오는 것을 금지하고 있다. 손님들은 어쩔 수 없이 음식점에서 판매하는 값비싼 술을 사먹어야 하기 때문에 평소보다 돈을 세 배에서 다섯 배나 더 많이 써야 하는 경우가 많다.

★ 일부 음식점에서는 손님들의 어떤 행동을 금지하고 있나요?

A 본인이 술을 가져오는 것
B 본인이 음료수를 마시는 것
C 고가의 술을 사는 것
D 음식점의 술을 사는 것

정답 A

해설 질문의 "拒绝"는 지문에 언급된 "不允许"와 같은 의미로, '허락하지 않다, 금지하다'의 뜻이다. 그러므로 이 단어 뒤의 내용을 금지하는 것을 알 수 있다. 본인이 음료수든, 술이든 가져와 마시는 것을 금지하는 것이다. 음료수 마시는 자체를 금지하는 것은 아니므로 보기 B는 주의한다. 그러므로 답은 보기 A이다.

단어 饭馆 fànguǎn 음식점
不允许 bù yǔnxǔ 허락하지 않다
顾客 gùkè 손님
带 dài 지니다
不得不 bù de bù 어쩔 수 없이
高价 gāojià 고가
花 huā (돈을) 쓰다
倍 bèi 배

73 최근 라오장은 항상 마음이 불편했다. 아내는 남편이 무슨 병이라도 생긴 건 아닌지 걱정이 되어 어제 특별히 휴가를 내 남편을 데리고 병원에 가서 건강검진을 받았다.

★ 어제 라오장은 무엇을 했나요?

A 집에 돌아가 쉬었다
B 건강검진을 받았다
C 부인과 식사했다
D 부인을 데리고 병원에 갔다

정답 B

해설 지문에 언급된 동사 "陪"는 '대동하다, 모시고 가다, 같이 가다'의 뜻으로 뒤에 언급된 사람이 하는 행동을 같이 해 주었다는 뜻이다. 그러므로 라오장이 건강검진을 받는데 부인이 같이 간 것이지, 부인이 건강검진을 받는데 남편이 같이 간 것은 아니다. 보기 D는 왜 답이 아닌지 바로 이해하고 넘어가야 한다. 답은 보기 B이다.

단어 最近 zuìjìn 최근
感觉 gǎnjué 느끼다
心里 xīnli 마음, 속
不舒服 bù shūfu 불편하다
妻子 qīzi 부인
害怕 hàipà 무섭다, 두려워하다
专门 zhuānmén 일부러, 특별히
请假 qǐngjià 휴가를 내다
陪 péi 대동하다, 모시고 같이 가다
检查身体 jiǎnchá shēntǐ 건강검진

74 제가 지난 주에 드디어 새로 산 집으로 이사했습니다. 예전에는 줄곧 세를 들어 살아서 6개월, 1년에 한 번씩 이사를 다녀야 했는데 이제는 마침내 내 집이 생겼으니 모두들 저희 집에 놀러 와 주세요.

★ 화자의 지금과 과거의 가장 큰 차이점은 무엇인가요?

A 새 집을 임대했다
B 큰 집으로 이사 갔다
C 자기 집이 생겼다
D 장기 임대를 하였다

정답 C

해설 과거의 상황은 "以前一直租房"이었는데, 지금은 "现在总算有了自己的家"이다. 지문 속 "自己的家"의 "家"는 '가정'의 뜻이 아니라 '집'을 뜻하는 것이다. 그러므로 답은 보기 C이다.

단어 终于 zhōngyú 드디어
搬 bān 옮기다
以前 yǐqián 예전
一直 yìzhí 줄곧
租 zū 임대하다
总算 zǒngsuàn 드디어 ~인 셈이다

75 샤오가오는 특별한 취미가 있는데 바로 시끌벅적한 광경을 즐기는 것이다. 시끌벅적한 곳에는 언제나 샤오가오가 있다. 예를 들면, 누군가 결혼을 하거나, 누군가 세상을 떠나거나 이웃집에서 싸움이 생기거나 할 때면 언제나 구경하러 달려가곤 한다.

★ 샤오가오의 취미는 무엇인가요?

A 책보기
B 시끌벅적한 광경 구경
C 결혼식 구경
D 사람들 싸움 구경

정답 B

해설 지문에는 "就是"란 단어로 샤오가오의 취미를 강조하였다. 이 "就是" 다음이 샤오가오의 취미이다. 보기 C와 D는 보기 B의 구체적인 예이기 때문에 답으로 적당한 것은 보기 B 이다.

단어 特别 tèbié 특별하다, 독특하다

爱好 àihào 취미

看热闹 kàn rènao 시끌벅적한 것을 보다

例如 lìrú 예를 들면

结婚 jiéhūn 결혼하다

死人 sǐrén 사람이 죽다

邻居 línjū 이웃

吵架 chǎojià 말싸움하다

76 박사 과정을 이수하는 것은 원래 사람들이 부러워할 만한 일이다. 그러나 현재는 박사 학위를 받고도 이상적인 직업을 찾기가 매우 어렵다. 수입이 적거나 자신의 전공과 상관 없는 경우가 많다.

★ 현재 박사 학위를 이수한 사람들의 상황은 어떤가요?

A 시험이 너무 어렵다

B 졸업이 어렵다

C 전공이 좋지 않다

D 직업 구하기가 어렵다

정답 D

해설 전환의 관계 "可是" 뒤를 주의해서 봐야 한다. 화자가 말하고자 하는 뜻은 대부분 전환의 뒷부분에 언급되기 때문이다. 그러므로 이 지문이 말하고자 하는 것은 "很难找到理想的工作"이다. 답은 보기 D이다.

단어 读博士 dú bóshì 박사 과정을 밟다

本来 běnlái 본래, 원래

羡慕 xiànmù 부럽다

毕业 bìyè 졸업하다

理想 lǐxiǎng 이상적이다

不是~就是~ búshì~jiùshì~ ~이 아니라, ~이다

低 dī 낮다

77 내 문제에 대해서 그는 직접적으로 답을 내주지 않고 나에게 웃으며 문제 해결의 방향을 제시해주었다. 그의 말을 듣고 나니 내 마음이 순간 밝아졌다.

★ 이 말이 뜻하는 바는 무엇인가요?

A 나는 절망을 느꼈다

B 나는 매우 감동했다

C 나는 갑자기 웃기 시작했다

D 그의 말은 내게 많은 도움이 되었다

정답 D

해설 그는 내게 방향을 제시해 주었고, 그의 말을 들은 후에 나의 마음은 문제 해결의 실마리를 찾은 듯하여 밝아졌다는 것이다. 그러므로 '그의 말은 내게 도움이 되었다'는 보기 D가 답으로 좋다.

단어 并没有 bìng méiyǒu 결코 ~하지 않다

直接 zhíjiē 직접

答案 dá'àn 답안

指出 zhǐchū 가르쳐주다, 지적하다

解决 jiějué 해결하다

方向 fāngxiàng 방향

一下子 yíxiàzi 단번에, 순식간에

亮 liàng 밝다

许多 xǔduō 많은

78 요즘은 TV를 틀면 언제 어디서나 건강식품 광고로 넘쳐난다. 오늘은 이 상품이 좋다고 선전하고, 내일은 저 상품이 더 효과적이라고 선전하다가 모레에는 특별히 좋은 상품이 또 있다고 선전한다. 그런데 사실은 모두 '왕 씨 할머니가 참외를 파는 격으로 스스로 최고라고 한다'식일 뿐이다.

★ '왕 씨 할머니가 참외를 파는 격으로 스스로 최고라고 한다'의 뜻은 무엇인가요?

A 자기의 수박이 좋다고 파는 사람이 말하다

B 자기의 수박이 좋다고 사는 사람이 말하다

C 자기의 물건이 좋다고 파는 사람이 말하다

D 자기의 물건이 좋다고 사는 사람이 말하다

정답 C

해설 지문에 언급된 "王婆卖瓜, 自卖自夸"는 '자화자찬하다'의 뜻으로 수박이나, 참외 등 어느 특정 과일에 한정된 것이 아니고, 임의의 뜻인 '물건'을 가리킨다. 그러므로 답은 보기 C가 적합하다.

단어 到处 dàochù 사방에, 도처에

保健品 bǎojiànpǐn 건강식품

广告 guǎnggào 광고

有效 yǒuxiào 효과적이다

特别 tèbié 매우

其实 qíshí 사실은

王婆卖瓜, 自卖自夸 Wáng pó mài guā, zì mài zì kuā 자화자찬하다

79 나는 매일 오후 5시에 퇴근해서 유치원에 아이를 데리러 간다. 그러나 오늘은 퇴근 전에 급한 일이 생겨서 갈 수가 없었다. 급한 일을 다 처리하고 나니 이미 6시였다. 서둘러 급히 유치원에 도착하니 다른 아이들은 부모들이 다 데려가고, 우리 딸애만 혼자 남아서, 기다리다가 조급해 져서 앉아 울고 있었다.

★ 딸아이는 왜 울고 있나요?

A 건강이 좋지 않아서
B 딸애를 데리러 오는 사람이 없어서
C 유치원을 좋아하지 않아서
D 다른 아이와 싸워서

정답 B

해설 동사 "接"는 '사람을 마중하다'의 뜻이 있다. '평소 5시에 데리러 가는데, 오늘은 급한 일로 6시에 갔더니, 아이가 기다리다가 조급해져서 울었다'고 지문에 언급되었으니 답은 보기 B이다. 나머지 보기들은 언급된 내용이 아니다.

단어 下班 xiàbān 퇴근하다
幼儿园 yòu'éryuán 유치원
急事 jíshì 급한 일
着急 zháojí 조급해하다
哭 kū 울다

80-81

최근 보도된 조사 결과에 따르면, 현재 중국에서 가장 존경 받는 직업은 과학자, 대학교수, 초·중등 교사, 의사, 기자 순이라고 한다. 보기에 국민들 마음 속에 '지식'이 매우 중요한 듯하다. 그러나 사람들은 사실 직업을 선택할 때, '가장 존경 받는 직업'이 꼭 '가장 이상적인 직업'인 것은 아니다. 보통 사람들은 높은 수입이 제일 중요하다고 여기기 때문에 대학 졸업생들은 직업을 선택할 때, 대다수는 선생님이나 의사가 되길 원치 않는다. 그들은 수입이 상대적으로 높은 회사에 취직하기를 더 원한다.

단어 调查 diàochá 조사하다
受 shòu 받다
尊敬 zūnjìng 존경
职业 zhíyè 직업
按照 ànzhào ~에 따라서
顺序排列 shùnxù páiliè 순서대로 나열하다
看起来 kàn qǐlái 보기에
老百姓 lǎobǎixìng 시민, 국민

实际 shíjì 실제로
选择 xuǎnzé 선택하다
不一定 bù yídìng 꼭 그런 것은 아니다
认为 rènwéi ~라 여기다
收入 shōurù 수입
多数人 duōshù rén 대부분
不愿意 bú yuànyì 원하지 않다

80 ★ 가장 존경 받는 직업은 무엇인가요?

A 기자
B 의사
C 과학자
D 대학교수

정답 C

해설 지문에 언급된 "按照顺序排列"는 '순서대로 배열하다'의 뜻으로 맨 앞에 나열된 것을 답으로 고르면 된다. 그러므로 답은 보기 C이다.

81 ★ 대학생들이 졸업 후 가장 존경 받는 직업을 원치 않는 이유는 무엇인가요?

A 월급이 비교적 적다
B 업무가 비교적 고되다
C 일을 찾기 매우 어렵다
D 그들의 이상이 아니다

정답 A

해설 지문에 이상적인 직업과 선택하는 직업의 사이의 거리감을 언급하였는데, 직업을 선택할 때 주요하게 작용하는 것은 수입이라고 하였다. 그럼 반대로 생각해보면 이상적인 직업이 왜 이상적인 직업으로만 남아있는지 알 수 있다. 답은 보기 A이다.

82-83

전복은 맛이 매우 좋아서 많은 인기를 얻고 있다. 그러나 전복 생장 시간은 긴 편으로, 작은 전복의 경우 4년이 지나야만 먹을 수 있는 전복으로 자라기 때문에 가격이 매우 비싸다. 또한 해양 오염이 갈수록 심각해지고 있기 때문에 많은 사람들은 생선도 오염되지 않았을지 걱정한다. 따라서 어떤 사람들은 깨끗한 바닷물을 이용해서 전복을 양식하려고 하는데 이렇게 하면 오염이 되지 않은 전복을 먹을 수 있을 뿐만 아니라, 2년 안에 전복을 자라게 할 수도 있다.

단어 由于~所以 yóuyú~suǒyǐ ~때문에, 그래서 ~하다
鲍鱼 bàoyú 전복
味道 wèidao 맛
鲜美 xiānměi 맛있다
受欢迎 shòu huānyíng 인기있다
成熟 chéngshú 자라다
长成 zhǎngchéng ~으로 자라다
价格 jiàgé 가격
另外 lìngwài 그밖에
污染 wūrǎn 오염되다
严重 yánzhòng 심각하다
担心 dānxīn 걱정하다
被 bèi ~에 의하여
不仅~还 bùjǐn~hái~ ~일 뿐만 아니라, 또
使 shǐ ~하게 하다

82 ★ 전복의 가격이 매우 높은 이유는 무엇인가요?

A 맛이 좋다
B 인기 있다
C 생장기간이 길다
D 바닷물이 오염되다

정답 C

해설 가격이 비싸다고 언급된 부분 앞에 결과를 언급하는 "所以"라는 관련사가 사용되었다. 그럼 이 관련사 앞이 원인이 되는데, 원인으로 언급된 내용은 4년이라는 생장기간, 및 "成熟时间长"이다. 그러므로 이와 비슷한 내용인 보기 C가 답으로 적당하다.

83 ★ 다음 중 전복 양식의 특징이 아닌 것은 무엇인가요?

A 오염되지 않았다
B 맛이 더 좋다
C 생장기간이 짧다
D 2년이면 다 자란다

정답 B

해설 지문 마지막에 인공으로 기르는 양식에 대한 것이 언급되었는데, "不仅可以~, 还可以~"라는 관련사로 '오염이 안 되었을 뿐만 아니라, 2년 내에 다 자란다'고 언급하였다. 2년이라는 것은 자연산 전복의 4년에 비해 짧은 것이므로 보기 C도 맞는 내용이다. 보기 B는 언급된 내용이 아니다.

84-85

독일의 대다수 초등학교는 오전에만 수업을 하고 학생들은 점심을 먹기 전 집으로 돌아간다. 다시 말해서, 엄마들은 하루의 대부분의 시간을 집 안에서 아이들을 돌보는데 써야만 한다는 것이다. 밖에 나가서 일을 하고 싶어하는 것은 이미 '불가능한 임무'가 되었다. 이 때문에 많은 커리어 우먼들은 어쩔 수 없이 직업의 기회를 포기하고 집에서 아이 돌보는 일에 전념하고 있다.

단어 德国 Déguó 독일
大部分 dàbùfēn 대부분
也就是说 yě jiùshì shuō 다시 말해
母亲 mǔqīn 엄마
必须 bìxū 반드시
留 liú 남다
照看 zhàokàn 돌보다
任务 rènwù 임무
因此 yīncǐ 그러므로
不得不 bù de bù 어쩔 수 없이
放弃 fàngqì 포기하다
专门 zhuānmén 특별히, 일부러
带孩子 dài háizi 아이를 키우다

84 ★ 독일의 초등학생들은 보통 언제 집에 돌아가나요?

A 오전
B 점심
C 오후
D 저녁

정답 B

해설 지문에 오전 반 나절 수업하고, "中午吃饭前"에 집에 간다라고 언급되었으므로 답은 보기 B이다.

85 ★ 많은 엄마들이 직업의 기회를 포기하는 이유는 무엇인가요?

A 일을 좋아하지 않는다
B 아이를 너무 좋아한다
C 아이를 돌보기 위해서
D 월급이 적다

정답 C

해설 지문 중간에 언급된 "必须留在家里照看孩子"하기 때문에 일 한다는 것을 포기해야 한다고 하였다. 그러므로 답은 보기 C이고, 나머지 보기들은 언급된 내용이 아니다.

모의고사 1
모의고사 2
모의고사 3
모의고사 4
모의고사 5

3. 쓰기(书写)

제1부분

제1부분은 총 10문항이다. 모든 문제는 여러 개의 단어가 제시되어 있다. 응시자는 주어진 단어를 사용하여 하나의 문장을 만든다.

86 **정답** 自己做的礼物最好。

자기가 직접 만든 선물이 가장 좋다.

해설 먼저 주어, 술어, 빈어를 확인한다. 주어가 딱히 이것이다 보이지 않으면 술어를 먼저 확인한다. 동사와 형용사는 술어 역할을 할 수 있으므로, 이 문제에서는 형용사 "(最)好"를 술어자리에 위치시킨다. "做的"는 구조조사 "的"를 가졌으므로, 주어나 빈어를 꾸미는 것이라고 짐작할 수 있다. 술어가 정해지면 주어는 쉽게 찾을 수 있다. "好"의 주어는 "礼物"이다. 형용사 술어는 빈어를 가질 수 없으므로 "做的"는 "自己做的"란 조합으로 주어를 수식하도록 해야 한다. 그러므로 올바른 지문은 "自己做的礼物最好。"이다.

단어 最 zuì 가장
礼物 lǐwù 선물

87 **정답** 时间过得真快!

시간이 정말 빠르게 지나가는구나!

해설 정도보어가 있는 술어가 빈어를 가지게 되면 기본형식은 '동사+빈어+동사+得+형용사'이며, 앞의 동사는 생략 가능하다. 그러므로 '동사+빈어'구조를 "过+时间"으로 맞추고, 뒤에 형용사 "快"를 위치시킨다. "过+时间+过+得+真快"가 된다. 그러나 맨 앞의 동사 "过"는 생략 가능하다. 그러므로 올바른 문장은 "时间过得真快!"이다.

단어 真 zhēn 정말
得 de 정도보어
过 guò (시간)지나다

88 **정답** 你能解释这个词吗?

이 단어를 설명할 수 있어?

해설 먼저 주어 "你", 동사 "解释", 빈어 "这个词"를 확인한다. 조동사 "能"은 주어 뒤, 술어 앞에 위치시키고, 의문조사 "吗"는 맨 뒤에 위치시킨다. 이때 물음표를 꼭 붙이도록 한다. 그러므로 올바른 문장의 순서는 "你能解释这个词吗?"이다.

단어 意思 yìsi 의미
解释 jiěshì 설명하다

89 **정답** 我不喜欢看京剧。

나는 경극 보는 것을 좋아하지 않는다.

해설 먼저 주어, 술어, 빈어를 확인한다. 주어 "我", 술어 "看". 빈어 "京剧"을 확인하고, 조동사 "喜欢"은 술어 앞에, 부정부사 "不"는 조동사 앞에 위치시킨다. 올바른 문장 순서는 "我不喜欢看京剧。"이다.

단어 京剧 jīngjù 경극

90 **정답** 这场雨来得太突然了。

이번 비는 너무 갑작스럽게 내렸다.

해설 먼저 주어, 술어, 빈어를 확인한다. 주어 "这场雨", 술어 "来得"를 확인한다. "(太)突然"은 형용사 용법도 있으므로 정도보어 뒤에 쓰기에 딱 알맞다. 그러므로 올바른 문장 순서는 "这场雨来得太突然了。"이다.

단어 突然 tūrán 갑작스럽다
这场雨 zhè chǎng yǔ 이 비

91 **정답** 这本书的内容很有意思。

이 책의 내용은 매우 재미있다.

해설 먼저 주어, 술어, 빈어를 확인한다. 주어가 한 눈에 안 들어오면 술어를 먼저 찾는다. 형용사 "有意思"를 술어 자리에 위치시키고, 주어 "(的)内容"을 확인한다. "这本书"는 주어와 조합을 이루어 주어를 수식하는 한정어 자리에 놓는다. 부사 "很"은 술어 앞에 위치시킨다. 올바른 순서는 "这本书的内

容很有意思."이다.

[단어] 内容 nèiróng 내용
有意思 yǒuyìsi 재미있다

92 **[정답]** 他也写过很多小说。
그도 많은 소설을 쓴 적이 있다.

[해설] 먼저 주어, 술어, 빈어를 확인한다. 주어 "他", 술어 "写过", 빈어 "小说"를 확인한다. 부사 '也'는 술어 앞에, '很多'는 명사인 빈어 앞에 위치하므로 올바른 문장은 "他也写过很多小说."이다.

[단어] 写过 xiěguo 쓴 적이 있다

93 **[정답]** 小王被经理批评了一顿。
샤오왕은 사장에게 크게 꾸중을 들었다.

[해설] 피동문의 기본 형식은 '주어+被 행위자+동사+기타성분'이다. 이 기본 형식에 맞추면 "小王被经理批评+기타성분"이다. 이 문제에는 기타 성분으로 동태조사 "了"와 동량사 "一顿"을 제시하였는데, 동태조사와 동량사의 순서 배열은 '동태조사+동량사' 순이다. 그러므로 올바른 순서는 "小王被经理批评了一顿."이다.

[단어] 一顿 yí dùn 한번
批评 pīpíng 혼내다, 나무라다
被经理 bèi jīnglǐ 사장에 의하여

94 **[정답]** 对这里的生活习惯了。
여기의 생활은 적응됐어.

[해설] 상용 개사구 "对…习惯"을 확인한다. 명사 앞에 수식 구조를 연결시킬 수 있는 구조조사 "的"에 힌트를 얻어 "对这里的生活"로 만들어 준다. 그러므로 올바른 문장의 순서는 "对这里的生活习惯了."이다.

[단어] 生活 shēnghuó 생활
对 duì ~에 대하여
习惯 xíguàn 적응하다, 습관되다

95 **[정답]** 我没有时间陪你买礼物。
너랑 같이 선물 사러 갈 시간이 없어.

[해설] '有자문'의 기본형식은 '주어+有+명사+동사'이다. 이 문제에서는 "有"가 생략되었다. 기본 형식에 맞추어 "我+没(有)+时间+陪你"를 확인한다. 그리고 "买礼物"를 맨 뒤에 위치시킨다. 동사 "陪"는 누구와 같이 무엇을 한다고 할 때 사용하는 동사이다. 그러므로 무엇을 하는지는 뒤에 언급되어야 한다. 그러므로 올바른 순서는 "我没有时间陪你买礼物."이다.

[단어] 陪你 péi nǐ 너와 같이 가다

제2부분

제2부분은 총 5문항이다. 모든 문제에는 한 장의 그림과 하나의 단어가 제시된다. 응시자는 그림을 보고 주어진 단어를 사용하여 하나의 문장을 만든다.

96 참고답안 他正在认真地学习。
그는 매우 열심히 공부하고 있다.

단어 认真 rènzhēn 열심히

97 참고답안 这件衣服很暖和，我一点儿也不冷。
이 옷은 정말 따뜻해서, 나는 전혀 안 춥다.

단어 暖和 nuǎnhuo 따뜻하다
一点儿也不 yìdiǎnr yě bù 조금도 ~하지 않다
冷 lěng 춥다

98 참고답안 昨天我睡得很好，还做了个好梦。
어제 나는 정말 푹 잤는데 꿈도 꿨어.

단어 睡 shuì 자다
做梦 zuòmèng 꿈을 꾸다

99 참고답안 他们跳舞跳得太精彩了。
저들이 추는 춤은 정말 멋있다.

단어 跳舞 tiàowǔ 춤을 추다
精彩 jīngcǎi 훌륭하다, 멋지다

100 참고답안 出去旅游，可一定别忘了带地图。
여행을 떠날 때는 지도를 가져가는 것을 절대로 잊으면 안 된다.

단어 旅游 lǚyóu 여행
一定 yídìng 반드시
忘 wàng 잊다
带 dài 지니다
地图 dìtú 지도

부록

新汉语水平考试
HSK
4级

필수 어휘 1200

A

0001	阿姨 āyí	[명] 이모
0002	啊 a	[감탄] 구절 끝에 쓰여 놀람, 원망, 참을 수 없음 등을 나타냄
0003	矮 ǎi	[형] (키가) 작다
0004	爱 ài	[동] 사랑하다
0005	爱好 àihào	[동] 애호하다 / [명] 취미
0006	爱情 àiqíng	[명] 애정
0007	安静 ānjìng	[형] 고요하다
0008	安排 ānpái	[동] (일을) 처리하다, 안배하다
0009	安全 ānquán	[형] 안전하다
0010	暗 àn	[형] (빛이 부족하여) 어둡다
0011	按时 ànshí	[부] 규정된 시간에 따라, 제때에
0012	按照 ànzhào	[개] …에 따라

B

0013	八 bā	[수] 8
0014	把 bǎ	[양] 자루, 꾸러미 / [개] …으로, …을 가지고
0015	爸爸 bàba	[명] 아빠
0016	吧 ba	[조] 구절 끝에 쓰여 제의, 명령, 재촉 등의 어기를 나타냄
0017	白 bái	[형] 희다
0018	百 bǎi	[수] 100
0019	搬 bān	[동] 옮기다
0020	班 bān	[명] 반, 그룹
0021	半 bàn	[수] 1/2, 반
0022	办法 bànfǎ	[명] 방법
0023	办公室 bàngōngshì	[명] 사무실
0024	帮忙 bāngmáng	[이합동사] 돕다
0025	帮助 bāngzhù	[동] 돕다
0026	包 bāo	[동] 물건을 싸다
0027	包括 bāokuò	[동] 포함하다
0028	饱 bǎo	[형] 배부르다
0029	保护 bǎohù	[동] 보호하다

0030	保证 bǎozhèng	[동] 보증하다
0031	抱 bào	[동] 안다, 껴안다
0032	抱歉 bàoqiàn	[형] 죄송스럽게 생각하다
0033	报道 bàodào	[동] 보도하다
0034	报名 bàomíng	[이합동사] 지원하다, 신청하다
0035	报纸 bàozhǐ	[명] 신문
0036	杯子 bēizi	[명] 잔, 컵
0037	北方 běifāng	[명] 북쪽, 북방
0038	北京 Běijīng	[명] 베이징
0039	倍 bèi	[양] 배, 곱절
0040	被 bèi	[명] 이불 / [개] …에게 …를 당하다
0041	本 běn	[양] 권 (책을 세는 단위) / [명] 근본, 기초
0042	本来 běnlái	[형] 본래의
0043	笨 bèn	[형] 어리석다
0044	鼻子 bízi	[명] 코
0045	比 bǐ	[동] 견주다 / [개] …에 비해
0046	比较 bǐjiào	[동] 비교하다 / [부] 비교적
0047	比赛 bǐsài	[명] 시합
0048	笔记本 bǐjiběn	[명] 노트
0049	毕业 bìyè	[이합동사] 졸업하다
0050	必须 bìxū	[부] 반드시 …해야 한다
0051	遍 biàn	[형] 널리 퍼져 있다 / [양] 번, 회
0052	变化 biànhuà	[동] 변화하다
0053	标准 biāozhǔn	[명] 표준
0054	表达 biǎodá	[동] 드러내다
0055	表格 biǎogé	[명] 표, 규격
0056	表示 biǎoshì	[동] 표시하다
0057	表演 biǎoyǎn	[동] 공연하다
0058	表扬 biǎoyáng	[동] 칭찬하다
0059	别 bié	[형태소] 다르다
0060	别人 biérén	[대] 다른 사람
0061	宾馆 bīnguǎn	[명] 호텔
0062	冰箱 bīngxiāng	[명] 아이스박스 / 냉장고
0063	饼干 bǐnggān	[명] 비스킷

0064	并且 bìngqiě	[접속] 또한, 그리고
0065	博士 bóshì	[명] 박사
0066	不但 búdàn	[접속] …뿐 아니라
0067	不过 búguò	[부] 더 이상 (아니다) / [접속] 하지만
0068	不客气 búkèqi	[겸양어] 천만에요
0069	不 bù	[부] 동사, 형용사와 기타 부사 앞에 쓰여 부정을 표시함
0070	不得不 bù de bù	[부] 어쩔 수 없이
0071	不管 bùguǎn	[접속] …에 관계없이
0072	不仅 bùjǐn	[부] …뿐은 아니다
0073	部分 bùfen	[명] 부분

C

0074	擦 cā	[동] 마찰하다
0075	猜 cāi	[동] 추측하다
0076	才 cái	[명] 재능 / [부] 막, 비로소
0077	材料 cáiliào	[명] 재료
0078	菜 cài	[명] 채소
0079	菜单 càidān	[명] 식단, 메뉴
0080	参观 cānguān	[동] 참관하다
0081	参加 cānjiā	[동] 참가하다
0082	草 cǎo	[명] 풀
0083	层 céng	[양] 층, 겹
0084	茶 chá	[명] 차 (찻잎으로 만든 음료)
0085	差 chà	[형] 다르다, 뒤떨어지다
0086	差不多 chàbuduō	[형] 차이가 별로 없다, 비슷하다
0087	尝 cháng	[동] 맛보다
0088	长 cháng	[형] 길다
0089	长城 Chángchéng	[명] 만리장성
0090	长江 Chángjiāng	[명] 장강, 양쯔강
0091	场 chǎng	[양] 번, 차례 / [명] 장소, 무대
0092	唱歌 chànggē	[이합동사] 노래하다
0093	超过 chāoguò	[동] 따라잡다, 초과하다
0094	超市 chāoshì	[명] 슈퍼마켓

0095	吵 chǎo	[형] 시끄럽다
0096	衬衫 chènshān	[명] 셔츠
0097	乘坐 chéngzuò	[동] (차, 배 등을) 타다
0098	成功 chénggōng	[동] 성공하다
0099	成绩 chéngjì	[명] 성적
0100	成熟 chéngshú	[동] 열매가 익다, 성숙하다
0101	成为 chéngwéi	[동] …가 되다
0102	诚实 chéngshí	[형] 성실하다
0103	城市 chéngshì	[명] 도시
0104	吃 chī	[동] 먹다
0105	吃惊 chījīng	[이합동사] 놀라다
0106	迟到 chídào	[동] 지각하다
0107	重新 chóngxīn	[부] 다시, 재차
0108	抽烟 chōuyān	[이합동사] 담배를 피우다
0109	出 chū	[동] (안에서 밖으로) 나가다
0110	出差 chūchāi	[이합동사] 출장 가다
0111	出发 chūfā	[동] 출발하다
0112	出生 chūshēng	[동] 출생하다
0113	出现 chūxiàn	[동] 출현하다
0114	出租车 chūzūchē	[명] 택시
0115	除了 chúle	[개] …를 제외하고
0116	厨房 chúfáng	[명] 주방
0117	穿 chuān	[동] (옷, 신발, 양말 등을) 입다, 신다
0118	船 chuán	[명] 배, 선박
0119	传真 chuánzhēn	[동] 초상화를 그리다, 팩스를 보내다
0120	窗户 chuānghu	[명] 창문
0121	春 chūn	[명] 봄
0122	词典 cídiǎn	[명] 사전
0123	词语 cíyǔ	[명] 어휘
0124	次 cì	[양] 번, 차례
0125	聪明 cōngming	[형] 총명하다
0126	从 cóng	[개] …에서부터 / [동] 순종하다
0127	从来 cónglái	[부] 과거부터 지금까지

부록 필수어휘1200

0128	粗心 cūxīn [형] 소홀하다, 부주의하다
0129	错 cuò [형] 뒤섞이다 / [동] 틀리다

D

0130	答案 dá'àn [명] 답안
0131	打扮 dǎban [동] 단장하다
0132	打电话 dǎ diànhuà [이합동사] 전화를 걸다
0133	打篮球 dǎ lánqiú 농구를 하다
0134	打扰 dǎrǎo [동] 방해하다
0135	打扫 dǎsǎo [동] 청소하다
0136	打算 dǎsuan [동] 계획하다
0137	打印 dǎyìn [이합동사] 도장을 찍다, 인쇄하다
0138	打折 dǎzhé [이합동사] 할인하다
0139	打针 dǎzhēn [이합동사] 주사놓다
0140	大 dà [형] 크다
0141	大概 dàgài [명] 대강
0142	大家 dàjiā [대] 모든 사람
0143	大使馆 dàshǐguǎn [명] 대사관
0144	大约 dàyuē [부] 대략, 대충
0145	带 dài [동] (몸에) 지니다
0146	戴 dài [동] 착용하다, 쓰다
0147	代表 dàibiǎo [명] 대표
0148	代替 dàitì [동] 대신하다
0149	大夫 dàifu [명] 의사
0150	担心 dānxīn [이합동사] 걱정하다
0151	蛋糕 dàngāo [명] 케이크
0152	但是 dànshì [접속] 그러나
0153	当 dāng [개] 어떤 일이 발생한 장소를 표시하는 데 쓰임
0154	当地 dāngdì [명] 현지
0155	当然 dāngrán [형] 당연하다
0156	当时 dāngshí [명] 당시
0157	刀 dāo [명] 칼
0158	导游 dǎoyóu [동] 안내하다 / [명] 가이드

0159	到 dào [동] 도착하다
0160	到处 dàochù [부] 도처에
0161	到底 dàodǐ [부] 마침내
0162	道歉 dàoqiàn [이합동사] 사죄의 뜻을 표하다
0163	地 de [조] 동사나 형용사 앞에 쓰이는 구조조사
0164	的 de [조] 정어(定語) 뒤에 쓰여 문법 관계를 나타내는 구조조사
0165	得 de [조] 동사 뒤에 쓰여 가능, 허락을 표시함
0166	得意 déyì [형] 마음에 들다
0167	得 děi [조동] …해야 한다
0168	灯 dēng [명] 등, 등불
0169	等 děng [동] 기다리다
0170	低 dī [형] (높이가) 낮다
0171	底 dǐ [명] 바닥, 밑
0172	地方 dìfang [명] 곳, 장소
0173	地球 dìqiú [명] 지구
0174	地铁 dìtiě [명] 지하철
0175	地图 dìtú [명] 지도
0176	地址 dìzhǐ [명] 주소
0177	弟弟 dìdi [명] 남동생
0178	第一 dì yī [수] 첫 번째
0179	点 diǎn [명] 작은 방울
0180	电脑 diànnǎo [명] 컴퓨터
0181	电视 diànshì [명] 텔레비전
0182	电梯 diàntī [명] 엘리베이터
0183	电影 diànyǐng [명] 영화
0184	电子邮件 diànzǐ yóujiàn [명] 전자메일
0185	掉 diào [동] 떨어지다
0186	调查 diàochá [동] 조사하다
0187	丢 diū [동] 잃다, 분실하다
0188	冬 dōng [명] 겨울
0189	东 dōng [명] 동쪽
0190	东西 dōngxi [명] 물건
0191	懂 dǒng [동] 알다, 이해하다

0192	动物 dòngwù	[명] 동물
0193	动作 dòngzuò	[명] 동작
0194	都 dōu	[부] 모두, 다
0195	读 dú	[동] 소리 내어 읽다
0196	堵车 dǔchē	[이합동사] 차가 막히다
0197	肚子 dùzi	[명] 배
0198	短 duǎn	[형] 짧다
0199	段 duàn	[양] 가늘고 긴 물건이 나눠진 토막을 세는 데 쓰임
0200	断 duàn	[동] 자르다
0201	锻炼 duànliàn	[동] (운동을 통해 신체를) 단련하다
0202	对 duì	[형] 맞다
0203	对不起 duìbuqǐ	[동] 미안하다
0204	对话 duìhuà	[명] 대화
0205	对面 duìmiàn	[명] 건너편, 맞은편
0206	顿 dùn	[동] 잠시 멈추다 / [양] 번, 끼니
0207	多 duō	[형] (수량이) 많다
0208	多么 duōme	[부] 의문문에 쓰여 정도나 수량을 물음
0209	多少 duōshao	[대] 수량을 물을 때 쓰임
0210	朵 duǒ	[양] 송이

E

0211	饿 è	[형] 배고프다
0212	而 ér	[접속] 그래서 / 하지만
0213	而且 érqiě	[접속] 게다가
0214	儿童 értóng	[명] 아동
0215	儿子 érzi	[명] 아들
0216	耳朵 ěrduo	[명] 귀
0217	二 èr	[수] 2

F

0218	发 fā	[동] 보내다

0219	发烧 fāshāo	[이합동사] (체온이 올라가) 열나다
0220	发生 fāshēng	[동] 발생하다
0221	发现 fāxiàn	[동] 발견하다
0222	发展 fāzhǎn	[동] 발전하다
0223	法律 fǎlǜ	[명] 법률
0224	翻译 fānyì	[동] 통역하다
0225	烦恼 fánnǎo	[형] 걱정스럽다
0226	反对 fǎnduì	[동] 반대하다
0227	反映 fǎnyìng	[동] 반영하다
0228	饭馆 fànguǎn	[명] 식당
0229	范围 fànwéi	[명] 범위
0230	方便 fāngbiàn	[형] 편리하다
0231	方法 fāngfǎ	[명] 방법
0232	方面 fāngmiàn	[명] 방면
0233	方向 fāngxiàng	[명] 방향
0234	房间 fángjiān	[명] 방
0235	访问 fǎngwèn	[동] 방문하다
0236	放 fàng	[동] 놓아주다
0237	放弃 fàngqì	[동] 포기하다
0238	放暑假 fàngshǔjià	여름방학을 하다
0239	放心 fàngxīn	[이합동사] 안심하다
0240	非常 fēicháng	[부] 매우
0241	飞机 fēijī	[명] 비행기
0242	分 fēn	[명] 분(시간) / [동] 나누다
0243	…分之… …fēnzhī…	분수나 백분율을 나타냄
0244	分钟 fēnzhōng	[명] 분
0245	份 fèn	[양] 어울려서 그룹을 이루는 물건을 세는 데 쓰임
0246	丰富 fēngfù	[형] 풍부하다
0247	风景 fēngjǐng	[명] 풍경
0248	否则 fǒuzé	[접속] 만약 그렇지 않으면
0249	服务员 fúwùyuán	[명] 종업원
0250	符合 fúhé	[동] 부합하다
0251	富 fù	[형] 부유하다

부록 필수어휘 1200

157

0252	附近 fùjìn [형] 부근의
0253	父亲 fùqīn [명] 부친
0254	复习 fùxí [동] 복습하다
0255	复印 fùyìn [동] 복사하다
0256	复杂 fùzá [형] 복잡하다
0257	负责 fùzé [동] 책임지다

G

0258	改变 gǎibiàn [동] 변하다, 바뀌다
0259	干杯 gānbēi [이합동사] 건배하다
0260	干净 gānjìng [형] 깨끗하다
0261	干燥 gānzào [형] 건조하다, 마르다
0262	敢 gǎn [조동] 감히 …하다
0263	感动 gǎndòng [동] 감동하다
0264	感觉 gǎnjué [명] 감각, 느낌
0265	感冒 gǎnmào [명] 감기
0266	感情 gǎnqíng [명] 감정
0267	感谢 gǎnxiè [동] 감사하다
0268	干 gàn [형태소] 줄기
0269	刚才 gāngcái [명] 방금
0270	刚刚 gānggāng [부] 막, 방금
0271	高 gāo [형] (지면으로부터의 고도가) 높다
0272	高级 gāojí [형] 고급의
0273	高兴 gāoxìng [형] 기쁘다
0274	告诉 gàosu [동] (…에게 …를) 알리다
0275	哥哥 gēge [명] 형, 오빠
0276	个 ge [양] 특정한 양사를 가지지 않는 명사에 쓰임
0277	各 gè [대] 각, 여러
0278	给 gěi [동] 주다
0279	跟 gēn [접속] …와/과
0280	根据 gēnjù [개] …에 근거하여
0281	更 gèng [부] 더
0282	公共汽车 gōnggòng qìchē [명] 버스

0283	公斤 gōngjīn [양] 킬로그램
0284	公里 gōnglǐ [양] 킬로미터
0285	公司 gōngsī [명] 회사
0286	公园 gōngyuán [명] 공원
0287	工具 gōngjù [명] 기구, 공구, 수단
0288	工资 gōngzī [명] 급여
0289	工作 gōngzuò [동] 일하다
0290	共同 gòngtóng [형] 공동의
0291	狗 gǒu [명] 개
0292	够 gòu [동] 충분하다
0293	购物 gòuwù [동] 구매하다
0294	孤单 gūdān [형] 쓸쓸하다
0295	估计 gūjì [동] 예측하다
0296	鼓励 gǔlì [동] 격려하다
0297	鼓掌 gǔzhǎng [이합동사] 손뼉 치다
0298	顾客 gùkè [명] 고객
0299	故事 gùshi [명] 이야기
0300	故意 gùyì [부] 고의로
0301	刮风 guāfēng [이합동사] 바람이 불다
0302	挂 guà [동] 걸다
0303	管 guǎn [명] 관, 파이프
0304	关 guān [동] (열려 있는 물체를) 닫다
0305	关键 guānjiàn [명] 관건, 키포인트
0306	关系 guānxì [명] 관계
0307	关心 guānxīn [이합동사] (사람이나 사물에) 관심을 가지다
0308	关于 guānyú [개] …에 관해
0309	观众 guānzhòng [명] 관중, 시청자
0310	管理 guǎnlǐ [동] 관리하다
0311	光 guāng [명] 빛
0312	广播 guǎngbō [동] 방송하다
0313	广告 guǎnggào [명] 광고
0314	逛 guàng [동] (밖으로 나가) 산보하다
0315	规定 guīdìng [동] 규정하다

0316	贵 guì [형] (가격이) 비싸다
0317	国际 guójì [형] 국제적인
0318	国家 guójiā [명] 국가
0319	果然 guǒrán [부] 과연
0320	果汁 guǒzhī [명] 과일 주스
0321	过(动) guò(dòng) [동] 지나가다
0322	过(助) guò(zhù) [조] 동사 뒤에 쓰여 동작이 완결됨을 나타냄
0323	过程 guòchéng [명] 과정
0324	过去 guòqù [이합동사] 가다, 지나치다 / [명] 과거

H

0325	还 hái [부] 여전히
0326	还是 háishi [부] 여전히
0327	孩子 háizi [명] 아이
0328	海洋 hǎiyáng [명] 해양
0329	害怕 hàipà [이합동사] 두려워하다
0330	害羞 hàixiū [형] 부끄러워하다
0331	寒假 hánjià [명] 겨울방학
0332	汗 hàn [명] 땀
0333	汉语 Hànyǔ [명] 중국어
0334	航班 hángbān [명] (여객기나 여객선의) 정기편, 운행표
0335	好 hǎo [형] 좋다
0336	好吃 hǎochī [형] 맛있다
0337	好处 hǎochu [명] 이익, 이로운 점, 장점
0338	好像 hǎoxiàng [동] 비슷하다, 마치 …와 같다
0339	号 hào [명] 호
0340	号码 hàomǎ [명] 번호, 사이즈, 호수
0341	喝 hē [동] 마시다
0342	河 hé [명] 강
0343	和 hé [개] …와/과
0344	合格 hégé [형] 합격하다
0345	合适 héshì [형] 알맞다

0346	盒子 hézi [명] 상자
0347	黑 hēi [형] 검다
0348	黑板 hēibǎn [명] 칠판
0349	很 hěn [부] 매우
0350	红 hóng [형] 붉다
0351	猴子 hóuzi [명] 원숭이
0352	厚 hòu [형] 두껍다
0353	后悔 hòuhuǐ [동] 후회하다
0354	后来 hòulái [명] 나중
0355	后面 hòumiàn [명] 뒤, 뒤쪽
0356	忽然 hūrán [부] 갑자기
0357	护士 hùshi [명] 간호사
0358	护照 hùzhào [명] 여권
0359	互相 hùxiāng [부] 서로
0360	花(动) huā [동] 쓰다, 소비하다
0361	花园 huāyuán [명] 화원
0362	画 huà [동] (그림을) 그리다
0363	怀疑 huáiyí [동] 의심하다
0364	坏 huài [형] 나쁘다
0365	欢迎 huānyíng [동] 환영하다
0366	还 huán [동] 돌려주다
0367	环境 huánjìng [명] 환경
0368	换 huàn [동] 바꾸다
0369	黄 huáng [형] 노랗다
0370	回 huí [동] 돌아가다
0371	回答 huídá [동] 대답하다
0372	回忆 huíyì [동] 회상하다
0373	会 huì [조동] …할 수 있다
0374	会议 huìyì [명] 회의
0375	活动 huódòng [동] (몸을) 움직이다
0376	活泼 huópō [형] 활발하다
0377	火 huǒ [명] 불
0378	火车站 huǒchēzhàn [명] 기차역
0379	获得 huòdé [동] 획득하다

부록 필수어휘1200

0380	或者 huòzhě [부] 아마

J

0381	基础 jīchǔ [명] 기초, 토대
0382	机场 jīchǎng [명] 비행장
0383	机会 jīhuì [명] 기회
0384	鸡蛋 jīdàn [명] 달걀
0385	激动 jīdòng [형] 흥분하다
0386	几乎 jīhū [부] 거의
0387	积极 jījí [형] 긍정적인
0388	积累 jīlěi [동] 쌓이다, 축적하다
0389	极 jí [형태소] 정점, 절정
0390	极其 jíqí [부] 극히, 매우
0391	及时 jíshí [형] 시기적절하다 / [부] 즉시, 곧바로
0392	集合 jíhé [동] 모이다, 집합하다
0393	即使 jíshǐ [접속] 설령 …하더라도
0394	几 jǐ [수] 수를 묻는 데 쓰임
0395	寄 jì [동] (우편으로)부치다, 보내다
0396	记得 jìde [동] 잊지 않고 있다
0397	记者 jìzhě [명] 기자
0398	计划 jìhuà [명] 계획
0399	季节 jìjié [명] 계절
0400	既然 jìrán [접속] 이왕 이렇게 된 바에야
0401	技术 jìshù [명] 기술
0402	继续 jìxù [동] 계속하다
0403	家 jiā [명] 가정
0404	家具 jiājù [명] 가구
0405	加班 jiābān [이합동사] 야근하다, 잔업하다
0406	加油站 jiāyóuzhàn [명] 주유소
0407	假 jiǎ [형] 허위적인
0408	价格 jiàgé [명] 가격
0409	坚持 jiānchí [동] (어떤 태도나 주장 등을) 굳게 지키다
0410	检查 jiǎnchá [동] 점검하다

0411	简单 jiǎndān [형] 간단하다
0412	减肥 jiǎnféi [이합동사] 다이어트하다
0413	减少 jiǎnshǎo [동] 감소하다
0414	件 jiàn [양] 의류, 일, 사건 등을 세는 데 쓰임
0415	健康 jiànkāng [형] 건강하다
0416	见面 jiànmiàn [이합동사] 서로 만나다
0417	将来 jiānglái [명] 장래
0418	讲 jiǎng [동] 말하다
0419	奖金 jiǎngjīn [명] 상금, 보너스
0420	降低 jiàngdī [동] 낮아지다
0421	教 jiāo [동] 가르치다
0422	交 jiāo [동] 주다, 사귀다
0423	交流 jiāoliú [동] 교류하다
0424	交通 jiāotōng [명] 교통
0425	骄傲 jiāo'ào [형] 거만하다
0426	脚 jiǎo [명] 발
0427	角 jiǎo [명] 뿔
0428	饺子 jiǎozi [명] 교자, 만두
0429	叫 jiào [동] 외치다 / (…라고) 부르다
0430	教室 jiàoshì [명] 교실
0431	教授 jiàoshòu [동] 가르치다 / [명] (대학의) 교수
0432	教育 jiàoyù [명] 교육
0433	接 jiē [동] 연결하다 / 받다
0434	接受 jiēshòu [동] 받다, 수령하다
0435	街道 jiēdào [명] 큰길
0436	节目 jiémù [명] (문예나 방송 등의) 종목
0437	节日 jiérì [명] 기념일
0438	节约 jiéyuē [동] 아끼다
0439	结果 jiéguǒ [명] 결과
0440	结婚 jiéhūn [이합동사] 결혼하다
0441	结束 jiéshù [동] 끝나다
0442	解决 jiějué [동] 해결하다
0443	解释 jiěshì [동] 해석하다, 해설하다
0444	姐姐 jiějie [명] 누나

0445	借 jiè	[동] 잠시 빌리다
0446	介绍 jièshào	[동] 소개하다
0447	今天 jīntiān	[명] 오늘
0448	紧张 jǐnzhāng	[형] 긴장해 있다
0449	尽管 jǐnguǎn	[부] 얼마든지 / [접] 비록 …하더라도
0450	进 jìn	[동] (앞으로) 나아가다
0451	进行 jìnxíng	[동] 진행하다
0452	近 jìn	[형] (공간적이나 시간적인 거리가) 가깝다
0453	禁止 jìnzhǐ	[동] 금지하다
0454	精彩 jīngcǎi	[형] 훌륭하다, 뛰어나다 / [명] 정신
0455	精神 jīngshén	[명] 정신
0456	经常 jīngcháng	[형] 보통의
0457	经过 jīngguò	[동] 지나다, 경유하다
0458	经济 jīngjì	[명] 경제
0459	经理 jīnglǐ	[동] 경영 관리하다
0460	经历 jīnglì	[동] 겪다
0461	经验 jīngyàn	[명] 경험
0462	京剧 jīngjù	[명] 경극
0463	警察 jǐngchá	[명] 경찰관
0464	竟然 jìngrán	[부] 뜻밖에도
0465	竞争 jìngzhēng	[동] 경쟁하다
0466	镜子 jìngzi	[명] 거울
0467	究竟 jiūjìng	[명] 결과 / [부] 도대체, 어쨌든
0468	九 jiǔ	[수] 9
0469	久 jiǔ	[형] 길다
0470	旧 jiù	[형] 옛날의
0471	就 jiù	[부] 바로
0472	举办 jǔbàn	[동] 개최하다
0473	举行 jǔxíng	[동] (어떤 행사나 활동 등을) 열다
0474	拒绝 jùjué	[동] 거절하다
0475	距离 jùlí	[동] (…로부터) 사이를 두다 / [명] 거리, 간격
0476	句子 jùzi	[명] 문장
0477	觉得 juéde	[동] …라고 느끼다
0478	决定 juédìng	[동] 결정하다

K

0479	咖啡 kāfēi	[명] 커피
0480	开 kāi	[동] 열다
0481	开始 kāishǐ	[동] 시작하다
0482	开玩笑 kāiwánxiào	웃기다, 농담하다
0483	看 kàn	[동] (눈으로) 보다
0484	看法 kànfǎ	[명] 견해
0485	看见 kànjiàn	[이합동사] 보다
0486	考虑 kǎolǜ	[동] 고려하다
0487	考试 kǎoshì	[이합동사] 시험을 치다
0488	棵 kē	[양] 그루, 포기
0489	科学 kēxué	[명] 과학
0490	咳嗽 késou	[동] 기침하다
0491	渴 kě	[형] 목마르다
0492	可爱 kě'ài	[형] 귀엽다
0493	可能 kěnéng	[형] 가능하다
0494	可是 kěshì	[접속] 그러나
0495	可惜 kěxī	[형] 아깝다
0496	可以 kěyǐ	[조동] …할 수 있다
0497	课 kè	[명] 수업
0498	刻 kè	[동] 조각하다
0499	客人 kèrén	[명] 손님
0500	肯定 kěndìng	[동] 긍정하다 / [형] 확실하다 / [부] 확실히
0501	空气 kōngqì	[명] 공기
0502	空调 kōngtiáo	[명] 에어컨
0503	恐怕 kǒngpà	[동] 두려워하다
0504	口 kǒu	[명] 입, 출입구
0505	哭 kū	[동] 울다
0506	苦 kǔ	[형] 쓰다
0507	裤子 kùzi	[명] 바지
0508	块 kuài	[명] 조각 / [양] 덩어리 세는 단위, RMB 단위
0509	快 kuài	[형] (속도가) 빠르다
0510	快乐 kuàilè	[형] 즐겁다

0511	筷子 kuàizi [명] 젓가락	
0512	宽 kuān [형] 넓다	
0513	困 kùn [동] 고생하다, 피곤하다	
0514	困难 kùnnan [형] (사정이) 어렵다	
0515	扩大 kuòdà [동] 넓히다, 확대하다	

L

0516	拉 lā [동] 당기다
0517	垃圾桶 lājītǒng [명] 쓰레기통
0518	辣 là [형] 맵다
0519	来 lái [동] 오다
0520	来不及 láibují [동] (시간이 촉박하여) …할 수 없다
0521	来得及 láidejí [동] (시간에) 미칠 수 있다
0522	蓝 lán [형] 파란색의
0523	懒 lǎn [형] 게으르다
0524	浪费 làngfèi [동] 낭비하다
0525	浪漫 làngmàn [형] 낭만적이다
0526	老 lǎo [형] 늙다
0527	老虎 lǎohǔ [명] 호랑이
0528	老师 lǎoshī [명] 선생님
0529	了 le [조] 동사 뒤에 쓰여 동작의 완성을 표시함
0530	累 lèi [형] 피로하다
0531	冷 lěng [형] 춥다
0532	冷静 lěngjìng [형] 한산하다, 냉정하다
0533	离 lí [동] 분리하다
0534	离开 líkāi [이합동사] 떠나다
0535	里 lǐ [명] 안, 속
0536	礼貌 lǐmào [명] 예의
0537	礼物 lǐwù [명] 선물
0538	理发 lǐfà [이합동사] 이발하다
0539	理解 lǐjiě [동] 이해하다
0540	理想 lǐxiǎng [명] 이상, 꿈
0541	厉害 lìhai [형] 심하다

0542	力气 lìqì [명] (육체적인) 힘
0543	例如 lìrú [동] 예를 들다
0544	历史 lìshǐ [명] 역사
0545	俩 liǎ [수량] 두 개, 둘
0546	连 lián [동] 연결하다, 잇다
0547	联系 liánxì [동] 연락하다
0548	脸 liǎn [명] 얼굴
0549	练习 liànxí [동] 연습하다
0550	凉快 liángkuai [형] 시원하다
0551	两 liǎng [수] 2
0552	亮 liàng [형] (광선, 빛이) 밝다
0553	辆 liàng [양] 대 (차량을 셀 때 쓰임)
0554	聊天 liáotiān [이합동사] 이야기하다, 대화하다
0555	了解 liǎojiě [동] 잘 알다
0556	邻居 línjū [명] 이웃
0557	零 líng [수] 0
0558	另外 lìngwài [접속] 이 밖에
0559	留 liú [동] 남다, 머무르다
0560	留学 liúxué [이합동사] 유학하다
0561	流泪 liúlèi [동] 눈물을 흘리다
0562	流利 liúlì [형] 유창하다
0563	流行 liúxíng [동] 유행하다
0564	六 liù [수] 6
0565	楼 lóu [명] 건물
0566	路 lù [명] 도로
0567	乱 luàn [형] 어지럽다
0568	旅游 lǚyóu [동] 여행하다
0569	绿 lǜ [형] 녹색의
0570	律师 lǜshī [명] 변호사

M

0571	妈妈 māma [명] 엄마
0572	麻烦 máfan [형] 귀찮다

0573	马 mǎ [명] 말
0574	马上 mǎshàng [부] 곧
0575	吗 ma [조] 구절 끝에 쓰여 의문의 어기를 표시함
0576	买 mǎi [동] 사다
0577	卖 mài [동] 팔다
0578	满 mǎn [형] 차다, 가득차다
0579	满意 mǎnyì [형] 만족하다
0580	慢 màn [형] 느리다
0581	忙 máng [형] 바쁘다
0582	猫 māo [명] 고양이
0583	毛巾 máojīn [명] 타월, 수건
0584	帽子 màozi [명] 모자
0585	没 méi [동] 없다
0586	没关系 méiguānxi 문제 없다
0587	每 měi [대] 매, 모두
0588	美丽 měilì [형] 아름답다
0589	妹妹 mèimei [명] 여동생
0590	门 mén [명] 문
0591	梦 mèng [명] 꿈
0592	米 mǐ [명] 쌀 / [양] 미터
0593	米饭 mǐfàn [명] 쌀밥
0594	密码 mìmǎ [명] 암호
0595	免费 miǎnfèi [이합동사] 무상으로 하다
0596	面包 miànbāo [명] 빵
0597	面条 miàntiáo [명] 국수
0598	民族 mínzú [명] 민족
0599	明白 míngbai [동] 알다, 이해하다
0600	明天 míngtiān [명] 내일
0601	名字 míngzi [명] 이름
0602	母亲 mǔqīn [명] 모친
0603	目的 mùdì [명] 목적

N

0604	拿 ná [동] 쥐다, 가지다
0605	哪 nǎ [대] 어느, 어떤
0606	那 nà [대] 그, 그것
0607	奶奶 nǎinai [명] 할머니
0608	耐心 nàixīn [형] 참을성 있다
0609	南 nán [명] 남쪽
0610	难 nán [형] 어렵다
0611	难道 nándào [부] 설마 …하겠는가?
0612	难过 nánguò [형] 괴롭다
0613	难受 nánshòu [형] 불편하다 / 괴롭다
0614	男人 nánrén [명] 남자
0615	呢 ne [조] 의문을 나타내는 문장의 끝에 쓰여 의문의 어기를 나타냄
0616	内 nèi [명] 내부
0617	内容 nèiróng [명] 내용
0618	能 néng [조동] …할 수 있다
0619	能力 nénglì [명] 능력
0620	你 nǐ [대] 너, 당신
0621	年 nián [명] 년, 해
0622	年级 niánjí [명] 학년
0623	年龄 niánlíng [명] 연령, 나이
0624	年轻 niánqīng [형] 젊다
0625	鸟 niǎo [명] 새
0626	您 nín [대] 당신 ('你'의 존칭어)
0627	牛奶 niúnǎi [명] 우유
0628	农村 nóngcūn [명] 농촌
0629	弄 nòng [동] 다루다 / 하다
0630	努力 nǔlì [이합동사] 노력하다
0631	暖和 nuǎnhuo [형] (기후나 환경 등이) 따뜻하다
0632	女儿 nǚ'ér [명] 딸
0633	女人 nǚrén [명] 여자

O

0634	偶尔 ǒu'ěr	[부] 간혹

P

0635	爬山 páshān	[이합동사] 산에 오르다
0636	排列 páiliè	[동] 배열하다, 정렬하다
0637	盘子 pánzi	[명] 쟁반
0638	判断 pànduàn	[명] 판단
0639	旁边 pángbiān	[명] 곁, 옆
0640	胖 pàng	[형] 뚱뚱하다
0641	跑步 pǎobù	[이합동사] 뛰다
0642	陪 péi	[동] 모시다, 수행하다
0643	朋友 péngyou	[명] 친구
0644	批评 pīpíng	[동] 비평하다
0645	皮肤 pífū	[명] 피부
0646	啤酒 píjiǔ	[명] 맥주
0647	脾气 píqi	[명] 성격
0648	篇 piān	[양] 문장의 수를 세는 단위
0649	便宜 piányi	[형] (값이) 싸다
0650	骗 piàn	[동] (남을 그럴듯하게) 속이다
0651	票 piào	[명] 표, 증서
0652	漂亮 piàoliang	[형] 아름답다
0653	乒乓球 pīngpāngqiú	[명] 탁구
0654	平时 píngshí	[명] 평상시
0655	苹果 píngguǒ	[명] 사과(나무)
0656	瓶子 píngzi	[명] 병
0657	破 pò	[동] 깨다
0658	葡萄 pútao	[명] 포도(나무)
0659	普遍 pǔbiàn	[형] 보편적이다
0660	普通话 pǔtōnghuà	[명] (현대 중국어의) 표준어

Q

0661	七 qī	[수] 7
0662	妻子 qīzi	[명] 아내
0663	骑 qí	[동] (가랑이를 벌리고 가축이나 자전거 위에) 앉다, 타다
0664	其次 qícì	[대] 그 다음
0665	其实 qíshí	[부] 실은
0666	其他 qítā	[대] 기타
0667	其中 qízhōng	[명] 그 속, 그중에
0668	奇怪 qíguài	[형] 기괴하다, 이상하다
0669	起床 qǐchuáng	[이합동사] (잠자리에서) 일어나다
0670	起飞 qǐfēi	[동] 이륙하다
0671	起来 qǐlái	[명] 일어나다
0672	气候 qìhòu	[명] 기후
0673	千 qiān	[수] 천
0674	千万 qiānwàn	[부] 필히, 제발
0675	铅笔 qiānbǐ	[명] 연필
0676	签证 qiānzhèng	[이합동사] 입국을 허가하다 / [명] 비자
0677	钱 qián	[명] 동전
0678	前面 qiánmiàn	[명] 전면, 앞쪽 면
0679	墙 qiáng	[명] 벽
0680	敲 qiāo	[동] 두드리다, 치다
0681	桥 qiáo	[명] 다리, 교량
0682	巧克力 qiǎokèlì	[명] 초콜릿
0683	亲戚 qīnqi	[명] 친척
0684	轻 qīng	[형] (무게나 비중이) 작다, 가볍다
0685	轻松 qīngsōng	[형] 수월하다
0686	清楚 qīngchu	[형] 분명하다
0687	晴 qíng	[형] 날씨가 맑다
0688	情况 qíngkuàng	[명] 상황
0689	请 qǐng	[동] 부탁하다
0690	请假 qǐngjià	[이합동사] 휴가를 신청하다
0691	请客 qǐngkè	[이합동사] 초청하다

0692	穷 qióng [형] 빈곤하다
0693	秋 qiū [명] 가을
0694	区别 qūbié [동] 구별하다
0695	取 qǔ [동] 손에 넣다
0696	去 qù [동] 가다
0697	去年 qùnián [명] 작년
0698	全部 quánbù [형] 전반적인
0699	缺点 quēdiǎn [명] 결함
0700	缺少 quēshǎo [동] 부족하다
0701	却 què [부] 하지만
0702	确实 quèshí [형] 확실하다
0703	群 qún [양] 무리를 이룬 사람, 동물, 물건 등을 세는 단위
0704	裙子 qúnzi [명] 스커트

R

0705	然而 rán'ér [접속] 하지만
0706	然后 ránhòu [접속] 연후에, 이후에
0707	让 ràng [개] …에게 …당하다 / [동] 양보하다
0708	热 rè [형] (온도가) 높다, 뜨겁다
0709	热闹 rènao [형] 떠들썩하다
0710	热情 rèqíng [명] 열정
0711	人 rén [명] 인류
0712	人民币 Rénmínbì [명] 인민폐
0713	任何 rènhé [대] 어떠한
0714	任务 rènwu [명] 임무
0715	认识 rènshi [동] 인식하다
0716	认为 rènwéi [동] 생각하다
0717	认真 rènzhēn [이합동사] 진지하게 생각하다
0718	扔 rēng [동] 던지다
0719	仍然 réngrán [부] 여전히
0720	日 rì [명] 태양
0721	日记 rìjì [명] 일기
0722	容易 róngyì [형] 쉽다

0723	如果 rúguǒ [접속] 만약
0724	入口 rùkǒu [이합동사] 입 안으로 들어가다 / [명] 입구
0725	软 ruǎn [형] 부드럽다

S

0726	三 sān [수] 3
0727	伞 sǎn [명] 우산
0728	散步 sànbù [이합동사] 산책하다
0729	森林 sēnlín [명] 삼림
0730	沙发 shāfā [명] 소파(가구)
0731	商店 shāngdiàn [명] 상점
0732	商量 shāngliang [동] 상의하다
0733	伤心 shāngxīn [동] 상심하다
0734	上 shàng [명] 위, … 위에
0735	上班 shàngbān [동] 출근하다
0736	上网 shàngwǎng [이합동사] 인터넷에 접속하다
0737	上午 shàngwǔ [명] 오전
0738	稍微 shāowēi [부] 약간
0739	少 shǎo [형] 적다
0740	社会 shèhuì [명] 사회
0741	谁 shéi [대] 누구
0742	深 shēn [형] 깊다
0743	身体 shēntǐ [명] 몸, 신체
0744	申请 shēnqǐng [동] 신청하다
0745	什么 shénme [대] 의문을 나타냄
0746	甚至 shènzhì [접속] 심지어
0747	生病 shēngbìng [동] 병이 나다
0748	生活 shēnghuó [동] 생활하다
0749	生命 shēngmìng [명] 생명
0750	生气 shēngqì [동] 노여움을 드러내다, 화가 나다
0751	生日 shēngrì [명] 생일
0752	声音 shēngyīn [명] 목소리
0753	省 shěng [동] 아끼다

0754	剩 shèng [동] 남다
0755	失败 shībài [동] 실패하다
0756	失望 shīwàng [동] 실망하다
0757	师傅 shīfu [명] 스승, 사범
0758	湿润 shīrùn [형] 습윤하다, 축축하다
0759	狮子 shīzi [명] 사자
0760	十 shí [수] 10
0761	十分 shífēn [부] 매우, 대단히, 충분히
0762	时候 shíhòu [명] 시간, …때
0763	时间 shíjiān [명] 시간
0764	实际 shíjì [형] 실제의
0765	实在 shízài [형] 진실하다 / [부] 확실히
0766	食品 shípǐn [명] 식품
0767	使 shǐ [동] (…에게) …하게 하다
0768	使用 shǐyòng [동] 사용하다
0769	是 shì [동] …이다
0770	试 shì [동] 시험하다
0771	市场 shìchǎng [명] 시장
0772	适合 shìhé [동] 적절하다
0773	适应 shìyìng [동] 적응하다
0774	世纪 shìjì [명] 세기
0775	世界 shìjiè [명] 세계
0776	事情 shìqíng [명] 용무
0777	收 shōu [동] 거두어들이다
0778	收入 shōurù [동] 받다
0779	收拾 shōushí [동] 거두다
0780	手表 shǒubiǎo [명] 손목시계
0781	手机 shǒujī [명] 휴대전화
0782	首都 shǒudū [명] 수도
0783	首先 shǒuxiān [부] 맨 처음, 우선
0784	瘦 shòu [형] (몸이) 여위다
0785	受不了 shòubuliǎo 참을 수 없다
0786	受到 shòudào [동] …을 받다
0787	售货员 shòuhuòyuán [명] 판매원

0788	书 shū [명] 책
0789	输 shū [동] 운반하다, 나르다
0790	舒服 shūfu [형] 편안하다
0791	叔叔 shūshu [명] 숙부, 삼촌
0792	熟悉 shúxī [동] 숙지하다, 익숙하다
0793	树 shù [명] 수목, 나무
0794	数量 shùliàng [명] 수량
0795	数学 shùxué [명] 수학
0796	刷牙 shuāyá [이합동사] 이를 닦다
0797	帅 shuài [형] 멋지다
0798	双 shuāng [형] (두 개로 된) 한 쌍의
0799	水 shuǐ [명] 물
0800	水果 shuǐguǒ [명] 과실
0801	水平 shuǐpíng [명] 수평, 수준
0802	睡觉 shuìjiào [이합동사] 자다
0803	顺便 shùnbiàn [부] …하는 김에
0804	顺利 shùnlì [형] 순조롭다
0805	顺序 shùnxù [명] 순서
0806	说话 shuōhuà [이합동사] 말하다
0807	说明 shuōmíng [동] 설명하다
0808	硕士 shuòshì [명] 석사
0809	司机 sījī [명] 운전사
0810	死 sǐ [동] 죽다
0811	四 sì [수] 4
0812	送 sòng [동] 보내다, 배달하다
0813	速度 sùdù [명] 속도
0814	塑料袋 sùliàodài [명] 비닐봉지
0815	酸 suān [명] 산, 시다
0816	算 suàn [동] 셈하다
0817	虽然 suīrán [접속] 비록 …일지라도
0818	随便 suíbiàn [부] 마음대로
0819	随着 suízhe [개] …따라서
0820	岁 suì [형태소] 년(年), 해
0821	孙子 sūnzi [명] 손자

0822	所以 suǒyǐ [접속] 그래서	
0823	所有 suǒyǒu [동] 소유하다 / [형] 모든	

T

0824	他 tā [대] 그, 그 사람
0825	她 tā [대] 그녀
0826	它 tā [대] 그, 저
0827	抬 tái [동] (위를 향해) 쳐들다
0828	台 tái [양] 기계, 설비, 기구 등을 세는 단위
0829	太 tài [부] 매우
0830	太阳 tàiyáng [명] 해, 태양
0831	态度 tàidù [명] 태도
0832	谈 tán [동] 말하다
0833	弹钢琴 tángāngqín 피아노를 치다
0834	汤 tāng [명] 탕, 국
0835	糖 táng [명] 설탕
0836	躺 tǎng [동] 눕다
0837	趟 tàng [양] 차례, 번
0838	讨论 tǎolùn [동] 토론하다
0839	讨厌 tǎoyàn [형] 싫다
0840	特别 tèbié [형] 특별하다
0841	特点 tèdiǎn [명] 특색
0842	疼 téng [형] 아프다
0843	踢足球 tīzúqiú 축구를 하다
0844	提高 tígāo [이합동사] 향상시키다
0845	提供 tígōng [동] 제공하다
0846	提前 tíqián [동] 앞당기다
0847	提醒 tíxǐng [동] 일깨우다
0848	提 tí [명] 문제
0849	体育 tǐyù [명] 체육
0850	天气 tiānqì [명] 일기, 날씨
0851	甜 tián [형] 달다
0852	填空 tiánkòng [동] 빈 곳을 보충하다

0853	条 tiáo [양] 가늘고 긴 물건을 세는 데 쓰임
0854	条件 tiáojiàn [명] 조건
0855	跳舞 tiàowǔ [이합동사] 춤을 추다
0856	听 tīng [동] 듣다
0857	停止 tíngzhǐ [동] 정지하다
0858	挺 tǐng [부] 매우
0859	通过 tōngguò [동] 건너가다, 통과하다
0860	通知 tōngzhī [동] 통지하다
0861	同情 tóngqíng [동] 동정하다
0862	同事 tóngshì [명] 동료
0863	同学 tóngxué [명] 학우
0864	同意 tóngyì [동] 동의하다
0865	头发 tóufa [명] 머리카락
0866	突然 tūrán [형] 갑작스럽다
0867	图书馆 túshūguǎn [명] 도서관
0868	推 tuī [동] 밀다
0869	推迟 tuīchí [동] 미루다
0870	腿 tuǐ [명] 다리
0871	脱 tuō [동] 빠지다, 벗어지다

W

0872	袜子 wàzi [명] 양말
0873	外 wài [명] 겉, 바깥쪽
0874	完 wán [동] 완전하다
0875	完成 wánchéng [이합동사] 완성하다
0876	完全 wánquán [형] 완전하다
0877	玩 wán [동] 놀다
0878	碗 wǎn [명] 그릇
0879	晚上 wǎnshang [명] 저녁
0880	万 wàn [수] 만(10000)
0881	往 wǎng [개] …을 향해
0882	往往 wǎngwǎng [부] 왕왕, 가끔
0883	网球 wǎngqiú [명] 테니스

0884	网站 wǎngzhàn [명] 웹 사이트
0885	忘记 wàngjì [동] 잊어버리다
0886	危险 wēixiǎn [형] 위험하다
0887	喂 wèi [감탄] 여보세요
0888	为 wèi [개] …을 위하여
0889	为了 wèile [개] …하기 위하여
0890	为什么 wèishénme [대] 왜
0891	位 wèi [양] 사람의 수를 세는 단위
0892	味道 wèidào [명] 맛
0893	温度 wēndù [명] 온도
0894	文化 wénhuà [명] 문화
0895	文具 wénjù [명] 문구
0896	文章 wénzhāng [명] 문장
0897	问 wèn [동] 묻다
0898	问题 wèntí [명] 문제
0899	我 wǒ [대] 나
0900	我们 wǒmen [대] 우리
0901	握手 wòshǒu [이합동사] 손을 잡다, 악수를 하다
0902	污染 wūrǎn [동] 오염되다
0903	无 wú [동] 없다
0904	无聊 wúliáo [형] 무료하다
0905	无论 wúlùn [접속] …을 막론하고
0906	五 wǔ [수] 5
0907	误会 wùhuì [동] 오해하다

X

0908	西 xī [명] 서, 서쪽
0909	西瓜 xīguā [명] 수박
0910	西红柿 xīhóngshì [명] 토마토
0911	吸引 xīyǐn [동] 끌어당기다
0912	希望 xīwàng [동] 기대하다
0913	习惯 xíguàn [동] 습관이 되다
0914	洗 xǐ [동] 씻다

0915	洗手间 xǐshǒujiān [명] 화장실
0916	洗衣机 xǐyījī [명] 세탁기
0917	洗澡 xǐzǎo [이합동사] 목욕하다
0918	喜欢 xǐhuan [동] 좋아하다
0919	夏 xià [명] 여름
0920	下 xià [명] 밑, 아래
0921	下午 xiàwǔ [명] 오후
0922	下雨 xiàyǔ [이합동사] 비가 내리다
0923	先 xiān [명] (어떤 정해진 시간이나 순서보다) 앞, 먼저
0924	先生 xiānsheng [명] 선생
0925	咸 xián [부] 모두, 전부 / [형] 짜다
0926	现在 xiànzài [명] 현재
0927	羡慕 xiànmù [동] 부러워하다
0928	限制 xiànzhì [동] 규제하다
0929	香 xiāng [형] 향기롭다
0930	香蕉 xiāngjiāo [명] 바나나
0931	相反 xiāngfǎn [형] 상반되다
0932	相同 xiāngtóng [형] 같다
0933	相信 xiāngxìn [동] 믿다
0934	详细 xiángxì [형] 상세하다
0935	响 xiǎng [동] 소리가 나다 / [형] 우렁차다
0936	想 xiǎng [동] 생각하다
0937	向 xiàng [동] 향하다
0938	像 xiàng [동] …와 같다
0939	消息 xiāoxi [명] 뉴스, 소식
0940	小 xiǎo [형] 작다
0941	小姐 xiǎojiě [명] 아가씨
0942	小时 xiǎoshí [명] 시간
0943	小说 xiǎoshuō [명] 소설
0944	小心 xiǎoxīn [동] 조심하다
0945	笑 xiào [동] (소리 내어) 웃다
0946	笑话 xiàohua [명] 농담
0947	效果 xiàoguǒ [명] 효과
0948	校长 xiàozhǎng [명] 교장

0949	些 xiē	[양] 조금
0950	鞋 xié	[명] 신발
0951	写 xiě	[동] 쓰다
0952	谢谢 xièxie	[동] 고맙다
0953	新 xīn	[형] 새롭다
0954	新闻 xīnwén	[명] 뉴스
0955	新鲜 xīnxiān	[형] 신선하다
0956	辛苦 xīnkǔ	[형] 고생스럽다
0957	心情 xīnqíng	[명] 생각, 마음
0958	信 xìn	[동] 믿다
0959	信任 xìnrèn	[동] 신임하다
0960	信心 xìnxīn	[명] 자신
0961	信用卡 xìnyòngkǎ	[명] 신용카드
0962	兴奋 xīngfèn	[형] 흥분하다
0963	星期 xīngqī	[명] 주, 주일
0964	行 xíng	[형태소] 걷다
0965	行李箱 xínglǐxiāng	[명] 트렁크
0966	醒 xǐng	[동] 깨다
0967	姓 xìng	[명] 성, 성씨
0968	性别 xìngbié	[명] 성별
0969	性格 xìnggé	[명] 성격
0970	幸福 xìngfú	[명] 행복
0971	兴趣 xìngqù	[명] (흥을 느끼는) 재미
0972	熊猫 xióngmāo	[명] 판다
0973	修 xiū	[동] 수리하다
0974	休息 xiūxi	[동] 휴식하다
0975	需要 xūyào	[동] (반드시) 필요로 하다
0976	许多 xǔduō	[형] (수량이) 매우 많다
0977	选择 xuǎnzé	[동] 선택하다
0978	学生 xuésheng	[명] 학생
0979	学术 xuéshù	[명] 학술
0980	学习 xuéxí	[동] 학습하다
0981	学校 xuéxiào	[명] 학교
0982	雪 xuě	[명] 눈

0983	血 xuè	[명] 피, 혈액

Y

0984	压力 yālì	[명] 압력, 스트레스
0985	牙膏 yágāo	[명] 치약
0986	亚洲 Yàzhōu	[명] 아시아
0987	呀 yā	[조] '啊'가 앞 음절의 모음인 'a, e, i, o, ü'의 영향을 받아 생겨난 변음
0988	盐 yán	[명] 소금
0989	严格 yángé	[형] 엄격하다
0990	严重 yánzhòng	[형] 심각하다
0991	研究生 yánjiūshēng	[명] 연구생, 대학원생
0992	颜色 yánsè	[명] 색깔
0993	演出 yǎnchū	[동] 공연하다
0994	演员 yǎnyuán	[명] 배우
0995	眼镜 yǎnjìng	[명] 안경
0996	眼睛 yǎnjing	[명] 눈
0997	阳光 yángguāng	[명] 햇빛
0998	羊肉 yángròu	[명] 양고기
0999	养成 yǎngchéng	[동] 양성하다
1000	样子 yàngzi	[명] 모양
1001	邀请 yāoqǐng	[동] 초청하다
1002	要求 yāoqiú	[동] 요구하다
1003	药 yào	[명] 약
1004	要 yào	[조동] 반드시 …하여야 한다
1005	钥匙 yàoshi	[명] 열쇠
1006	爷爷 yéye	[명] 할아버지
1007	也 yě	[부] …도 또한
1008	也许 yěxǔ	[부] 어쩌면
1009	页 yè	[명] 페이지, 쪽
1010	叶子 yèzi	[명] (식물의) 잎
1011	一 yī	[수] 1
1012	衣服 yīfu	[명] 옷
1013	医生 yīshēng	[명] 의사

1014	医院 yīyuàn [명] 병원	1048	勇敢 yǒnggǎn [형] 용감하다
1015	一定 yídìng [부] 반드시	1049	永远 yǒngyuǎn [부] 영원히
1016	一共 yígòng [부] 모두	1050	用 yòng [동] 사용하다
1017	一会儿 yíhuìr [수량] 잠시	1051	优点 yōudiǎn [명] 장점
1018	一切 yíqiè [대] 일체, 전부	1052	优秀 yōuxiù [형] 뛰어나다
1019	一样 yíyàng [형] (똑)같다	1053	幽默 yōumò [형] 익살맞다
1020	以 yǐ [개] …으로(써)	1054	由 yóu [개] …때문에
1021	以后 yǐhòu [명] 이후	1055	由于 yóuyú [개] …때문에, …로 인해서
1022	以前 yǐqián [명] 이전	1056	游戏 yóuxì [명] 오락
1023	以为 yǐwéi [동] 여기다	1057	游泳 yóuyǒng [이합동사] 수영하다
1024	已经 yǐjīng [부] 이미	1058	尤其 yóuqí [부] 특히
1025	椅子 yǐzi [명] 의자	1059	有 yǒu [동] 있다
1026	亿 yì [수] 억	1060	有名 yǒumíng [형] 유명하다
1027	一般 yìbān [형] 일반적이다	1061	有趣 yǒuqù [형] 흥미롭다
1028	一边 yìbiān [명] (사물이나 일 등의) 한쪽	1062	友好 yǒuhǎo [명] 좋은 친구
1029	一起 yìqǐ [명] 한곳 / [부] 같이	1063	友谊 yǒuyì [명] 우정
1030	一直 yìzhí [부] 곧바로 / 줄곧	1064	又 yòu [부] 다시
1031	意见 yìjiàn [명] 의견	1065	右边 yòubian [명] 오른쪽
1032	意思 yìsi [명] (말이나 글 등의) 뜻, 의미	1066	鱼 yú [명] 물고기
1033	艺术 yìshù [명] 예술	1067	于是 yúshì [접속] 그래서
1034	阴 yīn [형] 흐리다	1068	与 yǔ [접속] …와
1035	因此 yīncǐ [접속] 이 때문에	1069	语法 yǔfǎ [명] 어법, 문법
1036	因为 yīnwèi [개] …때문에	1070	语言 yǔyán [명] 언어
1037	音乐 yīnyuè [명] 음악	1071	羽毛球 yǔmáoqiú [명] 배드민턴
1038	银行 yínháng [명] 은행	1072	预习 yùxí [동] 예습하다
1039	饮料 yǐnliào [명] 음료	1073	遇到 yùdào [동] 만나다
1040	引起 yǐnqǐ [동] 야기하다	1074	圆 yuán [명] 원, 동그라미
1041	印象 yìnxiàng [명] 인상	1075	元 yuán [양] 중국의 화폐 단위
1042	应该 yīnggāi [조동] 마땅히 …해야 한다	1076	原来 yuánlái [명] 원래
1043	英雄 yīngxióng [명] 영웅	1077	原谅 yuánliàng [동] 용서하다
1044	赢 yíng [동] 이기다	1078	原因 yuányīn [명] 원인
1045	影响 yǐngxiǎng [동] (주로 좋지 않은) 영향을 주다	1079	远 yuǎn [형] 멀다
1046	影子 yǐngzi [명] 그림자	1080	愿意 yuànyì [동] (어떤 상황을 되기를) 희망하다
1047	硬 yìng [형] 단단하다	1081	约会 yuēhuì [동] (만날) 약속하다

1082	越 yuè	[부] 점점
1083	月 yuè	[명] 달, 월
1084	月亮 yuèliang	[명] 달
1085	阅读 yuèdú	[동] (출판물을) 읽다
1086	云 yún	[명] 구름
1087	允许 yǔnxǔ	[동] 허락하다
1088	运动 yùndòng	[동] 운동하다
1089	运气 yùnqi	[명] 운명

Z

1090	杂志 zázhì	[명] 잡지
1091	在 zài	[동] 있다 / [부] 지금 (막) …하고 있다
1092	再 zài	[부] 다시
1093	再见 zàijiàn	[인사말] 안녕(헤어질 때 하는 인사)
1094	咱们 zánmen	[대] 우리(자신을 포함)
1095	暂时 zànshí	[명] 잠시
1096	脏 zāng	[형] 더럽다
1097	早上 zǎoshang	[명] (비교적 이른) 아침
1098	责任 zérèn	[명] 책임
1099	怎么 zěnme	[대] 어떻다
1100	怎么样 zěnmeyàng	[대] 어떻다
1101	增加 zēngjiā	[동] 증가하다
1102	增长 zēngzhǎng	[동] 성장하다
1103	窄 zhǎi	[형] (폭이) 좁다
1104	站 zhàn	[동] 일어서다 / [명] 정거장
1105	张 zhāng	[양] 종이, 가죽, 표지 등을 셀 때 쓰임
1106	长 zhǎng	[동] 성장하다, 자라다
1107	丈夫 zhàngfu	[명] 남편
1108	招聘 zhāopìn	[동] (공모의 방식으로) 모집하다
1109	着急 zháojí	[형] 초조하다
1110	找 zhǎo	[동] 찾다
1111	照顾 zhàogù	[동] 돌보다
1112	照片 zhàopiàn	[명] 사진

1113	照相机 zhàoxiāngjī	[명] 사진기
1114	这(这儿) zhè(zhèr)	[대] 이 (비교적 가까이에 있는 것을 가리킴)
1115	着 zháo	[조] …하고 있다
1116	真 zhēn	[부] 정말
1117	真实 zhēnshí	[형] 진실한
1118	真正 zhēnzhèng	[형] 진정한
1119	整理 zhěnglǐ	[동] 정리하다
1120	整齐 zhěngqí	[형] 가지런하다
1121	正常 zhèngcháng	[형] 정상이다
1122	正好 zhènghǎo	[형] 딱 좋다
1123	正确 zhèngquè	[형] 정확하다
1124	正式 zhèngshì	[형] 정식의
1125	正在 zhèngzài	[부] 마침, 지금 …하고 있다
1126	证明 zhèngmíng	[동] 증명하다
1127	只 zhī	[형태소] 단 하나의
1128	之 zhī	[조] …의(수식어와 명사 사이에서 구조조사 '的'와 같은 역할을 함)
1129	支持 zhīchí	[동] 버티다 / 지지하다
1130	知道 zhīdao	[동] (어떤 사실이나 도리에 대해) 알다
1131	知识 zhīshi	[명] 지식
1132	直接 zhíjiē	[형] 직접의
1133	值得 zhídé	[이합동사] (값이) …할 만하다
1134	植物 zhíwù	[명] 식물
1135	职业 zhíyè	[명] 직업
1136	指 zhǐ	[명] 손가락
1137	只 zhǐ	[부] 단지, 다만
1138	只好 zhǐhǎo	[부] 부득이
1139	只要 zhǐyào	[접속] …하기만 하면
1140	制造 zhìzào	[동] 제조하다
1141	至少 zhìshǎo	[부] 최소한
1142	质量 zhìliàng	[명] 질량
1143	中国 Zhōngguó	[명] 중국
1144	中间 zhōngjiān	[명] 중심, 중간

부록 필수어휘1200

1145	中文 Zhōngwén [명] 중국어		1173	字 zì [명] 글자
1146	中午 zhōngwǔ [명] 정오		1174	字典 zìdiǎn [명] 자전
1147	终于 zhōngyú [부] 결국		1175	自己 zìjǐ [대] 자기
1148	种 zhǒng [양] 사람이나 사물의 종류를 셀 때 쓰임		1176	自然 zìrán [명] 자연
1149	重点 zhòngdiǎn [명] 중점		1177	自行车 zìxíngchē [명] 자전거
1150	重视 zhòngshì [동] 중시하다		1178	总结 zǒngjié [동] 총결하다
1151	重要 zhòngyào [형] 중요하다		1179	总是 zǒngshì [부] 항상
1152	周末 zhōumò [명] 주말		1180	走 zǒu [동] 걸어가다
1153	周围 zhōuwéi [명] 주위		1181	租 zū [동] 세내다
1154	猪 zhū [명] 돼지		1182	组成 zǔchéng [동] 구성하다
1155	逐渐 zhújiàn [부] 점점		1183	组织 zǔzhī [동] 조직하다
1156	主动 zhǔdòng [형] 주동적이다		1184	嘴 zuǐ [명] 입
1157	主要 zhǔyào [형] 주요한		1185	最 zuì [부] 제일
1158	主意 zhǔyi [명] 주견		1186	最好 zuìhǎo [부] 제일 좋기(로)는
1159	住 zhù [동] 거주하다		1187	最后 zuìhòu [명] 최후
1160	祝 zhù [동] 축복하다		1188	最近 zuìjìn [명] 최근
1161	祝贺 zhùhè [동] 축하하다		1189	尊重 zūnzhòng [동] 존경하다
1162	注意 zhùyì [이합동사] 주의하다		1190	昨天 zuótiān [명] 어제
1163	著名 zhùmíng [형] 저명하다		1191	左边 zuǒbian [명] 왼쪽
1164	专门 zhuānmén [부] 특별히, 전문적으로		1192	坐 zuò [동] 앉다
1165	专业 zhuānyè [명] 전공		1193	做 zuò [동] 만들다 / 하다
1166	赚 zhuàn [동] (이윤을) 얻다		1194	做生意 zuòshēngyi 장사하다
1167	撞 zhuàng [동] 박다, 부딪히다		1195	座 zuò [명] (어떤 장소나 탈것 등에서의) 좌석 / [양] 좌, 동, 채
1168	准备 zhǔnbèi [동] 준비하다		1196	座位 zuòwèi [명] (주로 공공장소의) 좌석
1169	准确 zhǔnquè [형] 정확하다		1197	作业 zuòyè [명] (학교에서 학생들에게 내주는) 숙제
1170	准时 zhǔnshí [형] (규정된) 시간에 맞다, 제때에		1198	作用 zuòyòng [동] 작용하다
1171	桌子 zhuōzi [명] 탁자		1199	作者 zuòzhě [명] 작자
1172	仔细 zǐxì [형] 꼼꼼하다		1200	做客 zuòkè [동] 손님이 되다

저자　**쟈오위메이(焦毓梅)**
천진사범대학 졸업 문학석사
사천대학 졸업 문학박사
천진외국어대학 대외한어과 주임, 부교수
(현) 한국덕성여자대학교 중어중문과 외국인교수
저서 ▶ HSK30일 막판 스퍼트(북경대학출판사), HSK지름길고등모의고사(북경대학출판사) 외 다수

위펑(于鹏)
천진사범대학 졸업 문학석사
천진사범대학 졸업 교육학박사
무한대학 연구기관 대외한어과 수료
(전)천진사범대학 국제교육교류학원 교수
(현)건국대학교 중어중문과 중국인 전임교수
저서 ▶ HSK고등모의고사(고등교육출판사), 신HSK실전모의고사(제이플러스) 외 다수

오양샤오팡(欧阳晓芳)
2005년 화중과기대 중문과 졸업, 문학석사
2009년 무한대학문학원 졸업, 문학박사
(현)무한대문학원 강사, 미국 피츠버그 공자학원 '우수교사'
저서 ▶ 논문《초급단계의 대외한자교학 약술》등 10여 편

해설　**박은영**
HSK, 중국어 대입, HSK 강사 양성 전문 강사
신HSK 고득점자와 유명대학 합격생 다수 배출
CTCSOL(국제 중국어교사) 보유
신HSK 관련 교재 20 여권 집필
신HSK 동영상 강의 다수
산동 중의약 대학 의학석사
저서 ▶ 新 HSK 실전모의고사 － 3급/4급/5급/6급(해설) 및 1급/2급(집필) 제이플러스 외 다수

한번에 합격!
新 HSK 4급 실전 모의고사

저자	쟈오위메이(焦毓梅)·위펑(于鹏)·오양샤오팡(欧阳晓芳)
해설	박은영
발행인	이기선
발행처	제이플러스
등록번호	제10－1680호
등록일자	1998년 12월 9일
개정1쇄	2020년 5월 25일
주소	서울시 마포구 월드컵로 31길 62
전화	(02)332－8320
팩스	(02)332－8321
홈페이지	www.jplus114.com
ISBN	979－11－5601－125－5(13720)

이 도서의 국립중앙도서관 출판예정도서목록(CIP)은
서지정보유통지원시스템 홈페이지(http://seoji.nl.go.kr)와 국가자료종합목록 구축시스템(http://kolis-net.nl.go.kr)에서 이용하실 수 있습니다.
(CIP제어번호 : CIP2020014372)

HSK（四级）答题卡

新 汉 语 水 平 考 试
HSK（四级）答题卡

姓名	

国籍	[0] [1] [2] [3] [4] [5] [6] [7] [8] [9]
	[0] [1] [2] [3] [4] [5] [6] [7] [8] [9]
	[0] [1] [2] [3] [4] [5] [6] [7] [8] [9]

性别	男 [1] 女 [2]

序号	[0] [1] [2] [3] [4] [5] [6] [7] [8] [9]
	[0] [1] [2] [3] [4] [5] [6] [7] [8] [9]
	[0] [1] [2] [3] [4] [5] [6] [7] [8] [9]
	[0] [1] [2] [3] [4] [5] [6] [7] [8] [9]
	[0] [1] [2] [3] [4] [5] [6] [7] [8] [9]

考点	[0] [1] [2] [3] [4] [5] [6] [7] [8] [9]
	[0] [1] [2] [3] [4] [5] [6] [7] [8] [9]
	[0] [1] [2] [3] [4] [5] [6] [7] [8] [9]

年龄	[0] [1] [2] [3] [4] [5] [6] [7] [8] [9]
	[0] [1] [2] [3] [4] [5] [6] [7] [8] [9]

你是华裔吗？
是 [1] 不是 [2]

学习汉语的时间：
1年以下 [1] 1年—2年 [2] 2年—3年 [3] 3年以上 [4]

注意	请用2B铅笔这样写： ▬

一 听力

1. [√] [×]   6. [√] [×]   11. [A] [B] [C] [D]   16. [A] [B] [C] [D]   21. [A] [B] [C] [D]
2. [√] [×]   7. [√] [×]   12. [A] [B] [C] [D]   17. [A] [B] [C] [D]   22. [A] [B] [C] [D]
3. [√] [×]   8. [√] [×]   13. [A] [B] [C] [D]   18. [A] [B] [C] [D]   23. [A] [B] [C] [D]
4. [√] [×]   9. [√] [×]   14. [A] [B] [C] [D]   19. [A] [B] [C] [D]   24. [A] [B] [C] [D]
5. [√] [×]   10. [√] [×]   15. [A] [B] [C] [D]   20. [A] [B] [C] [D]   25. [A] [B] [C] [D]

26. [A] [B] [C] [D]   31. [A] [B] [C] [D]   36. [A] [B] [C] [D]   41. [A] [B] [C] [D]
27. [A] [B] [C] [D]   32. [A] [B] [C] [D]   37. [A] [B] [C] [D]   42. [A] [B] [C] [D]
28. [A] [B] [C] [D]   33. [A] [B] [C] [D]   38. [A] [B] [C] [D]   43. [A] [B] [C] [D]
29. [A] [B] [C] [D]   34. [A] [B] [C] [D]   39. [A] [B] [C] [D]   44. [A] [B] [C] [D]
30. [A] [B] [C] [D]   35. [A] [B] [C] [D]   40. [A] [B] [C] [D]   45. [A] [B] [C] [D]

二 阅读

46. [A] [B] [C] [D] [E] [F]   51. [A] [B] [C] [D] [E] [F]
47. [A] [B] [C] [D] [E] [F]   52. [A] [B] [C] [D] [E] [F]
48. [A] [B] [C] [D] [E] [F]   53. [A] [B] [C] [D] [E] [F]
49. [A] [B] [C] [D] [E] [F]   54. [A] [B] [C] [D] [E] [F]
50. [A] [B] [C] [D] [E] [F]   55. [A] [B] [C] [D] [E] [F]

56. _____   58. _____   60. _____   62. _____   64. _____

57. _____   59. _____   61. _____   63. _____   65. _____

66. [A] [B] [C] [D]   71. [A] [B] [C] [D]   76. [A] [B] [C] [D]   81. [A] [B] [C] [D]
67. [A] [B] [C] [D]   72. [A] [B] [C] [D]   77. [A] [B] [C] [D]   82. [A] [B] [C] [D]
68. [A] [B] [C] [D]   73. [A] [B] [C] [D]   78. [A] [B] [C] [D]   83. [A] [B] [C] [D]
69. [A] [B] [C] [D]   74. [A] [B] [C] [D]   79. [A] [B] [C] [D]   84. [A] [B] [C] [D]
70. [A] [B] [C] [D]   75. [A] [B] [C] [D]   80. [A] [B] [C] [D]   85. [A] [B] [C] [D]

三　书写

86.

87.

88.

89.

90.

91.

92.

93.

94.

95.

96.

97.

98.

99.

100.

+ +

HSK (四级) 答题卡

新 汉 语 水 平 考 试
HSK (四级) 答题卡

姓名	

国籍	[0] [1] [2] [3] [4] [5] [6] [7] [8] [9]
	[0] [1] [2] [3] [4] [5] [6] [7] [8] [9]
	[0] [1] [2] [3] [4] [5] [6] [7] [8] [9]

性别	男 [1] 女 [2]

序号	[0] [1] [2] [3] [4] [5] [6] [7] [8] [9]
	[0] [1] [2] [3] [4] [5] [6] [7] [8] [9]
	[0] [1] [2] [3] [4] [5] [6] [7] [8] [9]
	[0] [1] [2] [3] [4] [5] [6] [7] [8] [9]

考点	[0] [1] [2] [3] [4] [5] [6] [7] [8] [9]
	[0] [1] [2] [3] [4] [5] [6] [7] [8] [9]
	[0] [1] [2] [3] [4] [5] [6] [7] [8] [9]

年龄	[0] [1] [2] [3] [4] [5] [6] [7] [8] [9]
	[0] [1] [2] [3] [4] [5] [6] [7] [8] [9]

你是华裔吗?
是 [1] 不是 [2]

学习汉语的时间:
1年以下 [1]　　1年—2年 [2]　　2年—3年 [3]　　3年以上 [4]

注意	请用2B铅笔这样写: ▬

一 听力

1. [√] [×]　　6. [√] [×]　　11. [A] [B] [C] [D]　　16. [A] [B] [C] [D]　　21. [A] [B] [C] [D]
2. [√] [×]　　7. [√] [×]　　12. [A] [B] [C] [D]　　17. [A] [B] [C] [D]　　22. [A] [B] [C] [D]
3. [√] [×]　　8. [√] [×]　　13. [A] [B] [C] [D]　　18. [A] [B] [C] [D]　　23. [A] [B] [C] [D]
4. [√] [×]　　9. [√] [×]　　14. [A] [B] [C] [D]　　19. [A] [B] [C] [D]　　24. [A] [B] [C] [D]
5. [√] [×]　　10. [√] [×]　　15. [A] [B] [C] [D]　　20. [A] [B] [C] [D]　　25. [A] [B] [C] [D]

26. [A] [B] [C] [D]　　31. [A] [B] [C] [D]　　36. [A] [B] [C] [D]　　41. [A] [B] [C] [D]
27. [A] [B] [C] [D]　　32. [A] [B] [C] [D]　　37. [A] [B] [C] [D]　　42. [A] [B] [C] [D]
28. [A] [B] [C] [D]　　33. [A] [B] [C] [D]　　38. [A] [B] [C] [D]　　43. [A] [B] [C] [D]
29. [A] [B] [C] [D]　　34. [A] [B] [C] [D]　　39. [A] [B] [C] [D]　　44. [A] [B] [C] [D]
30. [A] [B] [C] [D]　　35. [A] [B] [C] [D]　　40. [A] [B] [C] [D]　　45. [A] [B] [C] [D]

二 阅读

46. [A] [B] [C] [D] [E] [F]　　51. [A] [B] [C] [D] [E] [F]
47. [A] [B] [C] [D] [E] [F]　　52. [A] [B] [C] [D] [E] [F]
48. [A] [B] [C] [D] [E] [F]　　53. [A] [B] [C] [D] [E] [F]
49. [A] [B] [C] [D] [E] [F]　　54. [A] [B] [C] [D] [E] [F]
50. [A] [B] [C] [D] [E] [F]　　55. [A] [B] [C] [D] [E] [F]

56. _____　　58. _____　　60. _____　　62. _____　　64. _____

57. _____　　59. _____　　61. _____　　63. _____　　65. _____

66. [A] [B] [C] [D]　　71. [A] [B] [C] [D]　　76. [A] [B] [C] [D]　　81. [A] [B] [C] [D]
67. [A] [B] [C] [D]　　72. [A] [B] [C] [D]　　77. [A] [B] [C] [D]　　82. [A] [B] [C] [D]
68. [A] [B] [C] [D]　　73. [A] [B] [C] [D]　　78. [A] [B] [C] [D]　　83. [A] [B] [C] [D]
69. [A] [B] [C] [D]　　74. [A] [B] [C] [D]　　79. [A] [B] [C] [D]　　84. [A] [B] [C] [D]
70. [A] [B] [C] [D]　　75. [A] [B] [C] [D]　　80. [A] [B] [C] [D]　　85. [A] [B] [C] [D]

三　书写

86.

87.

88.

89.

90.

91.

92.

93.

94.

95.

96.

97.

98.

99.

100.

HSK (四级) 答题卡

新 汉 语 水 平 考 试
HSK (四级) 答题卡

姓名	

国籍	[0] [1] [2] [3] [4] [5] [6] [7] [8] [9]
	[0] [1] [2] [3] [4] [5] [6] [7] [8] [9]
	[0] [1] [2] [3] [4] [5] [6] [7] [8] [9]

性别	男 [1] 女 [2]

序号	[0] [1] [2] [3] [4] [5] [6] [7] [8] [9]
	[0] [1] [2] [3] [4] [5] [6] [7] [8] [9]
	[0] [1] [2] [3] [4] [5] [6] [7] [8] [9]
	[0] [1] [2] [3] [4] [5] [6] [7] [8] [9]
	[0] [1] [2] [3] [4] [5] [6] [7] [8] [9]

考点	[0] [1] [2] [3] [4] [5] [6] [7] [8] [9]
	[0] [1] [2] [3] [4] [5] [6] [7] [8] [9]
	[0] [1] [2] [3] [4] [5] [6] [7] [8] [9]

你是华裔吗?
是 [1] 不是 [2]

年龄	[0] [1] [2] [3] [4] [5] [6] [7] [8] [9]
	[0] [1] [2] [3] [4] [5] [6] [7] [8] [9]

学习汉语的时间:
1年以下 [1] 1年—2年 [2] 2年—3年 [3] 3年以上 [4]

注意 请用2B铅笔这样写: ▬

一 听力

1. [√] [×]   6. [√] [×]   11. [A] [B] [C] [D]   16. [A] [B] [C] [D]   21. [A] [B] [C] [D]
2. [√] [×]   7. [√] [×]   12. [A] [B] [C] [D]   17. [A] [B] [C] [D]   22. [A] [B] [C] [D]
3. [√] [×]   8. [√] [×]   13. [A] [B] [C] [D]   18. [A] [B] [C] [D]   23. [A] [B] [C] [D]
4. [√] [×]   9. [√] [×]   14. [A] [B] [C] [D]   19. [A] [B] [C] [D]   24. [A] [B] [C] [D]
5. [√] [×]   10. [√] [×]   15. [A] [B] [C] [D]   20. [A] [B] [C] [D]   25. [A] [B] [C] [D]

26. [A] [B] [C] [D]   31. [A] [B] [C] [D]   36. [A] [B] [C] [D]   41. [A] [B] [C] [D]
27. [A] [B] [C] [D]   32. [A] [B] [C] [D]   37. [A] [B] [C] [D]   42. [A] [B] [C] [D]
28. [A] [B] [C] [D]   33. [A] [B] [C] [D]   38. [A] [B] [C] [D]   43. [A] [B] [C] [D]
29. [A] [B] [C] [D]   34. [A] [B] [C] [D]   39. [A] [B] [C] [D]   44. [A] [B] [C] [D]
30. [A] [B] [C] [D]   35. [A] [B] [C] [D]   40. [A] [B] [C] [D]   45. [A] [B] [C] [D]

二 阅读

46. [A] [B] [C] [D] [E] [F]   51. [A] [B] [C] [D] [E] [F]
47. [A] [B] [C] [D] [E] [F]   52. [A] [B] [C] [D] [E] [F]
48. [A] [B] [C] [D] [E] [F]   53. [A] [B] [C] [D] [E] [F]
49. [A] [B] [C] [D] [E] [F]   54. [A] [B] [C] [D] [E] [F]
50. [A] [B] [C] [D] [E] [F]   55. [A] [B] [C] [D] [E] [F]

56. ___   58. ___   60. ___   62. ___   64. ___

57. ___   59. ___   61. ___   63. ___   65. ___

66. [A] [B] [C] [D]   71. [A] [B] [C] [D]   76. [A] [B] [C] [D]   81. [A] [B] [C] [D]
67. [A] [B] [C] [D]   72. [A] [B] [C] [D]   77. [A] [B] [C] [D]   82. [A] [B] [C] [D]
68. [A] [B] [C] [D]   73. [A] [B] [C] [D]   78. [A] [B] [C] [D]   83. [A] [B] [C] [D]
69. [A] [B] [C] [D]   74. [A] [B] [C] [D]   79. [A] [B] [C] [D]   84. [A] [B] [C] [D]
70. [A] [B] [C] [D]   75. [A] [B] [C] [D]   80. [A] [B] [C] [D]   85. [A] [B] [C] [D]

86.

87.

88.

89.

90.

91.

92.

93.

94.

95.

96.

97.

98.

99.

100.

HSK（四级）答题卡

新 汉 语 水 平 考 试

HSK（四级）答题卡

姓名	

国籍
[0] [1] [2] [3] [4] [5] [6] [7] [8] [9]
[0] [1] [2] [3] [4] [5] [6] [7] [8] [9]
[0] [1] [2] [3] [4] [5] [6] [7] [8] [9]

性别　　　　男 [1]　　　　女 [2]

序号
[0] [1] [2] [3] [4] [5] [6] [7] [8] [9]
[0] [1] [2] [3] [4] [5] [6] [7] [8] [9]
[0] [1] [2] [3] [4] [5] [6] [7] [8] [9]
[0] [1] [2] [3] [4] [5] [6] [7] [8] [9]
[0] [1] [2] [3] [4] [5] [6] [7] [8] [9]

考点
[0] [1] [2] [3] [4] [5] [6] [7] [8] [9]
[0] [1] [2] [3] [4] [5] [6] [7] [8] [9]
[0] [1] [2] [3] [4] [5] [6] [7] [8] [9]

你是华裔吗？
是 [1]　　　不是 [2]

年龄
[0] [1] [2] [3] [4] [5] [6] [7] [8] [9]
[0] [1] [2] [3] [4] [5] [6] [7] [8] [9]

学习汉语的时间：
1年以下 [1]　　1年—2年 [2]　　2年—3年 [3]　　3年以上 [4]

注意　请用2B铅笔这样写：▬

一 听力

1. [√] [×]　6. [√] [×]　11. [A] [B] [C] [D]　16. [A] [B] [C] [D]　21. [A] [B] [C] [D]
2. [√] [×]　7. [√] [×]　12. [A] [B] [C] [D]　17. [A] [B] [C] [D]　22. [A] [B] [C] [D]
3. [√] [×]　8. [√] [×]　13. [A] [B] [C] [D]　18. [A] [B] [C] [D]　23. [A] [B] [C] [D]
4. [√] [×]　9. [√] [×]　14. [A] [B] [C] [D]　19. [A] [B] [C] [D]　24. [A] [B] [C] [D]
5. [√] [×]　10. [√] [×]　15. [A] [B] [C] [D]　20. [A] [B] [C] [D]　25. [A] [B] [C] [D]

26. [A] [B] [C] [D]　31. [A] [B] [C] [D]　36. [A] [B] [C] [D]　41. [A] [B] [C] [D]
27. [A] [B] [C] [D]　32. [A] [B] [C] [D]　37. [A] [B] [C] [D]　42. [A] [B] [C] [D]
28. [A] [B] [C] [D]　33. [A] [B] [C] [D]　38. [A] [B] [C] [D]　43. [A] [B] [C] [D]
29. [A] [B] [C] [D]　34. [A] [B] [C] [D]　39. [A] [B] [C] [D]　44. [A] [B] [C] [D]
30. [A] [B] [C] [D]　35. [A] [B] [C] [D]　40. [A] [B] [C] [D]　45. [A] [B] [C] [D]

二 阅读

46. [A] [B] [C] [D] [E] [F]　51. [A] [B] [C] [D] [E] [F]
47. [A] [B] [C] [D] [E] [F]　52. [A] [B] [C] [D] [E] [F]
48. [A] [B] [C] [D] [E] [F]　53. [A] [B] [C] [D] [E] [F]
49. [A] [B] [C] [D] [E] [F]　54. [A] [B] [C] [D] [E] [F]
50. [A] [B] [C] [D] [E] [F]　55. [A] [B] [C] [D] [E] [F]

56.　58.　60.　62.　64.
57.　59.　61.　63.　65.

66. [A] [B] [C] [D]　71. [A] [B] [C] [D]　76. [A] [B] [C] [D]　81. [A] [B] [C] [D]
67. [A] [B] [C] [D]　72. [A] [B] [C] [D]　77. [A] [B] [C] [D]　82. [A] [B] [C] [D]
68. [A] [B] [C] [D]　73. [A] [B] [C] [D]　78. [A] [B] [C] [D]　83. [A] [B] [C] [D]
69. [A] [B] [C] [D]　74. [A] [B] [C] [D]　79. [A] [B] [C] [D]　84. [A] [B] [C] [D]
70. [A] [B] [C] [D]　75. [A] [B] [C] [D]　80. [A] [B] [C] [D]　85. [A] [B] [C] [D]

86.

87.

88.

89.

90.

91.

92.

93.

94.

95.

96.

97.

98.

99.

100.

HSK（四级）答题卡

新 汉 语 水 平 考 试
HSK（四级）答题卡

姓名	

国籍	[0] [1] [2] [3] [4] [5] [6] [7] [8] [9]
	[0] [1] [2] [3] [4] [5] [6] [7] [8] [9]
	[0] [1] [2] [3] [4] [5] [6] [7] [8] [9]

性别	男 [1] 女 [2]

序号	[0] [1] [2] [3] [4] [5] [6] [7] [8] [9]
	[0] [1] [2] [3] [4] [5] [6] [7] [8] [9]
	[0] [1] [2] [3] [4] [5] [6] [7] [8] [9]
	[0] [1] [2] [3] [4] [5] [6] [7] [8] [9]

考点	[0] [1] [2] [3] [4] [5] [6] [7] [8] [9]
	[0] [1] [2] [3] [4] [5] [6] [7] [8] [9]
	[0] [1] [2] [3] [4] [5] [6] [7] [8] [9]

年龄	[0] [1] [2] [3] [4] [5] [6] [7] [8] [9]
	[0] [1] [2] [3] [4] [5] [6] [7] [8] [9]

你是华裔吗？
是 [1] 不是 [2]

学习汉语的时间：
1年以下 [1]   1年—2年 [2]   2年—3年 [3]   3年以上 [4]

注意　请用2B铅笔这样写：▬

一　听力

1. [√] [×]   6. [√] [×]   11. [A] [B] [C] [D]   16. [A] [B] [C] [D]   21. [A] [B] [C] [D]
2. [√] [×]   7. [√] [×]   12. [A] [B] [C] [D]   17. [A] [B] [C] [D]   22. [A] [B] [C] [D]
3. [√] [×]   8. [√] [×]   13. [A] [B] [C] [D]   18. [A] [B] [C] [D]   23. [A] [B] [C] [D]
4. [√] [×]   9. [√] [×]   14. [A] [B] [C] [D]   19. [A] [B] [C] [D]   24. [A] [B] [C] [D]
5. [√] [×]   10. [√] [×]   15. [A] [B] [C] [D]   20. [A] [B] [C] [D]   25. [A] [B] [C] [D]

26. [A] [B] [C] [D]   31. [A] [B] [C] [D]   36. [A] [B] [C] [D]   41. [A] [B] [C] [D]
27. [A] [B] [C] [D]   32. [A] [B] [C] [D]   37. [A] [B] [C] [D]   42. [A] [B] [C] [D]
28. [A] [B] [C] [D]   33. [A] [B] [C] [D]   38. [A] [B] [C] [D]   43. [A] [B] [C] [D]
29. [A] [B] [C] [D]   34. [A] [B] [C] [D]   39. [A] [B] [C] [D]   44. [A] [B] [C] [D]
30. [A] [B] [C] [D]   35. [A] [B] [C] [D]   40. [A] [B] [C] [D]   45. [A] [B] [C] [D]

二　阅读

46. [A] [B] [C] [D] [E] [F]   51. [A] [B] [C] [D] [E] [F]
47. [A] [B] [C] [D] [E] [F]   52. [A] [B] [C] [D] [E] [F]
48. [A] [B] [C] [D] [E] [F]   53. [A] [B] [C] [D] [E] [F]
49. [A] [B] [C] [D] [E] [F]   54. [A] [B] [C] [D] [E] [F]
50. [A] [B] [C] [D] [E] [F]   55. [A] [B] [C] [D] [E] [F]

56. ___   58. ___   60. ___   62. ___   64. ___

57. ___   59. ___   61. ___   63. ___   65. ___

66. [A] [B] [C] [D]   71. [A] [B] [C] [D]   76. [A] [B] [C] [D]   81. [A] [B] [C] [D]
67. [A] [B] [C] [D]   72. [A] [B] [C] [D]   77. [A] [B] [C] [D]   82. [A] [B] [C] [D]
68. [A] [B] [C] [D]   73. [A] [B] [C] [D]   78. [A] [B] [C] [D]   83. [A] [B] [C] [D]
69. [A] [B] [C] [D]   74. [A] [B] [C] [D]   79. [A] [B] [C] [D]   84. [A] [B] [C] [D]
70. [A] [B] [C] [D]   75. [A] [B] [C] [D]   80. [A] [B] [C] [D]   85. [A] [B] [C] [D]

三 书写

86.

87.

88.

89.

90.

91.

92.

93.

94.

95.

96.

97.

98.

99.

100.